Stephanie Ditt

Ostwestfalen-Lippe

Wandern für die Seele

20 Wohlfühltouren

Droste Verlag

ALLE WANDERUNGEN AUF EINEN BLICK

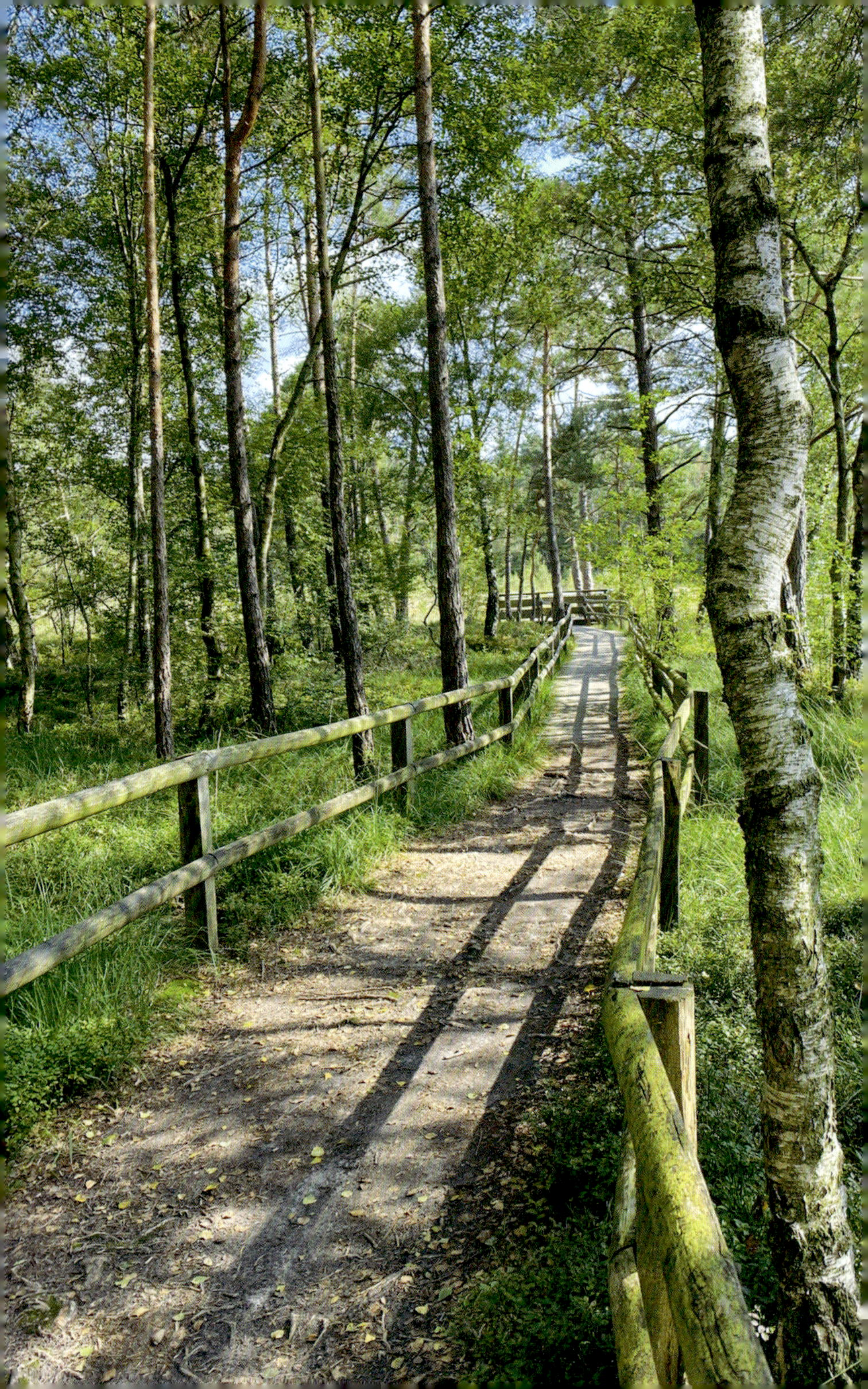

Liebe Wandersleute und Naturfreunde,

Vielfalt – kein anderes Wort kann die Naturlandschaft von Ostwestfalen-Lippe wohl so passend beschreiben. Mit diesem Wanderbuch wollen wir Ihnen die Gelegenheit geben, möglichst viele Facetten ostwestfälischer Naturräume kennenzulernen. Wir haben deshalb 20 Touren zum Entspannen und Wohlfühlen ausgesucht, die Sie von Nord nach Süd in verschiedenste Regionen führen: Bei Porta Westfalica genießen wir vom imposanten Kaiser-Wilhelm-Denkmal herrliche Blicke auf die Weserlandschaft, während wir im Großen Torfmoor bei Lübbecke einzigartige Moormomente erleben. Im Lipperland tauchen wir ein in die Geschichte alter Burgen und Schlösser und streifen durch malerische Hügelweiten. Auf verträumten Sandpfaden, vorbei an lauschigen Bachläufen und wilden Ochsen lassen wir in der ursprünglichen Sennelandschaft die Seele baumeln. Wanderromantik kommt in kleinen, idyllischen Fachwerkstädtchen auf und bei Paderborn und Höxter wandeln wir auf höhenreichen Panoramawegen.

Ausgewählte Touren bieten nicht nur Wandergenuss, sondern auch ostwestfälische Kulinarik. Regionale Gerichte wie der Pickert oder das Möpkenbrot stehen auf mancher Speisekarte und in gemütlichen Cafés lassen wir uns hausgemachte Kuchen schmecken.

Ich hoffe, dass ich Ihnen die Schönheit von Ostwestfalen-Lippe näherbringen kann, und wünsche Ihnen viel Freude beim Wandern!

Ihre Stephanie Ditt

NATUR-INFO

KULTUR-INFO

TOUREN-/EVENT-INFO

GENUSS-INFO

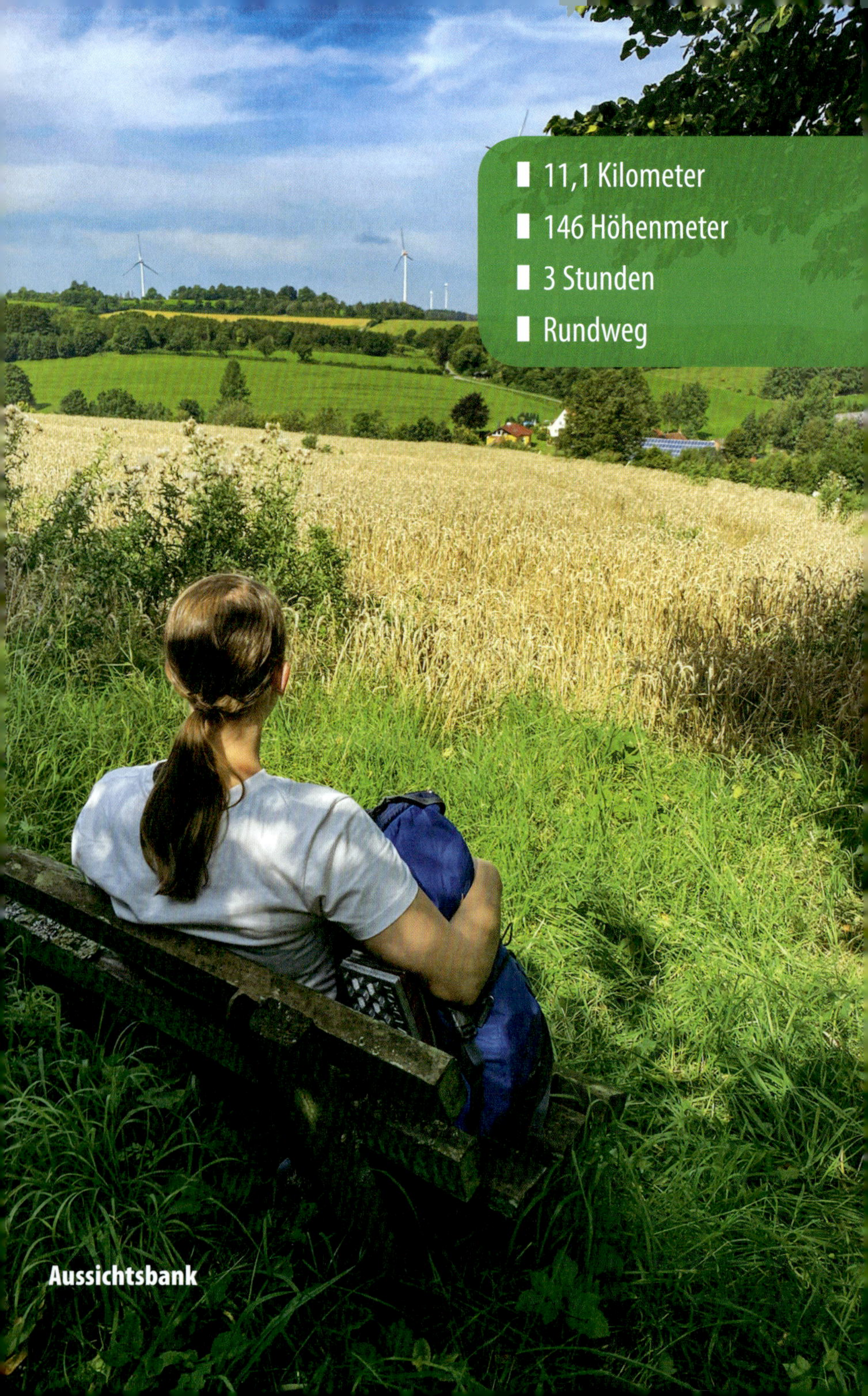

- 11,1 Kilometer
- 146 Höhenmeter
- 3 Stunden
- Rundweg

Aussichtsbank

Von Steig zu Steig

Durch das Durbeketal bei Altenbeken

Im malerischen **Durbeketal** bei Altenbeken können wir auf einsamen Steigen mit allen Sinnen die Natur genießen. Unsere Wanderung starten wir nördlich von Altenbeken auf einem Wanderparkplatz an der Straße **Am Kalkofen** und folgen der Straße zunächst bergan. Am Waldrand entlang erblicken wir schon offene Felder und die angrenzenden, sanften Steigungen des Waldnaturschutzgebiets Egge-Nord. Die Straße beschreibt eine Linkskurve, gefolgt von einer Rechtskurve, ehe sie auf eine Wegkreuzung trifft. Hier schlägt unser Wanderherz kleine Purzelbäume, denn vor uns präsentiert sich ein herrlicher Wiesensteig mit Blick auf die Waldkette. Wir folgen der Beschilderung des **Durbeke-Steigs** und des **Viadukt-Wanderwegs** geradeaus auf die offene Wiese. Neben dem Durbeke-Steig werden wir noch auf Teilabschnitten des Wildnis-Steigs und des Naturschätze-Steigs wandern. Alle drei Steige gehören zur Naturerbe-Wanderwelt von Altenbeken und verlaufen durch den weitläufigen **Naturerbe-Wald.**

Wir wandern den Wiesenpatt unbekümmert bergab in Richtung Wald. Auf dem satten Wiesengrün, vorbei an einem hölzernen Weidezaun, kommen fast Bergalmgefühle auf. Wir tauchen schließlich in den Wald ein und halten uns rechts auf dem schmalen Steig, der uns auf einen asphaltierten Weg bringt. Hier gehen wir ein paar Schritte nach links und biegen sofort rechts in den Pfad ein, wo eine pittoreske Andachtsstelle auf uns wartet: An einem Stein ruht die **Madonna im Walde** ❶ auf einer kleinen Anhöhe. Andächtig halten wir einen Augenblick inne und genie-

*Der **Naturerbe-Wald** bei Altenbeken ist ein ostwestfälischer Urwald: Seit Jahrzehnten wird der Wald sich selbst überlassen, damit hier wie früher ein ursprünglicher Buchen-Urwald entsteht. Teilweise sind die Buchen hier über 150 Jahre alt und 40 Meter hoch.*

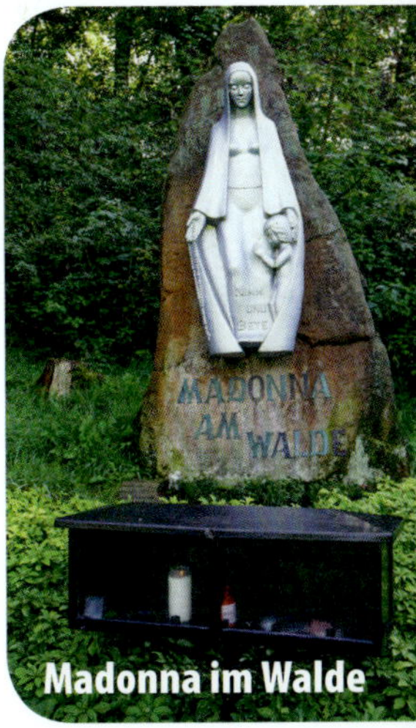

Madonna im Walde

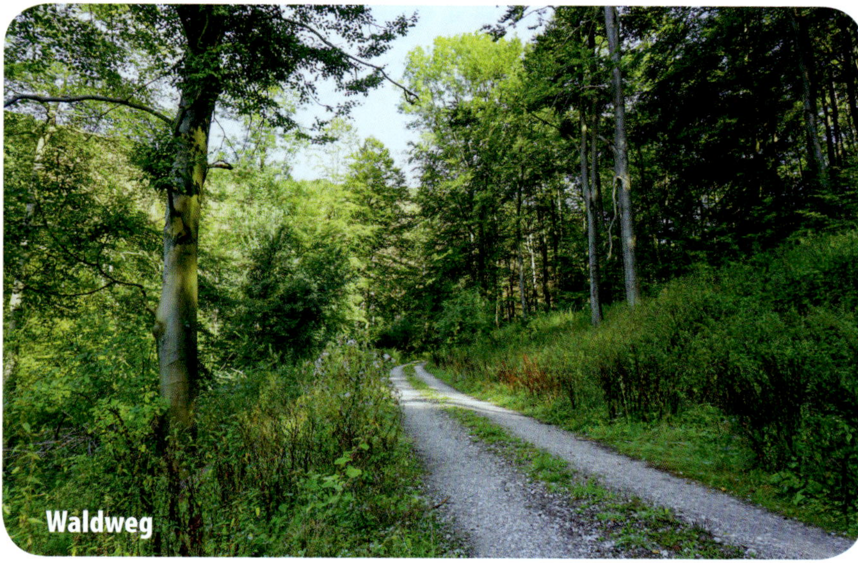

ßen den Blick auf die beschaulichen Talweiden, die sich an den Waldrand schmiegen. Beseelt von diesem Naturmoment gehen wir zurück zu dem asphaltierten Weg und folgen diesem in unserer ursprünglichen Wegrichtung.

Damit verlassen wir den Durbeke-Steig und befinden uns stattdessen auf dem **Naturschätze-** sowie dem **Wildnis-Steig** (Wegmarkierung: braune bzw. grüne Blattillustration). Für etwa 200 Meter folgen wir dem Weg geradeaus, bis wir auf eine Gabelung treffen. Wir wählen den rechten, befestigten Forstweg, der uns mitten durch die Buchenbäume des Naturerbe-Walds führt. Stetig geradeaus lassen wir die eine oder andere Abzweigung unbeachtet und gelangen schließlich an einen **Gedenkstein ②**, der an den preußischen Revierförster Franz Korste erinnert, samt einigen Zeilen eines Gedichts von Joseph von Eichendorff.

Während an dem Gedenkstein der Naturschätze-Steig nach rechts abzweigt, bleiben wir geradeaus auf dem Wildnis-Steig. Links des Weges begleitet uns für

Für die Seele

Unberührt und romantisch – so lernen wir das Durbeketal kennen. Auf verträumten Steigen streifen wir durch sattes Grün und den buchenreichen Naturerbe-Wald.

etwa 800 Meter eine Wiesensenke, an deren Hang sich der dichte Wald anschließt. Wir tauchen wieder vollständig in den Wald ein und bleiben nach wie vor auf dem Forstweg, links und rechts von hohen Gräsern eingerahmt und über uns die hohen Baumkronen. Schließlich lichtet sich der Wald rechter Hand wieder und gibt den Blick auf einen langen, sattgrünen Wiesenstreifen frei. Vereinzelt trennen alte, knorrige Bäume unseren Weg von der lauschigen Wiese. Knapp 3 Kilometer nach dem Gedenkstein entdecken wir rechts des Weges eine kleine Holzhütte, die den Namen Haus am See trägt. Hinter der Hütte sichten wir

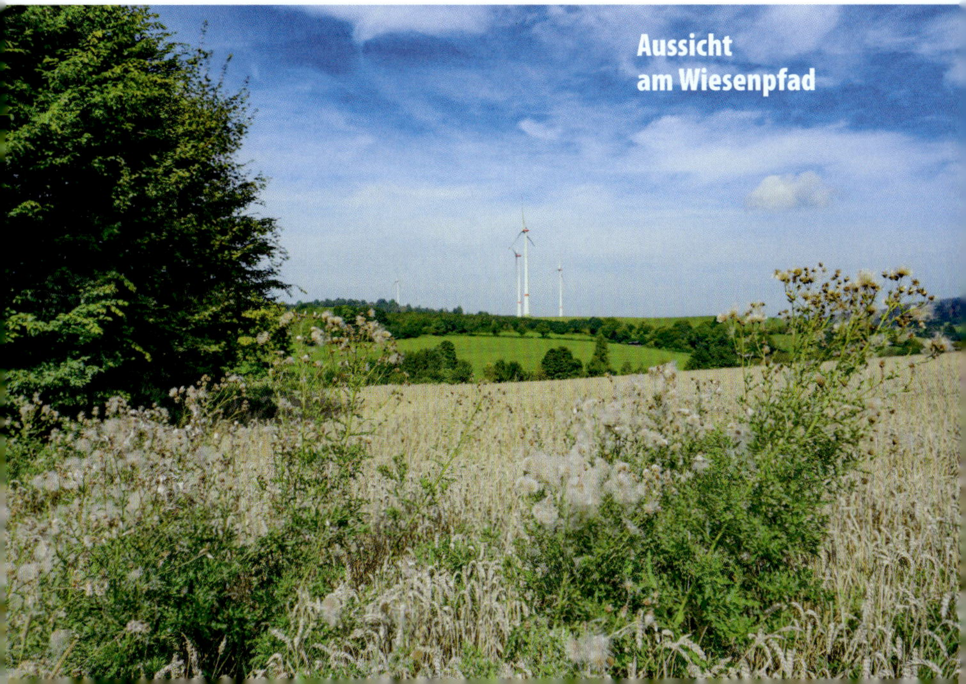

Aussicht am Wiesenpfad

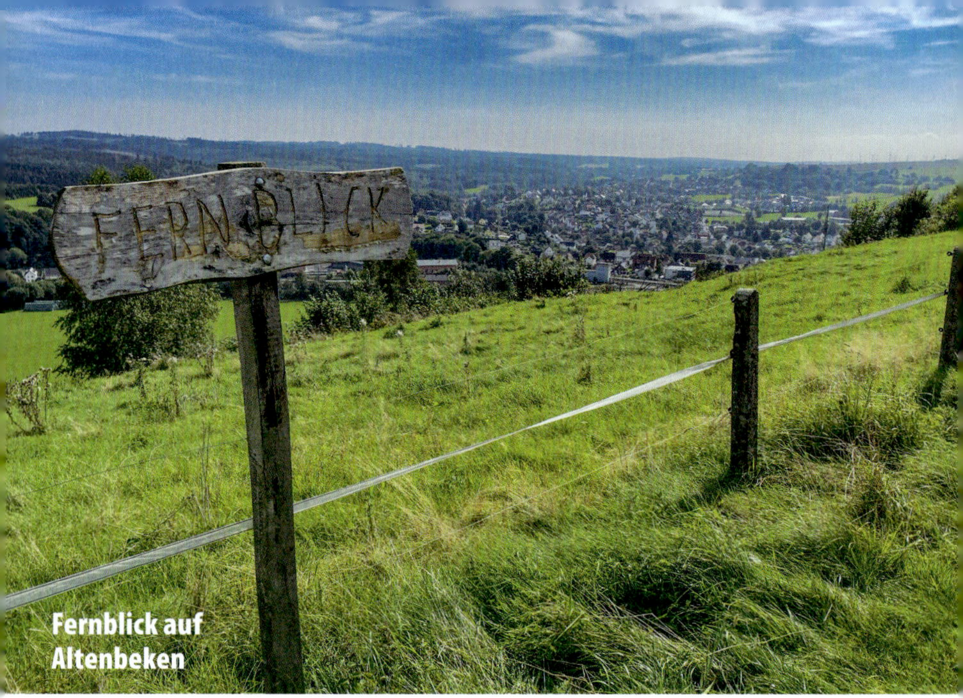

Fernblick auf Altenbeken

einen kleinen, idyllischen **Teich** ③ mit einem Weidenbaum, der von dem Flüsschen Durbeke gespeist wird.

Wir lassen das Haus am See hinter uns und nähern uns dem kleinen Örtchen Kempen. Hier treffen wir auf den **Campingplatz Eggewald,** der links des Weges liegt. Statt geradeaus auf dem Weg zu bleiben, nehmen wir nun die Rechtskehre leicht bergan und gehen leicht erhöht parallel zum Campingplatz. Jetzt befinden wir uns wieder auf dem **Naturschätze-Steig,** dem wir an der nächsten Gabelung nach links folgen.

Wir erreichen eine Anhöhe von der wir einen herrlichen Ausblick auf die umliegenden weiten Wiesen und Felder haben. Wir bleiben einen Moment stehen und sehen, wie uns auf der gegenüberliegenden Hügelkuppe die Windräder zuwinken. Nach wenigen Metern weist uns der Naturschätze-Steig den Weg nach links in einen verwilderten, etwas versteckten Wiesenpfad. Im Gänsemarsch laufen wir auf dem unberührten Pfad und werden von Löwenzahn und Schafgarbe gekitzelt. Am Ende des Patts lockt eine leicht verwitterte **Holzbank mit traumhafter Aussicht** ④ zur wohlverdienten Rast. Umringt von wilder Natur schweifen unsere Blicke von der Bank über die herrlichen Kornfelder bis hin zu den sanften Hügelzügen in der Ferne.

Nach unserer Panoramarast führt uns der Pfad leicht rechts hinter der Bank weiter in Richtung Waldkante. Am **Hubertusplatz** der St.-Hubertus-Schützenbruderschaft tauchen wir in den Wald ein. Leicht abwärts folgen wir nach wie vor dem Naturschätze-Steig und nehmen an der Gabelung die Abzweigung nach rechts. Der asphaltierte Forstweg bringt uns nach etwa 1 Kilometer erneut zu einer Weggabelung, an der wir uns links halten. Damit verabschieden wir uns von dem Naturschätze-Steig, stoßen nach 300 Metern am **Lichter Platz** jedoch auf den bekannten Durbeke-Steig. Diesem folgen wir geradeaus und gelangen am Ende des Waldweges auf einen asphaltierten Feldweg, auf dem wir einige Schritte nach links gehen. Sofort wieder rechts führt uns die Beschilderung auf einen naturnahen Wiesenpfad. Vorbei an Feldern und Weiden beschert uns der bezaubernde Pattweg kurz darauf eine fantastische **Fernsicht** ⑤ auf Altenbeken und seine Naturlandschaft. Passenderweise prangt am Weidezaun ein Holzschild mit der Inschrift „Fernblick“. Kurz darauf begeben wir uns für 500 Meter noch einmal in den Wald. Ein hübscher **Picknickplatz** lädt am Waldrand zu einer Rucksackjause ein. Auf weichem Waldboden geht es noch einmal unter dichten Baumkronen hindurch, ehe wir schließlich auf einem Wiesenpfad landen. Wir passieren eine

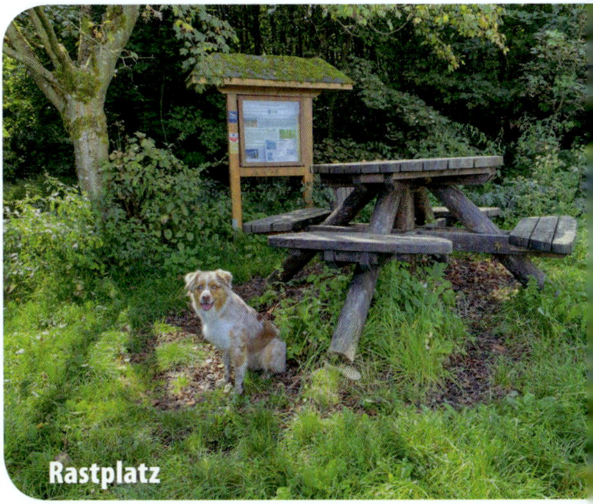
Rastplatz

Auszeittour 1

> Das **Altenbekener Viadukt** ist mit 24 Bögen, 35 Metern Höhe und 482 Metern Länge die längste Kalksteinbrücke Europas. 1853 vom preußischen König Friedrich Wilhelm IV. eröffnet, wurde es im Zweiten Weltkrieg zerstört und 1950 wieder aufgebaut.

Weide und folgen der Wegmarkierung des Durbeke-Steigs nach links. Hier wartet noch ein Highlight auf uns: Von einer herrlichen **Panoramaliege** 6 können wir die malerische Aussicht auf das imposante Eisenbahnviadukt von Altenbeken genießen.

Unser Pfad verläuft leicht bergab und geht in eine Rechtskurve über. Auf dem sogenannten Ziegenpatt laufen wir die letzten Meter an Weiden vorbei und erhaschen noch einmal Blicke auf das Viadukt. Der Patt führt uns bald zu unserem Ausgangspunkt am Wanderparkplatz. Für eine verdiente Stärkung lohnt ein Abstecher in den Ort Altenbeken, wo in der **Museums Deele** 7 zum Beispiel hausgemachte Kuchen auf uns warten.

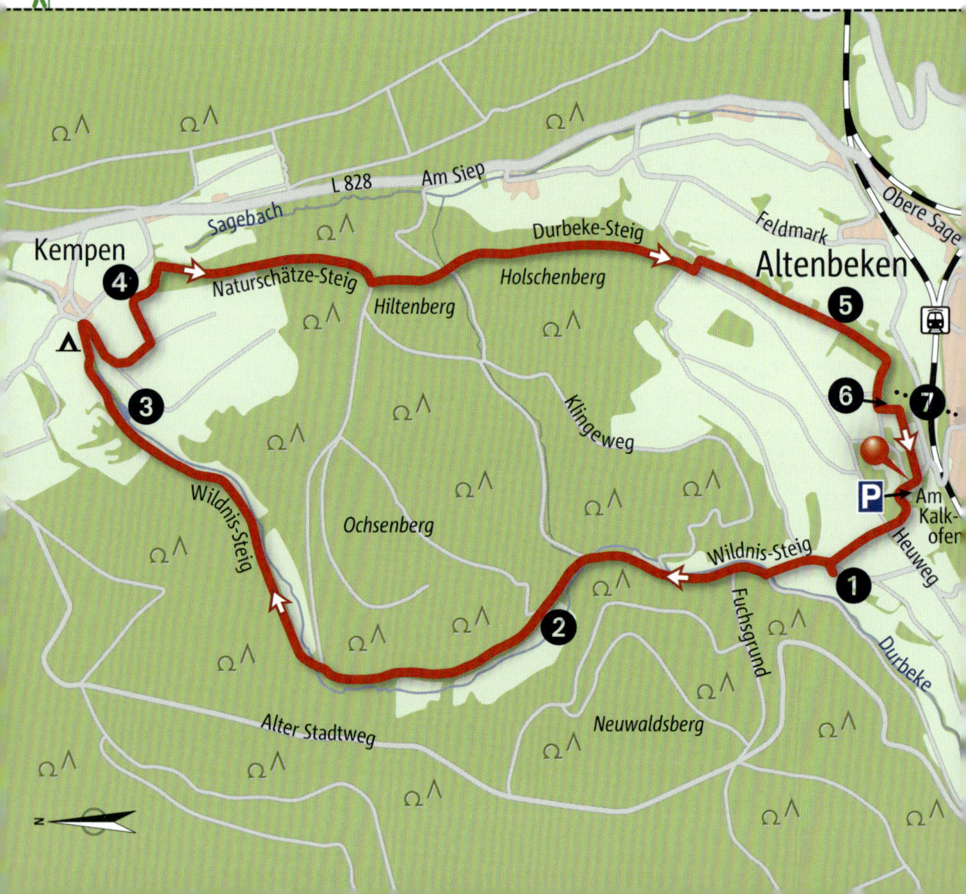

Alles auf einen Blick

Entspannung ✱✱✱✱✱
Genuss ✱✱✱
Romantik ✱✱✱✱✱

WIE & WANN:
Wiesenpfade und Patts, befestigte Forstwege, asphaltierte Feldwege; ganzjährig möglich, beste Wanderzeit von April bis Oktober

HIN & WEG:
Auto: Parkplatz Am Kalkofen, Am Kalkofen 20A, 33184 Altenbeken (GPS: 51.767447, 8.931649)
ÖPNV: Der Altenbekener Bahnhof ist mit Nah- und Fernverkehr gut erreichbar; vom Bahnhof zum Wanderparkplatz Am Kalkofen sind es knapp 20 Gehminuten.

ESSEN & ENTSPANNEN:
Bitte an Rucksackverpflegung denken.

ABSEITS DER ROUTE EMPFEHLENSWERT:
Museums Deele ❼ Alter Kirchweg 7 a, 33184 Altenbeken

ENTDECKEN & ERLEBEN:
Madonna am Walde ❶
Gedenkstein ❷
Teich an der Durbeke ❸
Aussichtsbank ❹
Aussichtspunkt „Fernblick“ ❺
Panoramaliege ❻

Nordturm

- 11,9 Kilometer
- 22 Höhenmeter
- 2,5 Stunden
- Rundweg

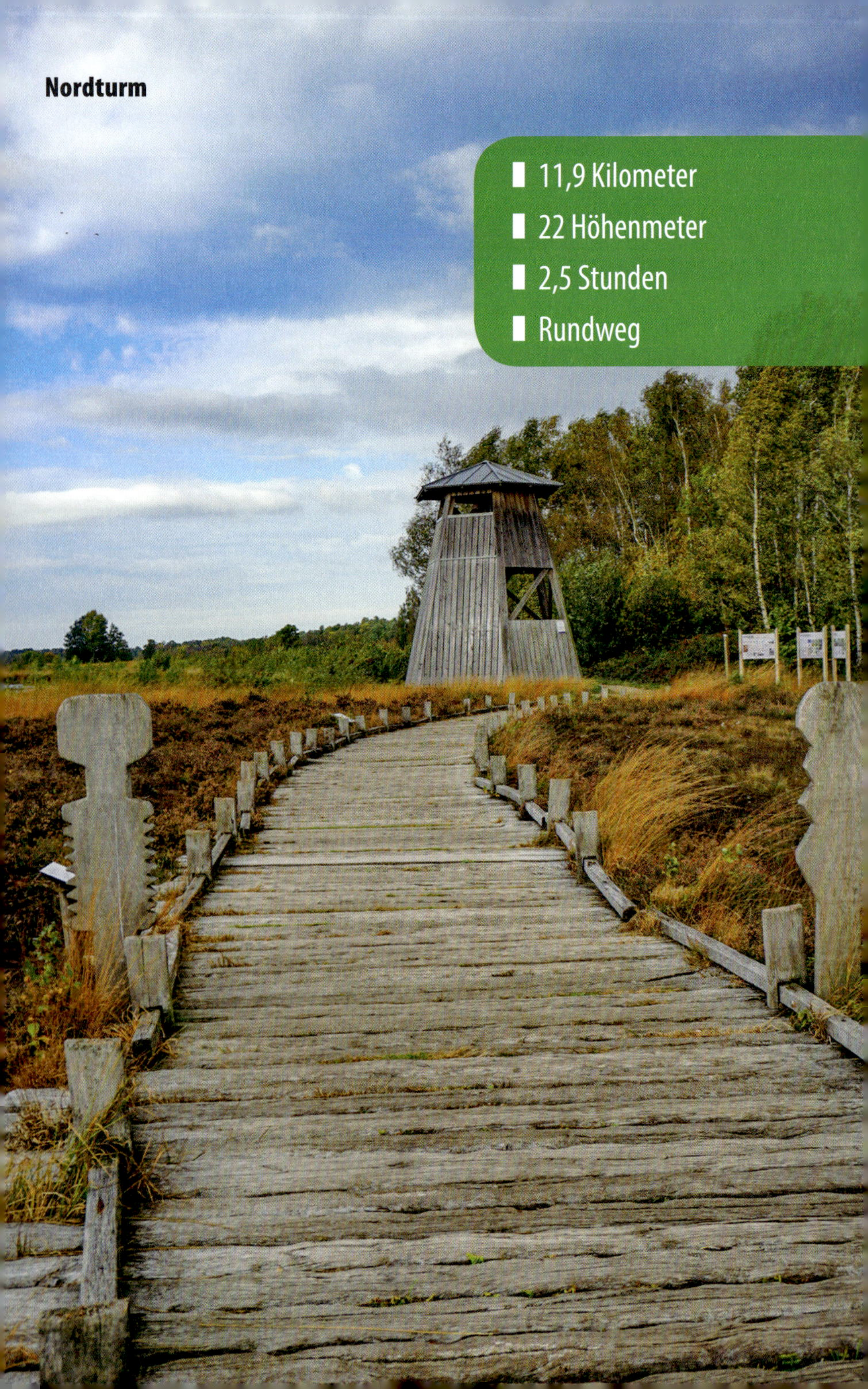

Moorglück

Das Große Torfmoor bei Lübbecke

Das Große Torfmoor zwischen Lübbecke und Hille liegt eingebettet zwischen dem Wiehengebirge und dem Mittellandkanal und gilt als das größte noch verbliebene Moorgebiet in ganz Nordrhein-Westfalen. Als wahres Naturparadies ist das Moor Heimat vieler seltener Pflanzen und Tiere.

Insgesamt sieben Parkplätze bieten ideale Ausgangspunkte, um das weitläufige Naturschutzgebiet ausgiebig zu erkunden. Wir wählen für unsere Tour den **Parkplatz 5** als Startpunkt und beginnen unsere Moorwanderung bereits am Vormittag, denn gerade an den Wochenenden ist das Torfmoor ein gern besuchtes Ausflugsziel. Vom Parkplatz aus gehen wir ein Stück die Zubringerstraße zurück. Hier halten wir uns rechts und folgen dem Flussverlauf der **Flöthe,** in die früher die Moorseen und -teiche entwässert wurden.

*Das **Große Torfmoor** war während der Eiszeit ein Flussarm der Weser. Als das Eis schmolz und die Weser nach Norden abfloss, blieb die Moorlandschaft zurück. Nachdem über Jahrhunderte Torf abgebaut wurde, ist das Moor heute ein artenreiches Naturschutzgebiet.*

Auf unseren ersten Metern können wir vom Torfmoor selbst noch nicht viel erkennen. Stattdessen schweifen unsere Blicke rechter Hand über weite Feuchtwiesen mit Baumbeständen, die das dahinterliegende Moor erahnen lassen. Auf schmalen grünen Pfaden führt uns der erste Kilometer an Weiden und bewachsenen Baumstreifen vorbei. Vier Rundwege sind durch Farben im Torfmoor ausgewiesen – wir orientieren uns an der roten Markierung. Links hinter den Weiden können wir Ortsteile von Lübbecke und die sanften Züge des angrenzenden Wiehengebirges erkennen.

Bald stoßen wir auf den Moorweg, der uns rechts zum ersten Aussichtsturm des Großen Torfmoores

*Die **Feuchtwiesen** haben sich aufgrund des Abbaus von Hochmoortorf an den Rändern der Moorfläche gebildet. Nachdem die Feuchtwiesen durch starke Entwässerung immer mehr verschwanden, werden sie seit einigen Jahren durch Renaturierung wiederhergestellt.*

bringt. Vom **Südturm** ❶ erhalten wir einen Überblick auf die unendlichen Weiten der Feuchtwiesen und Bruchwälder. Ganzjährig besteht auf den artenreichen Wiesen ein hoher Grundwasserstand, der ideale Bedingungen für nässeliebende Pflanzen, besondere Heuschreckenarten sowie Watvögel bietet.

Der nun asphaltierte, rot markierte Feldweg führt uns weiter an Weiden vorbei und geradeaus zwischen den Bäumen können wir ein Stallgebäude erkennen. Vor dem Stall entdecken wir einen Storchenhorst. Seit 2010 gibt hier immer wieder Storchennachwuchs. Rechts von uns entdecken wir friedlich grasende Schafe auf der Moorwiese. Sie gehören zum **NABU-Moorschutzhof** ❷, der kurz darauf nach einer Linkskurve auftaucht und die traditionelle Moorbeweidung mit Heidschnucken wiederbelebt. Gegenüber dem Hof verläuft unser Weg weiter auf einem schmalen Feldpfad durch hohe Gräser und schilfartiges Gewächs. Bei genauem Hinsehen entdecken wir links in der Ferne vor dem Waldrand des Wiehen-

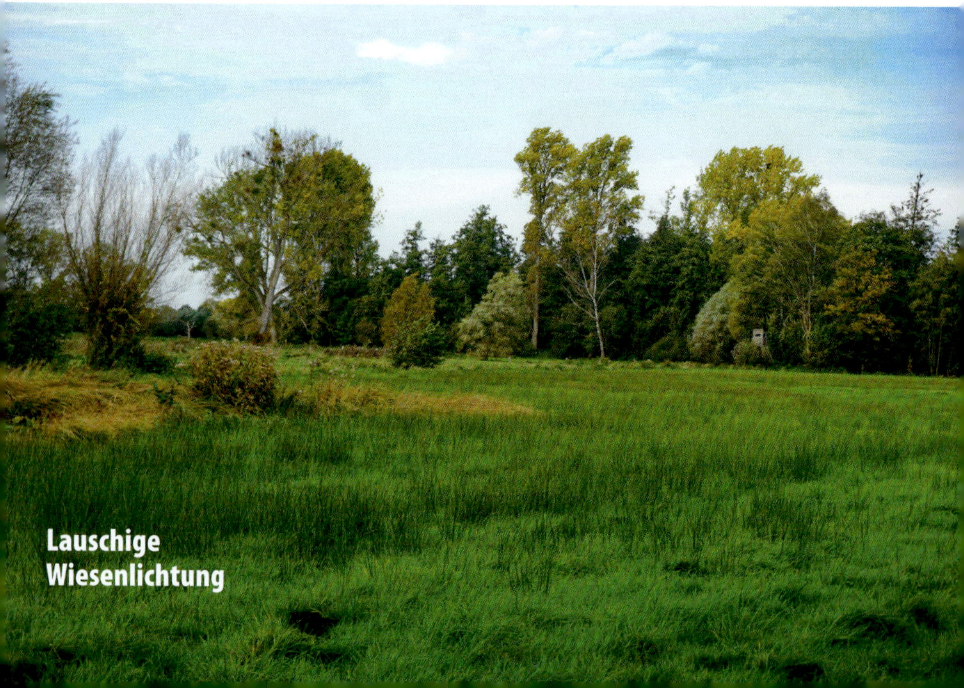

Lauschige Wiesenlichtung

Für die Seele

Im mystischen Torfmoor erleben wir auf romantischen Holzbohlenwegen, vorbei an Feuchtwiesen, Heideflächen und Birkenwäldchen, einzigartige Wandermomente.

gebirges die steinerne **Königsmühle Eilhausen,** die als älteste ihrer Art im Kreis Minden-Lübbecke gilt.

Nach 500 Metern gelangen wir an eine Kreuzung und folgen dem asphaltierten Bruchwiesendamm nach rechts in Richtung Wald. Wir überqueren die **Flöthe,** bleiben einen Moment stehen und genießen den malerischen Blick auf den schmalen Bachgraben. Kurz bevor wir die Waldkante erreichen, bleibt unser Blick noch an einem lauschigen Wiesenplätzchen hängen: Hinter sattgrünen, dichten Gräsern strecken einzelne Birken ihre Kronen gen Himmel und etwas versteckt lugt ein Hochsitz durch die Bäume.

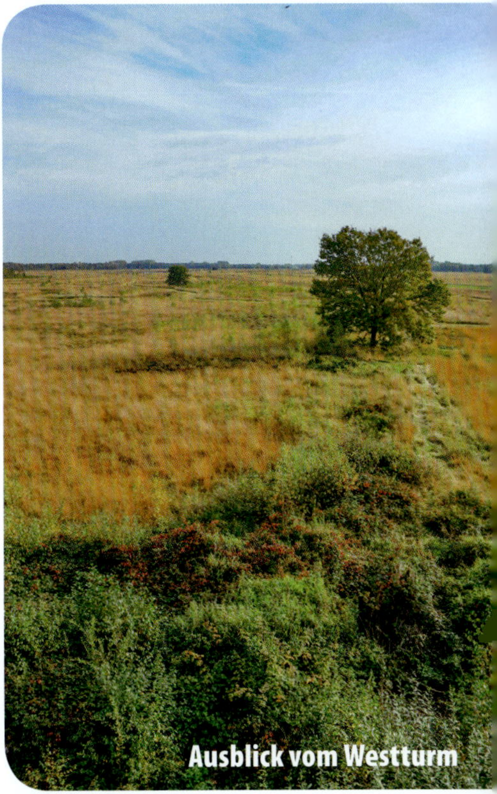
Ausblick vom Westturm

Im kleinen Waldstreifen angekommen, säumen kahle Kopfweiden unseren Weg, ehe wir schließlich auf einen Kiesweg treffen. Zwischen dem feinen Kies entdecken wir kleine, bunte Glasscherben – eine Verschönerung mit Glitzereffekt? Der Weg aus Glas bringt uns zum **Westturm 3.** Wir lassen uns die Aussicht nicht entgehen und steigen die Stufen hinauf. Von der Turmkanzel lassen wir die charakteristische Moorlandschaft auf uns wirken: Vor uns breitet sich der

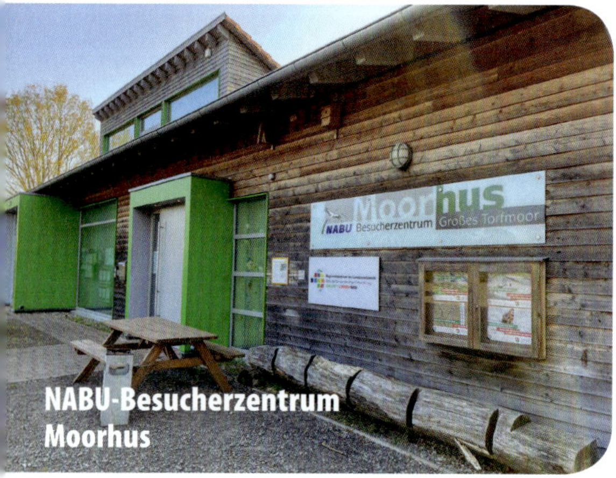

NABU-Besucherzentrum Moorhus

weiche Pflanzenteppich aus Moorgras aus, das im Herbst goldgelb schimmert.

Vom Turm führt unser Weg vorbei an Birken-, Eichen- und Buchenbäumen weiter geradeaus. Links und rechts des Pfads entdecken wir ab und an kleine Teiche, die sich idyllisch in die Baumlandschaft einbetten. An der nächsten Gabelung halten wir uns links und folgen der Ausschilderung des Nikolauswegs, denn wir wollen einen Abstecher zum **NABU-Besucherzentrum Moorhus** ④ machen. Das Moorhus bietet auf 150 Quadratmetern eine Dauerausstellung, die uns von Mittwoch bis Sonntag allerhand Wissenswertes rund um das Torfmoor vermittelt. Sofern die Cafeteria geöffnet hat, bietet sich das Moorhus zugleich für eine Stärkung an. Wir gehen den Abstecher zurück und setzen unseren Weg mit der roten Markierung nach links fort, bis wir schließlich auf den Parkplatz P1 treffen. Hier sollten wir uns nicht entgehen lassen, der Straße Moordamm nach links zu folgen, denn hier taucht nach 400 Metern das **Café Vogelnest** ⑤ auf: Immer sonntags können wir uns hier bei hausgemachten Kuchen, Torten und Waffeln stärken.

Unsere eigentliche Route geht vom Parkplatz P1 weiter in Richtung offenes Moor. Nachdem wir rechter Hand einen kleinen See passiert haben, lichten sich die Bäume und vor uns präsentiert sich die volle Schönheit des Torfmoors. Auf weichem Moorboden verläuft der Pfad durch die einzigartige Flora und Fauna. Pflanzenkenner können zum Beispiel Sonnentau, Torfmoose, Glockenheide und Wollgras entdecken. Zwischen dichtem Moorgras sind immer wieder

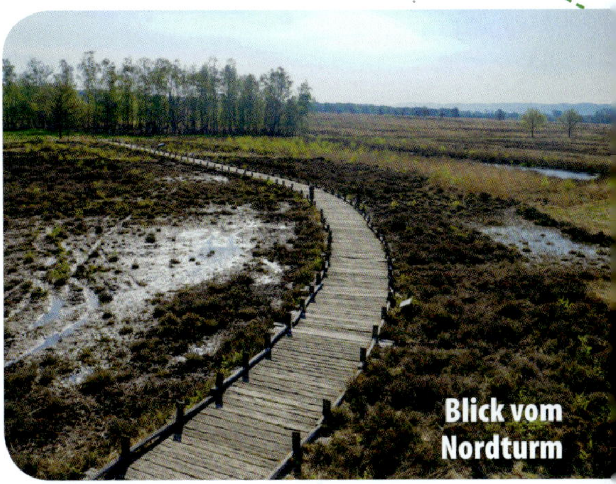

Blick vom Nordturm

kleine Moorteiche mit ihrer dunkelblauen Wasseroberfläche gebettet. Mitten in dieser ursprünglichen Natur fühlen wir uns wie in einer anderen Welt. Romantisch wird es, als unser Pfad in einen Holzbohlenweg übergeht. Dank der Bohlen können wir weiterhin trockenen Fußes durch die Moorlandschaft wandern. Rechts schweift unser Blick über die Moorheide, Gräser und Seen bis zum Höhenzug des Wiehengebirges.

Schließlich treffen wir auf den **Nordturm ⑥,** der uns abermals einen herrlichen Blick auf das 550 Hektar große Torfmoor bietet. Vom Nordturm führt uns der Weg erneut über Holzbohlen. Hier steht zudem die Nachbildung eines Sensationsfundes aus dem Wittemoor: ein **hölzernes Figurenpaar,** das zu den wenigen erhaltenen Schnitzwerken der Eisenzeit zählt. Über eine lange Gerade führt der Weg nun über befestigten

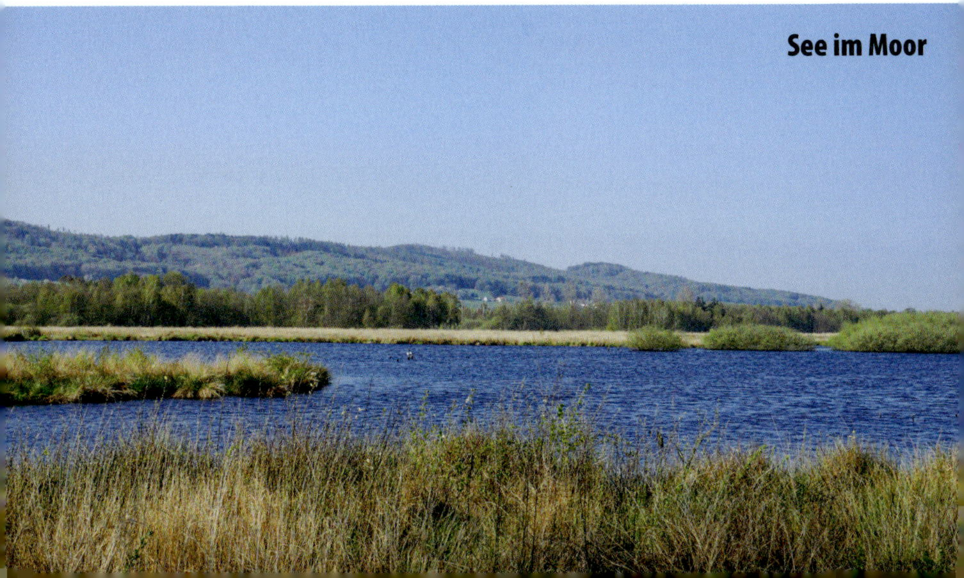

See im Moor

Auszeittour 2

Untergrund: Rechts von uns breitet sich ein weitflächiger See aus, auf dem Graugänse ihre Bahnen ziehen. Nach knapp 1 Kilometer erreichen wir rechter Hand eine **Mooranlage mit Moorbad ⑦.** Wir verzichten heute auf das Moortreten und wählen an der Anlage gleich den nach links abzweigenden Pfad. Nur 400 Meter später treffen wir auf die uns schon bekannte Straße **Auf dem Aspel.** Wir biegen rechts ab und gelangen zum Parkplatz P5, unserem Ausgangspunkt.

Wer möchte, hängt noch den 3 Kilometer langen Moor-Erlebnis-Pfad an, der weiter östlich am Moor entlangführt, mit einem Abstecher zum Nordturm und von dort der uns bekannten Strecke zurück zum P5 folgt.

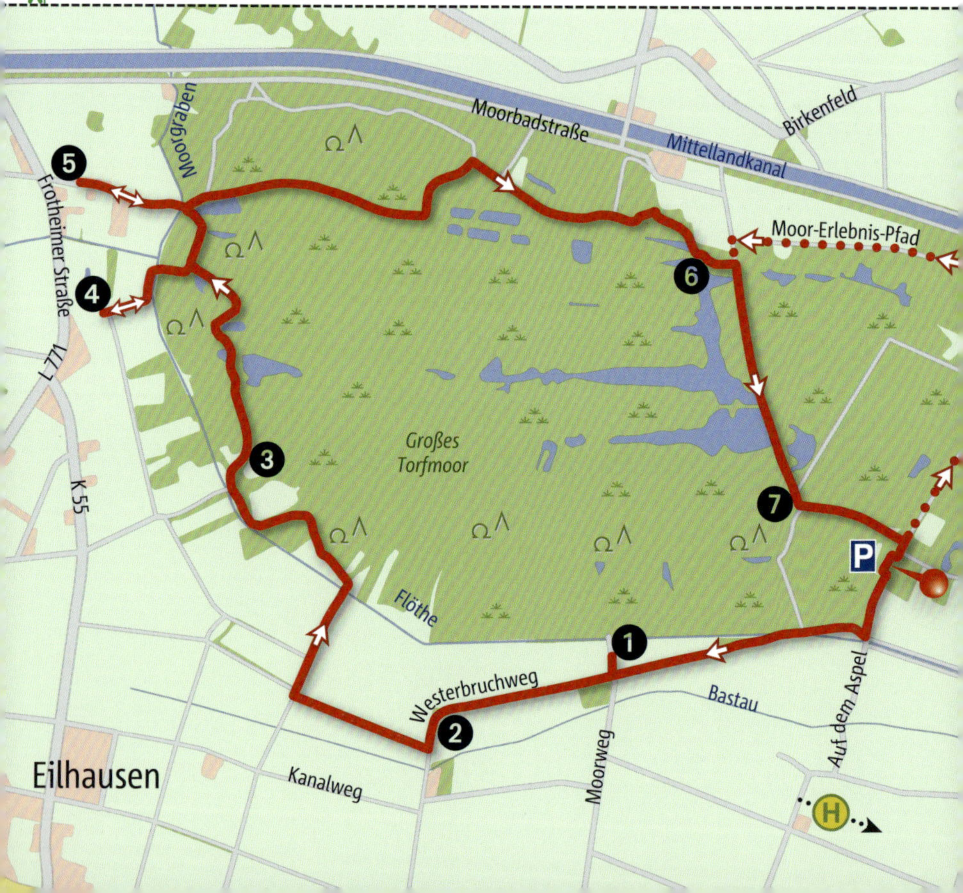

Entspannung ✱✱✱✱✱

Genuss ✱✱✱✱✱

Romantik ✱✱✱✱✱

WIE & WANN:
Grüne Pfade am Feld entlang, asphaltierte Feldwege, über weiche Moorböden und romantische Holzbohlenwege, befestigte Spazierwege; ganzjährig möglich

HIN & WEG:
Auto: Wanderparkplatz P5, Auf dem Aspel, 32479 Hille (GPS: 52.320641, 8.708506)
ÖPNV: Bus 512 von Minden und Lübbecke bis zur Haltestelle Lübbecke-Nettelstedt, Niederhusener Straße, von hier ca. 2 Kilometer bis zum Startpunkt

ESSEN & ENTSPANNEN:
Café Vogelnest ❺ Moordamm 6, 32312 Lübbecke-Gehlenbeck, Tel. (0 57 41) 6 13 16, www.cafe-vogelnest.de

ENTDECKEN & ERLEBEN:
Südturm ❶
NABU-Moorschutzhof ❷
Westturm ❸
NABU-Besucherzentrum Moorhus ❹
Nordturm ❻
Mooranlage mit Moorbad ❼

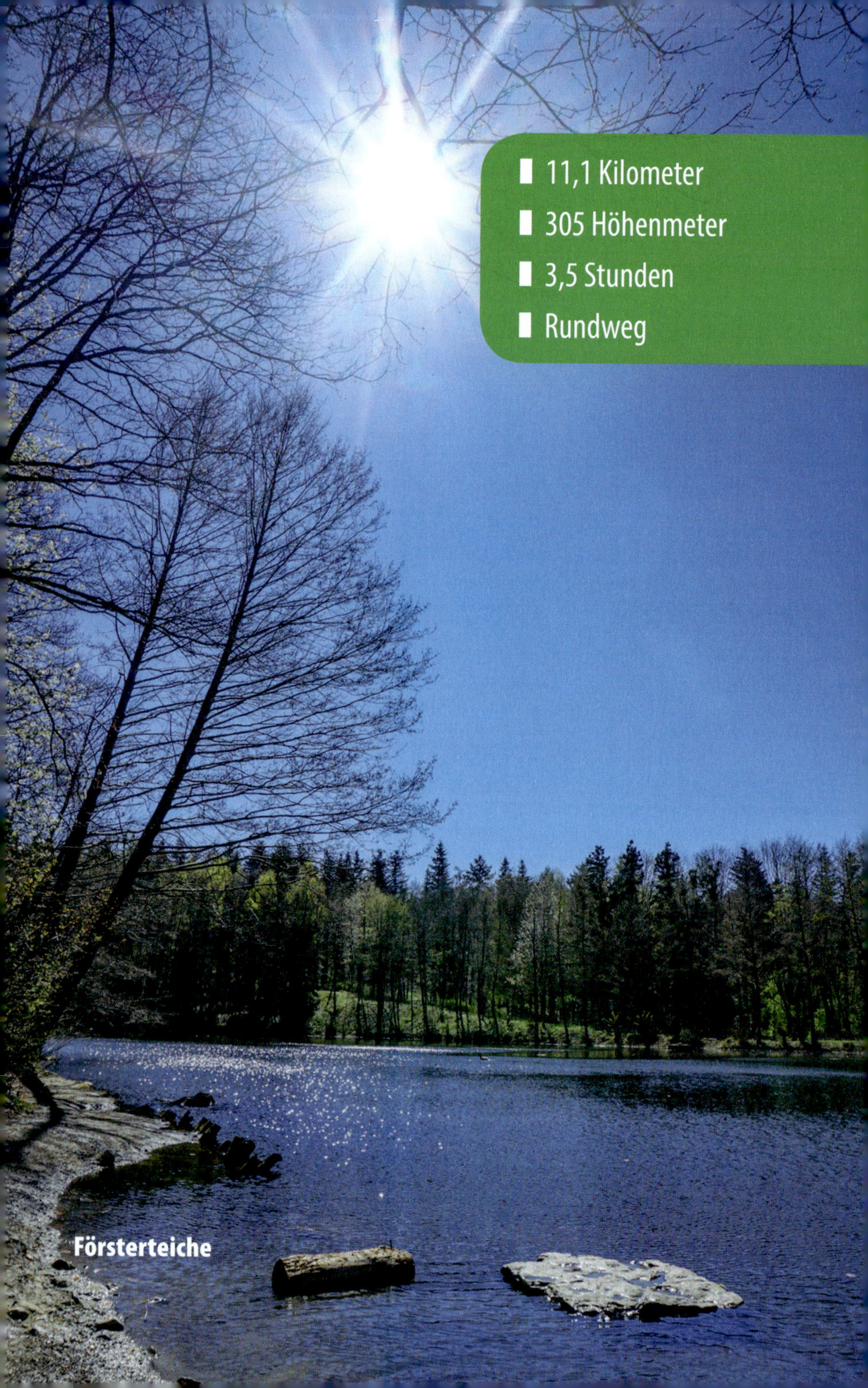

- 11,1 Kilometer
- 305 Höhenmeter
- 3,5 Stunden
- Rundweg

Försterteiche

Waldbaden

Unterwegs in der Lemgoer Mark

Wir starten unsere Tour im Norden von Lemgo am Waldwanderparkplatz in der Straße **Heitkämpen.** Vom Parkplatz aus halten wir uns nördlich geradeaus und entdecken schnell die Wegmarkierung des Hansawegs: ein großes weißes X9 auf schwarzem Grund. Der Beschilderung folgen wir in Richtung Lemgoer Wildgehege und Windelstein. Gleich zu Beginn tauchen wir in dichten Laubwald ein: Auf angenehmem Waldboden geht es durch üppigen Mischwald mit Buchen-, Birken- und Ahornbäumen. Nachdem wir eine kleine Anhöhe gemeistert haben, gehen wir links und folgen weiter dem Hansaweg.

*Aufgrund seiner guten Handelsbeziehungen und günstigen Lage wurde Lemgo 1324 in den Hansebund aufgenommen. Durch die Lemgoer Mark verläuft der **Hansaweg**, der sich über etwa 75 Kilometer als Qualitätswanderweg von Herford nach Hameln schlängelt.*

Bald haben wir die beschaulichen **Försterteiche** ❶ erreicht, umgeben von dichten Bäumen und Sträuchern. An einer freien Uferstelle genießen wir den Blick auf den seichten Wellengang und beobachten eine Entenfamilie, wie sie gemütlich ihre Bahnen zieht. Motiviert von diesem Naturmoment setzen wir kraftvoll unseren Weg fort. Am Teich halten wir uns leicht links, sodass uns rechter Hand das Wasser noch ein Stück begleitet. Auf dem befestigten, mit Kies durchsetzten Pfad gelangen wir zu einer Gabelung. Hier halten wir uns rechts, statten aber zunächst dem geradeaus vor uns liegenden **Wildschweingehege** ❷ einen Besuch ab. In dem eingezäunten Waldstück schauen wir einem Keiler beim genüsslichen Wühlen im aufgelockerten Boden zu.

Anschließend gehen wir etwa 40 Meter zurück zur Wegkreuzung und folgen dem Hansaweg in Richtung Windelstein. Ein kurzes Stück gehen wir auf der asphaltierten Forststraße, ehe wir dann in den ersten Waldweg rechts abbiegen. Schnell treffen wir wieder auf die Försterteiche und können dieses Mal den Blick auf das Wasser von der anderen Uferseite aus genießen. Der schmale Pfad führt uns malerisch direkt am Teichufer entlang. Über uns die Blattkronen von Birke, Buche und Nadelbaum, neben uns das ruhige Gewässer: Naturverbundener können wir uns kaum fühlen. Unser Weg führt uns über zwei kleine Brücken und entfernt sich anschließend vom Seeufer.

An der nächsten Gabelung passieren wir eine **Schutzhütte** ③ und wählen den rechten Weg, um zum zweiten Gewässer der Försterteiche zu gelangen. Nachdem wir das Westufer abgelaufen sind, lassen wir die Teiche hinter uns und biegen an der folgenden Gabelung rechts ab. Dem asphaltierten Weg folgen wir nur für ein paar Schritte, um gleich darauf links in den Waldweg einzubiegen. Für etwa 300 Meter folgen wir dem lauschigen Pfad durch den dichten Wald, halten uns an der ersten Kreuzung weiter geradeaus

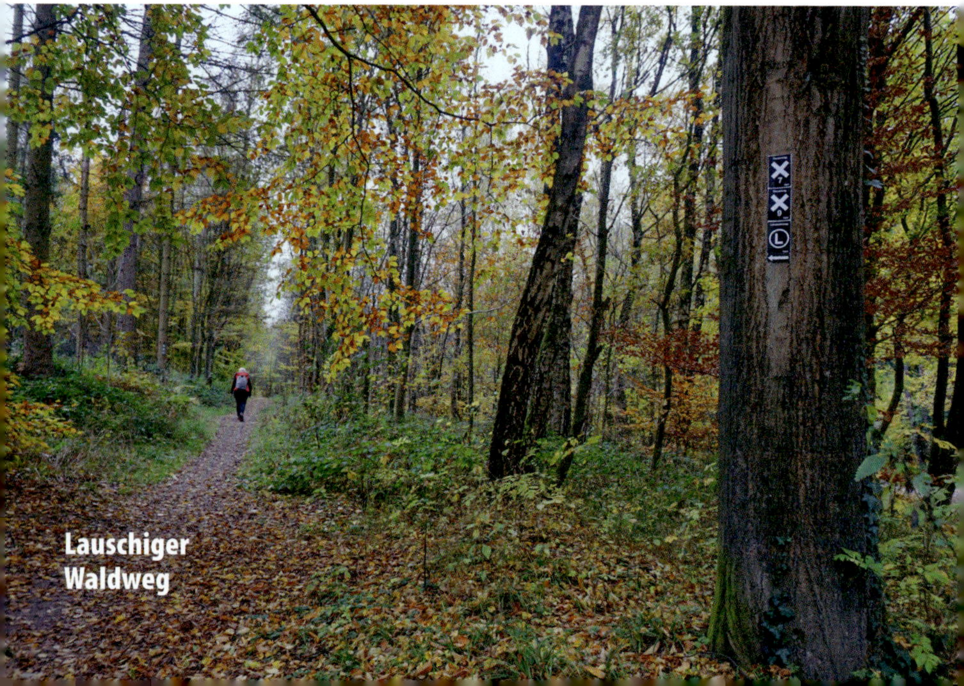

Lauschiger Waldweg

Für die Seele

Auf alten Handelswegen streifen wir durch den weitläufigen Lemgoer Stadtwald, finden Ruhe an friedlichen Teichen und erreichen den höchsten Punkt Lemgos.

und bei dem vor uns auftauchenden **Rotwildgehege 4** links. Eine Bank lädt zu einer kurzen Rast ein. Vielleicht können wir einen der Wildbewohner im Gehege entdecken? Tatsächlich erspähen wir beim genaueren Hinsehen einen Hirsch zwischen den Bäumen.

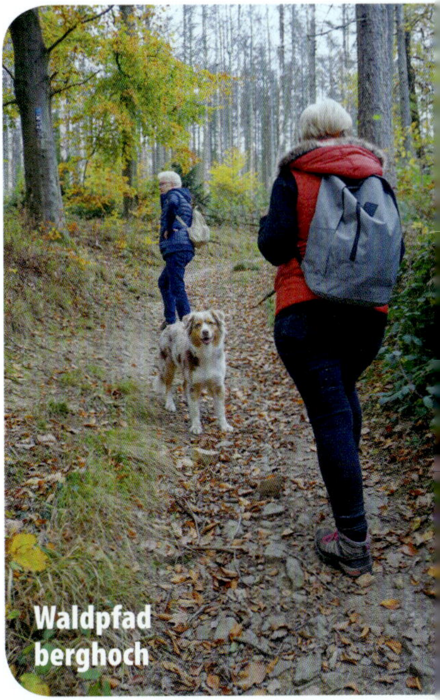
Waldpfad berghoch

Es folgt eine weitere Weggabelung, an der wir dem rechten Pfad über in den Boden eingelassene Treppen leicht abwärts folgen. Was wir soeben bergab gelaufen sind, müssen wir nun für ein kurzes Stück wieder hochlaufen. Wir erreichen die Anhöhe und gehen rechts, das Wildgehege begleitet uns rechter Hand, bis wir links eine Schranke ausmachen, die wir durchqueren. Der Weg dahinter führt uns zu einem Holzablageplatz, den wir kreuzen, und folgen leicht rechts einem Waldpfad. Rechts durch die Bäume entdecken wir das **Gasthaus Schöne Aussicht 5**, das sich auf dem Rückweg unserer Tour für einen Pausenabstecher anbietet.

Vor uns liegen noch etwa 9 Kilometer, sodass wir frohen Mutes unseren Weg fortsetzen. Wir haben kurz freie Sicht auf das Lemgoer Umland mit dem Lipper Bergland. An den folgenden Wanderschildern halten wir uns weiter geradeaus. Unser Waldpfad führt auf einen etwas breiteren Hauptweg, dem wir für ein paar Schritte leicht links folgen, ihn aber sogleich wieder verlassen und den Schildern schräg

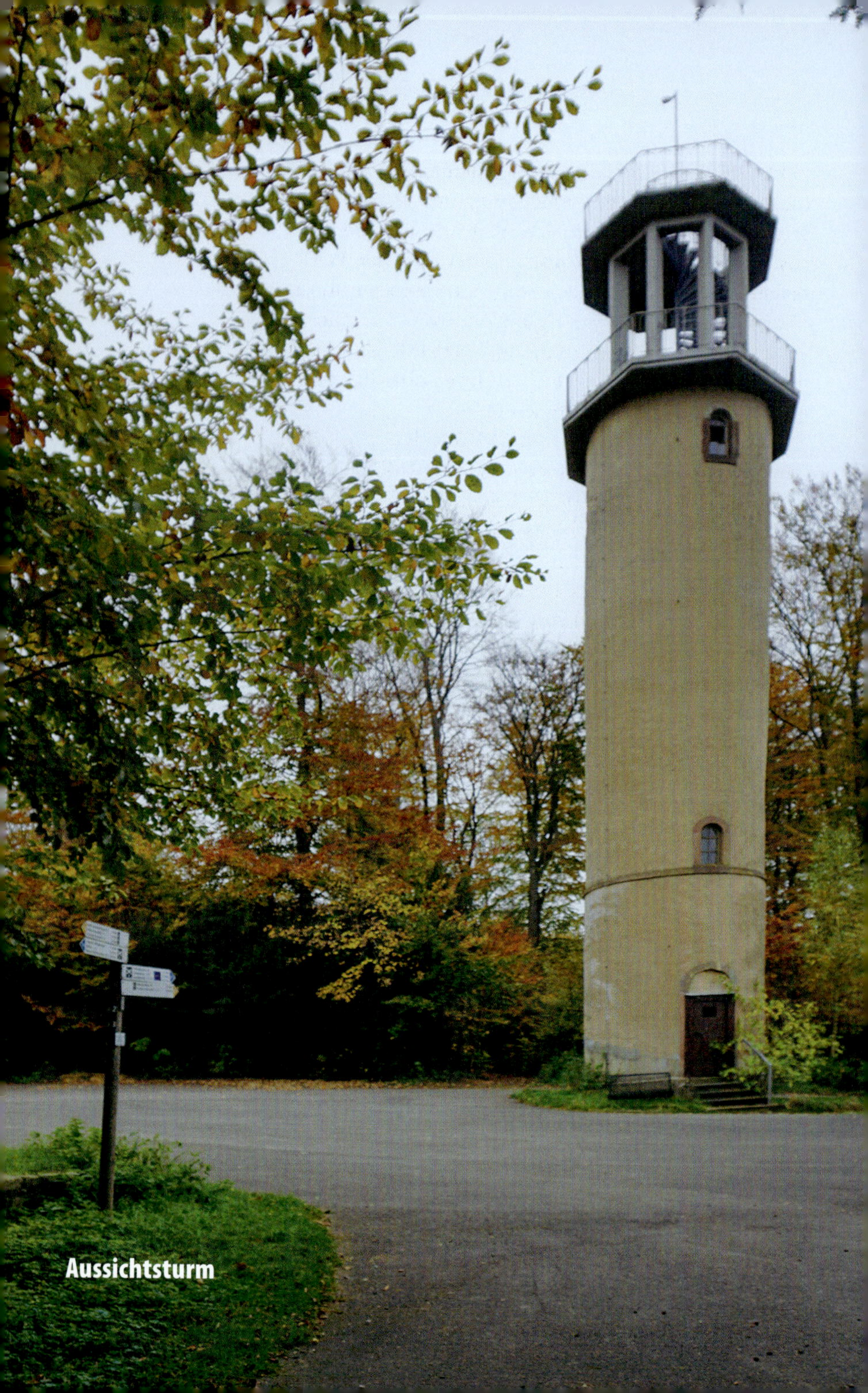

Aussichtsturm

rechts auf ein weiteres Waldpfädchen folgen. Für ein kurzes Stück wird der Pfad aufgrund wuchernder Brombeersträucher schmaler, aber wir bahnen uns unseren Weg durch die Natur. An der nächsten Weggabelung gehen wir links – jetzt ist unsere Kondition gefragt, um die vor uns liegenden etwa 60 Höhenmeter zu meistern. Eine schöne Holzbank stellt uns vor die Wahl: Eine kurze Rast einlegen oder den Anstieg ohne Päuschen durchziehen?

Bald erkennen wir durch die Bäume den **Aussichtsturm von Lemgo ❻.** Unsere gemeisterten Höhenmeter werden jedoch nicht belohnt: Leider ist der 24 Meter hohe Aussichtsturm geschlossen. Doch unser Wanderglücksmoment im herrlichen Wald macht die verpasste Aussicht wett. Hinter dem Turm leicht rechts führt uns etwas versteckt unser Weg geradeaus weiter. Nach etwa 200 Metern mündet der Pfad in eine Kreuzung. Hier wandern wir noch für ein paar Schritte geradeaus und dann geht unser Weg leicht nach rechts in einen befestigten Forstweg über. Es dauert nicht lange und der Weg gabelt sich in drei Richtungen. Leicht links haltend nehmen wir den mittleren Weg. Schon bald erkennen wir, dass ein neuer Anstieg auf uns wartet, denn wir wollen auf den Windelstein, Lemgos höchsten Punkt. Auf einer Bank rechts des Weges lassen sich noch einmal Kräfte sammeln. Etwa 70 Höhenmeter gilt es zu überwinden und

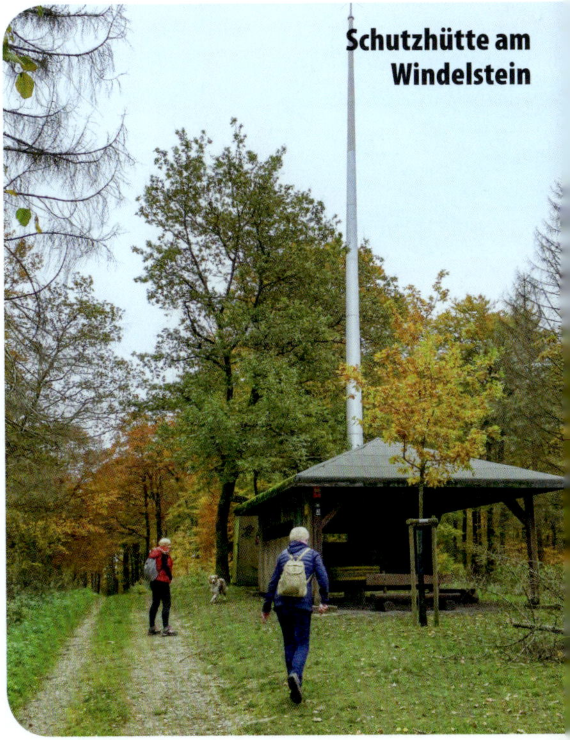
Schutzhütte am Windelstein

es lohnt sich, den Blick auch einmal zurück über die Schulter zu werfen. Durch die Bäume können wir die hügelige Landschaft in der Ferne betrachten.

Die Steigung ist geschafft und wir erreichen schließlich das Plateau mit einer Weggabelung. Hier halten wir uns rechts und stoßen auf 347 Metern Höhe auf die Schutzhütte des **Windelsteins** 7 mit einem Funkmast. Nun heißt es Abschied nehmen vom Hansaweg, den wir an der nächsten Gabelung verlassen, und rechts auf den **Wanderweg A3** abbiegen. Auf einem schmalen, naturbelassenen Forstpfad wandern wir bergab durch den Wald, bis er in eine Gabelung mündet. Wir gehen rechts und an der folgenden Kreuzung weiter geradeaus. Nach wenigen Schritten halten wir uns an der Weggabelung links, weiter auf dem A3. Dieser führt uns auf einen Parkplatz an der Straße **Hasenbrede.** Hier gehen wir rechts und folgen für ein kurzes Stück der Straße, ehe wir wieder rechts in den Wald eintauchen.

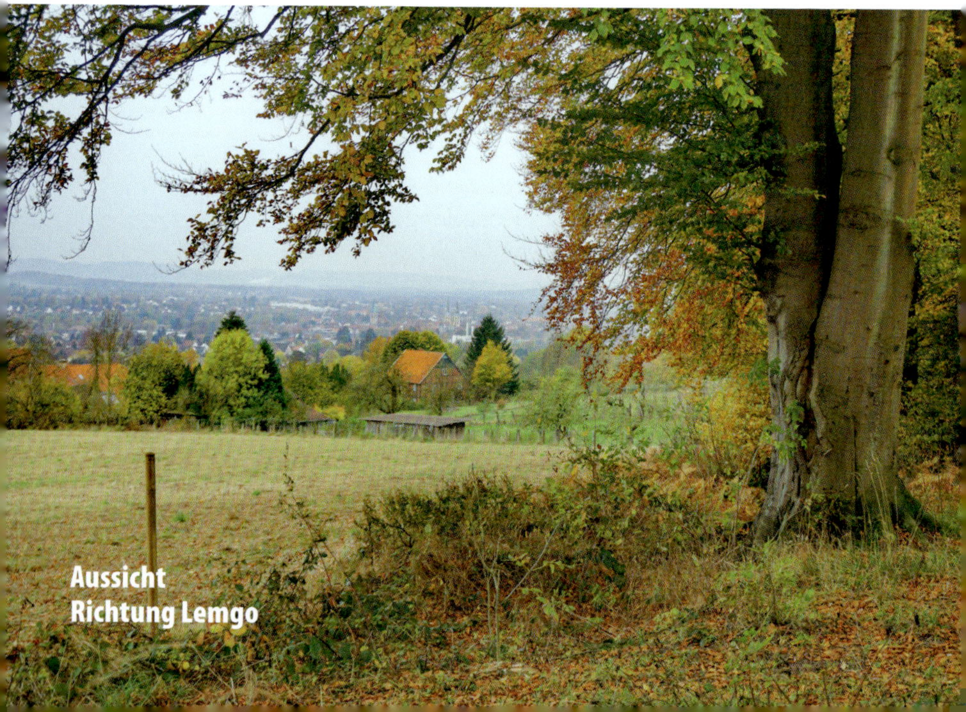

Aussicht Richtung Lemgo

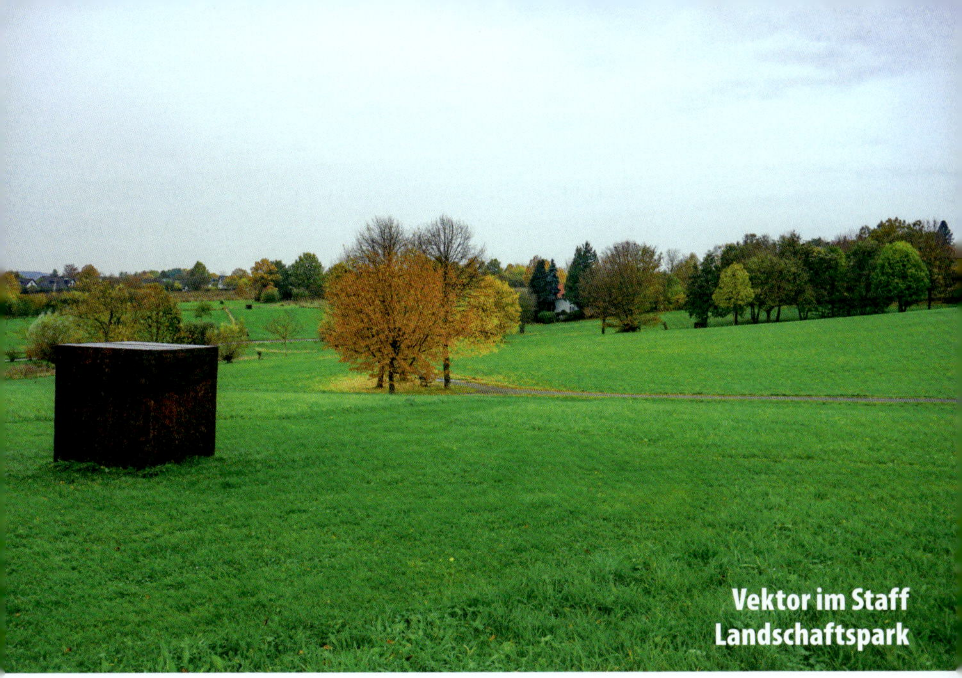

Vektor im Staff Landschaftspark

Der Pfad führt zur Straße, aber nur, um im nächsten Moment wieder nach rechts in einen Waldweg überzugehen, wo wir auf einen **Löschteich** stoßen. Kurzzeitig bringt uns der Weg wieder auf die ruhige Straße. An einem kleinen Rastplatz mit Holzbank können wir die Aussicht auf die Weiden und die Hügellandschaft genießen. Immer dem A3 folgend, gehen wir rechter Hand in den Wald und folgen dem Wanderweg vorbei an Äckern mit Blick auf die Hügellandschaft. Wir überqueren die durch den Wald führende Straße Langer Graben, gelangen wieder auf den Waldweg und landen auf der Straße **Kleiner Spiegelberg.**

Vorbei an einem kleinen Tümpel nehmen wir links den Waldpfad parallel zur Straße. Der A3 führt an der folgenden Gabelung rechts hoch, wir bleiben aber auf dem Waldpfad, bis dieser wieder auf die Straße mündet. Durch ein ruhiges Wohngebiet geht es geradeaus bis zur Straße **Am Kolk,** in die wir rechts abzweigen, um nach etwa 100 Metern rechts in den Spiegelberg abzubiegen. Der nächste kleine Pfad links führt uns in den sehenswerten **Staff Landschaftspark** ❽**,** der nicht nur

*Der **Staff Landschaftspark** wurde Anfang der 1990er auf ehemaligen landwirtschaftlichen Nutzflächen angelegt. Wildblumenwiesen, Obstbäume, Kulturpflanzen und bewusst integrierte Kunstobjekte verdeutlichen das Ziel des Parks: die Verbindung von Natur und Kunst.*

Raum für Pflanzen und Tiere bietet, sondern auch für Kunstobjekte.

Im Park folgen wir dem Weg nach links, um den gepflasterten Hauptweg mittig im Park zu erreichen. Unsere Blicke schweifen dabei über die **drei Vektoren,** markante, künstlerische Skulpturen. Der gepflasterte Hauptweg führt uns aus dem Park, vorbei an den Gebäuden der Staff-Stiftung und schließlich auf den Langenfelder Weg. Hier bietet sich nach rechts noch ein kulinarischer Abstecher zum **Gasthaus Schöne Aussicht** an, das wir bereits auf dem Hinweg entdeckt hatten. Geradeaus kommen wir über die Straße **Heitkämpen** zurück zum Waldwanderparkplatz, unserem Ausgangspunkt.

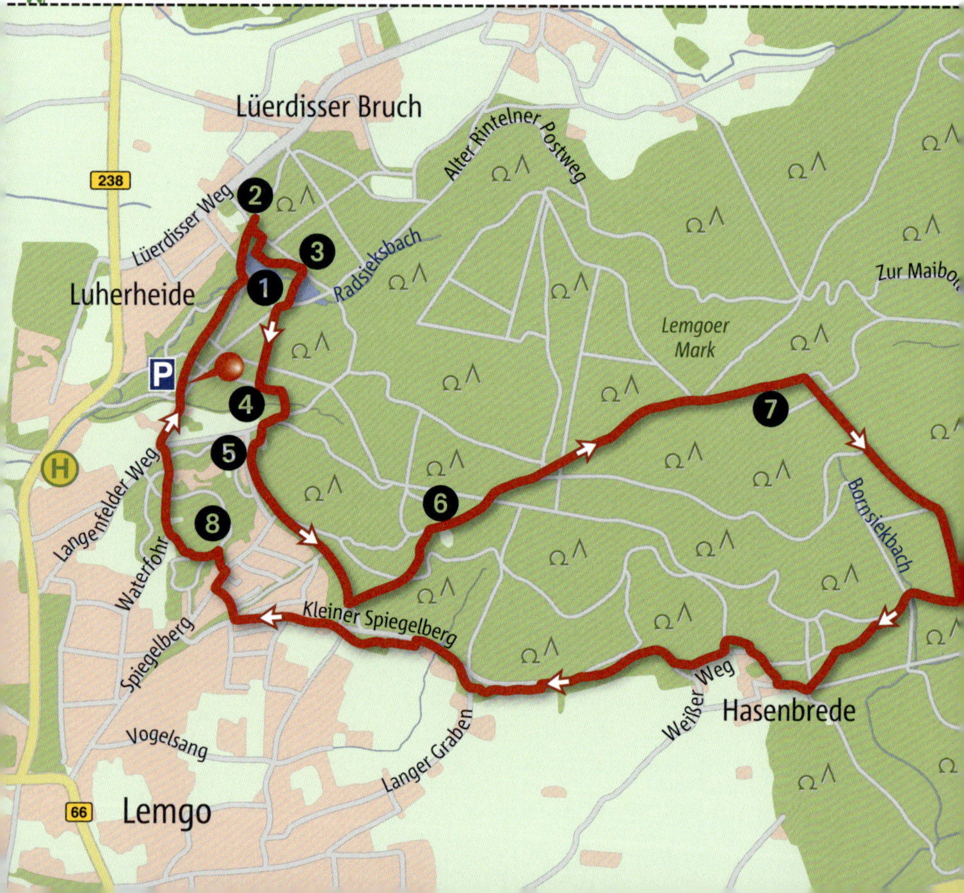

Entspannung ✱✱✱✱✱
Genuss ✱✱✱
Romantik ✱✱✱✱

WIE & WANN:
Laubbedeckte Waldwege, schmale Pfade entlang der Teiche, Forstpfade mit Steigung, kurze Straßenabschnitte durch ruhige Wohngebiete, asphaltierte Parkwege; beste Wanderzeit von April bis Oktober

HIN & WEG:
Auto: Parkplatz Unter den Eichen, Heitkämpen 18, 32657 Lemgo (GPS: 52.047235, 8.911109)
ÖPNV: Bus 733 oder 881 vom Lemgoer Bahnhof bis Lemgo, Quelle, von hier ca. 1 Kilometer bis zum Startpunkt

ESSEN & ENTSPANNEN:
Gasthaus Schöne Aussicht ❺ Langenfelder Weg 80 a, 32657 Lemgo, Tel. (0 52 61) 39 60, schoene-aussicht-lemgo.de

ENTDECKEN & ERLEBEN:
Försterteiche ❶
Wildschweingehege ❷
Schutzhütte ❸
Rotwildgehege ❹
Aussichtsturm Lemgo ❻
Windelstein ❼
Staff Landschaftspark ❽

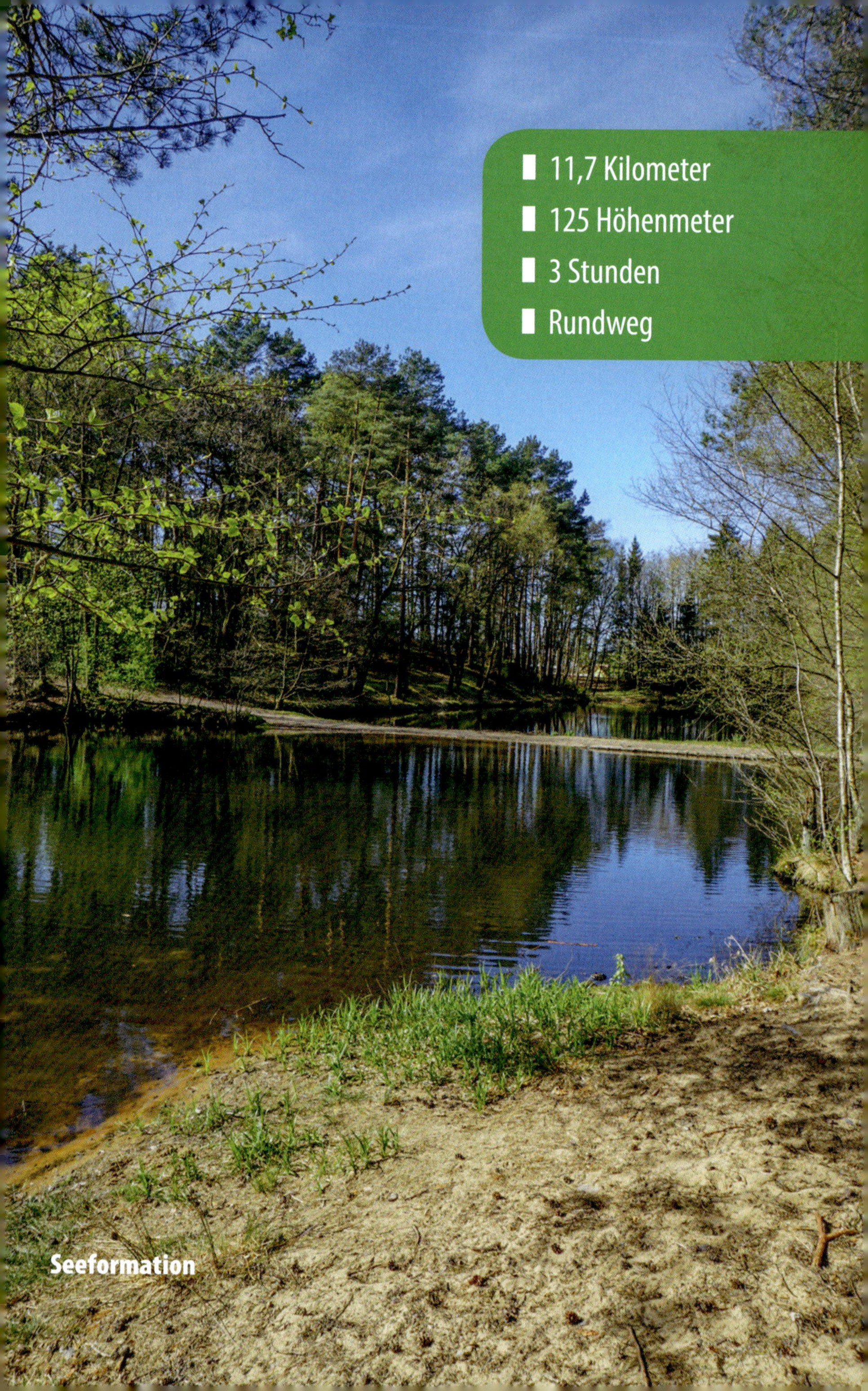

Seeformation

Wilde Ochsen

Bezaubernde Wistinghauser Senne

Die Ochsentour bei Oerlinghausen in der Wistinghauser Senne bietet einmalige Wandererlebnisse, denn wir begegnen nicht nur ursprünglicher Natur, sondern auch halbwilden Huftieren. Wir starten unsere Wanderung auf dem großen Parkplatz am **Flugplatz Oerlinghausen 1**.

Der **Flugplatz Oerlinghausen** gehört mit jährlich ca. 25.000 Segelflugstarts zu den größten Segelflugplätzen weltweit. Auf dem insgesamt etwa 650.000 Quadratmeter großen Gelände sind um die 100 Segelflugzeuge stationiert, vom Motorsegler bis Ultraleichtflugzeug.

Von hier haben wir einen guten Überblick über das Gelände und können das eine oder andere Flugzeug beim Starten und Landen beobachten. Wir selbst bleiben heute auf dem Boden und meistern die vor uns liegenden knapp 12 Kilometer zu Fuß. Los geht es in Richtung des Restaurants Check-in. Wir folgen ein kurzes Stück dem Stukenbrocker Weg, ehe wir rechts in einen schmalen Pfad abbiegen. Wir passieren einen Stellplatz für Campingwagen, dahinter der Flugplatz. Schnell führt uns der Pfad in einen dichter werdenden Mischwald und wir spüren den für die Senne so typischen feinen, sandigen Boden unter unseren Füßen.

An einer Birke lässt uns eine hübsche Wegmarkierung in Form eines bunten Ochsenbildes wissen, dass wir den richtigen Weg eingeschlagen haben. Plötzlich hören wir es aus dem Wald schnaufen und erspähen das Motiv des Wegweisers hinter einer leichten Kurve: zwei Schottische Hochlandrinder, die sich auf ihrem eingezäunten Areal ins Gebüsch trollen. Alsbald treffen wir auf eine Wegkreuzung. Eine großflächige **Schaukoppel 2** liegt vor uns, auf der wir mit etwas Glück weitere Exemplare der insgesamt ca. 40 Rinder und 20 Exmoor-Ponys entdecken können. Wir folgen der Beschilderung

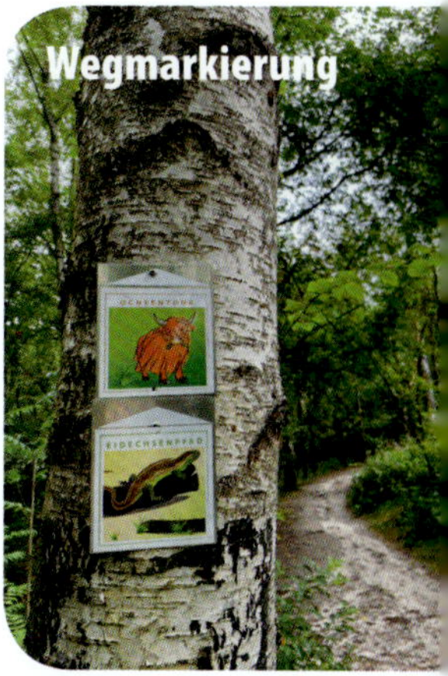

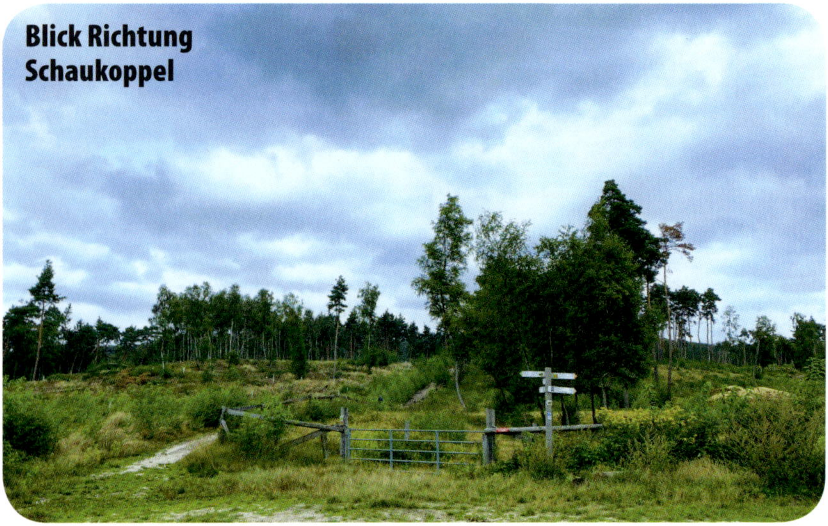

Blick Richtung Schaukoppel

nach rechts und befinden uns nun auf einem angenehmen Kieselweg. Während rechts der Flugplatz neben uns liegt, können wir linker Hand die charakteristische Sennelandschaft bestaunen. Auf ihren sandigen, trockenen Böden wachsen hohe Kiefern; aber auch Fichten und Buchen sind typische Baumarten.

Auf dem flachen Weg bieten uns linker Hand zwei Bänke die Gelegenheit für eine erste kurze Pause. Mit Blick auf den Segelflugplatz können wir kurz innehalten und den motorlosen Flugzeugen am Himmel zuschauen. Es geht weiter geradeaus und wir lassen das Gelände des Flugplatzes langsam hinter uns. Auf der entspannten Wegführung werden wir von einer abwechslungsreichen Vegetation aus Disteln, Gräsern und den fröhlich gelben Blütenkörbchen der Goldrute begleitet. An einer Hinweistafel machen wir einen kurzen Stopp, um uns über die Wistinghauser Senne und seine tierischen Bewohner zu informieren.

Als Naturschutzgroßprojekt wird die 1800 Hektar große ***Wistinghauser Senne*** *bewusst naturnah bewirtschaftet und von vierbeinigen Landschaftspflegern traditionell beweidet. Seltene Tiere und Pflanzen der historischen Kulturlandschaft bekommen so wieder einen Lebensraum.*

Bald gelangen wir an eine Kreuzung, an der wir uns rechts Richtung Bokelfenner Krug halten werden. Zunächst wollen wir aber noch einen Blick auf

Für die Seele

Wir durchwandern die weitläufigen Weidegebiete der Wistinghauser Senne und machen Bekanntschaft mit wilden Schottischen Hochlandrindern und englischen Exmoor-Ponys.

die vor uns liegende **Zentralkoppel** ③ werfen, um weitere Hochlandrinder mit ihren schwarzen und braunen Fellschattierungen zwischen den weitläufigen Baumbeständen und Totholz zu entdecken. Wir lösen unseren Blick und wenden uns wieder der Weggabelung zu, wo wir nun der Ausschilderung zum Bokelfenner Krug folgen. Linker Hand passieren wir die **Südkoppel** ④ und erreichen an der nächsten Kreuzung einen Rastplatz.

Am Zaun eines Campingplatzes halten wir uns weiter geradeaus und stoßen nach etwa 250 Metern auf einen Weg, an dem links ein Waldparkplatz liegt. Hier

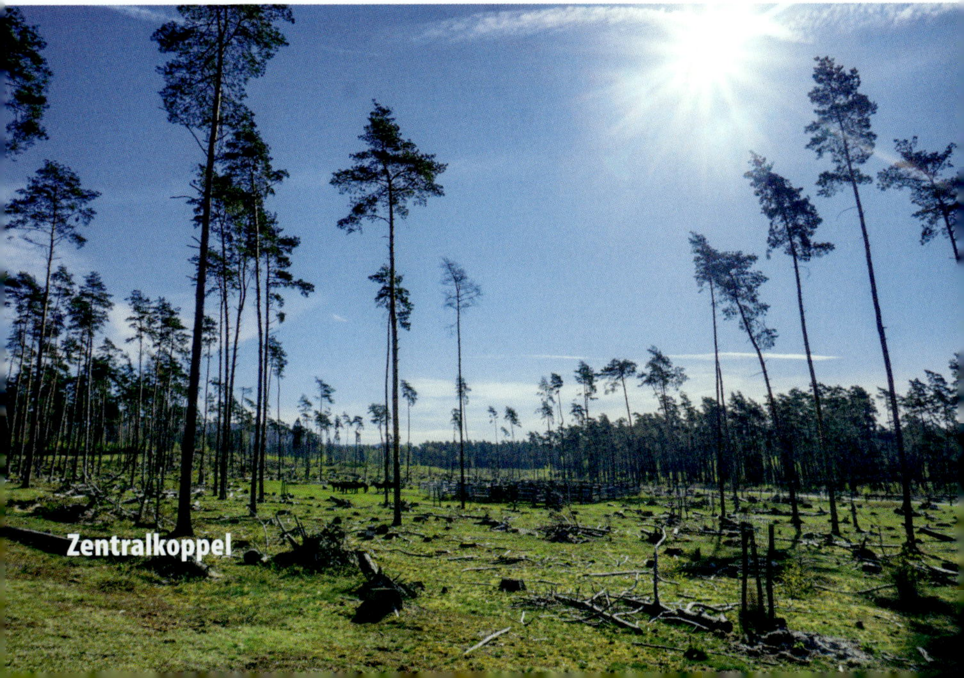

Zentralkoppel

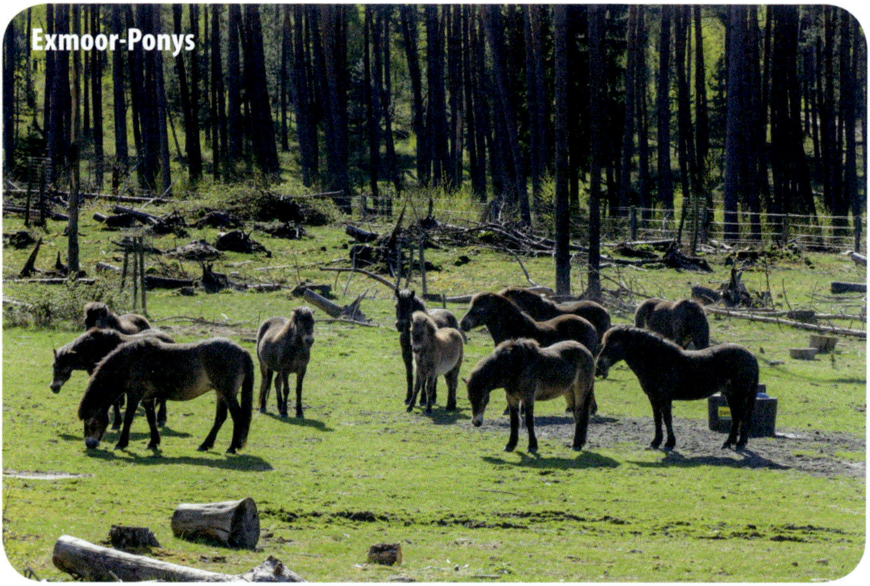

folgen wir der Beschilderung der Ochsentour nach rechts und gleich darauf an einem Naturschutzgebiet-Schild dem nächsten Waldpfad nach links. In dem Gebiet der Trockentäler, Kastentäler und Dünen des **Westerholter Bachtals** 5 genießen wir den Weg auf weichem, von Nadeln durchsetztem Waldboden. Wo der Weg sich gabelt, wählen wir den linken Pfad und meistern eine kleine Anhöhe. Nach dem Anstieg wird links unter uns der Blick auf eine kleine Seeformation freigegeben. Wir wählen den Weg links zwischen den beiden Teichen und gelangen zu einer Lichtung. Hier nehmen wir den rechten Weg durch den Wald und erreichen kurz darauf den **Bokelfenner Krug** 6, wo sich eine Stärkung anbietet.

Nach unserer Rast gehen wir wieder zurück zur Waldkante, folgen dem Waldweg nach rechts und genießen den Blick über eine weite, in die Sennelandschaft eingebettete Wiese. An der nächsten Waldgabelung nehmen wir die linke Abzweigung und

*Vor etwa 1000 Jahren waren nur wenige Menschen in der **Senne** beheimatet. Vor allem die trockenen Böden machten die Senne als menschlichen Lebensraum wenig attraktiv. Schon damals wurden Pferde in der Senne weitestgehend frei laufend auf den wilden Weiden gehalten.*

schlängeln uns leicht bergan und wieder bergab durch die Natur: an der folgenden Abzweigung rechts, in den nächsten Weg links ab, dann an der nächsten Möglichkeit wieder rechts und sofort wieder links. Ab und zu steigen wir über quer liegende Baumstämme und befinden uns nach kurzer Zeit auf dem uns schon bekannten Weg (links der Waldparkplatz). Wir gehen rechts, passieren eine Koppel, auf der wir ein paar der englischen Exmoor-Ponys entdecken, bis schließlich vor uns am rechten Wegrand eine **Schutzhütte** 7 auftaucht.

Vor der Hütte biegen wir links in einen schmalen Pfad ab und durchqueren ein Weidegatter. Wir bewegen uns nun inmitten des Weidegebiets der wilden Ochsen und lesen aufmerksam die Verhaltensregeln auf dem Hinweisschild. Seicht bergan gehen wir etwa 500 Meter auf dem von Birken gesäumten Waldpfad. Wir passieren ein weiteres Weidegatter und erreichen kurz darauf den befestigten, mit hellen Steinen durch-

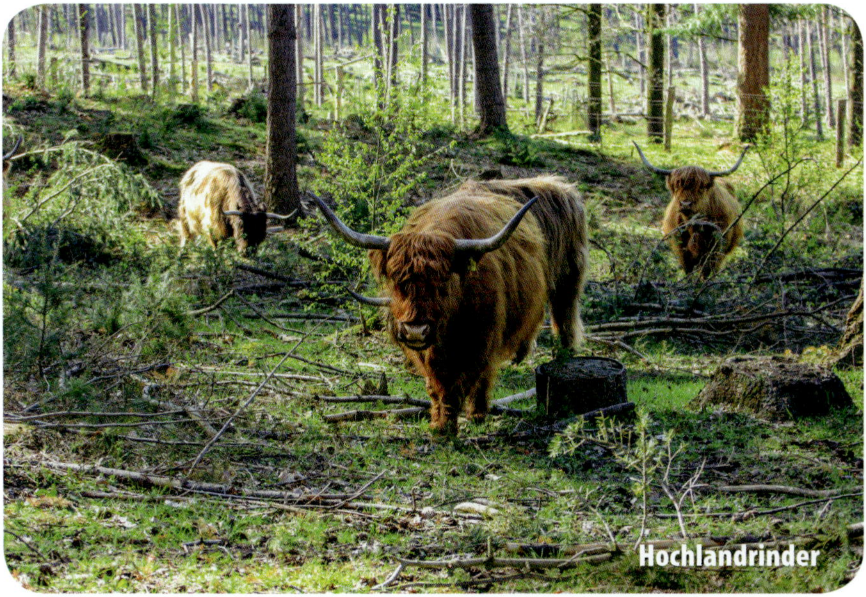

Hochlandrinder

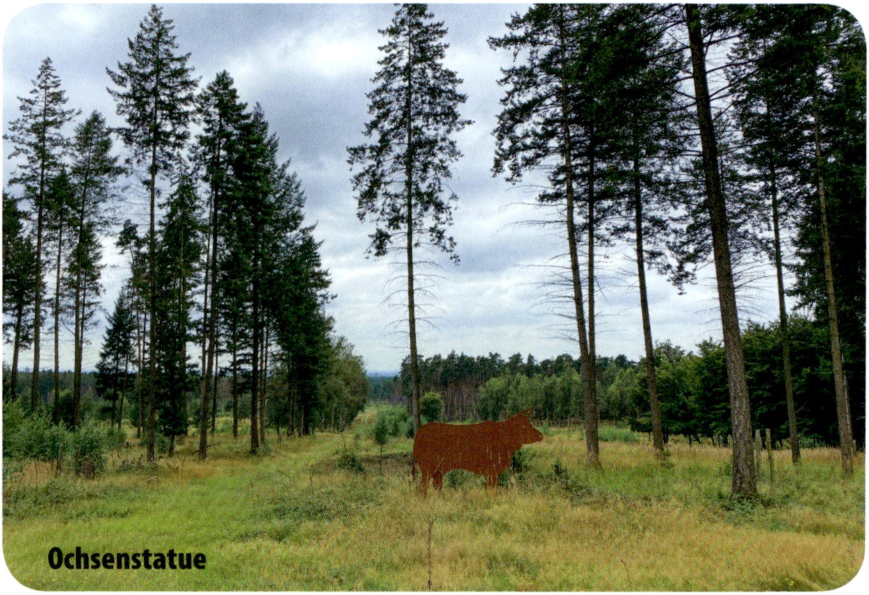

Ochsenstatue

setzten Hauptweg. Hier gehen wir rechts und folgen der Wegführung geradeaus.

Abermals durchlaufen wir ein Gatter und werden von Infoschildern aufgeklärt, dass sich rechts von uns ein Truppenübungsplatz des britischen Militärs befindet. An der nächsten Wegkreuzung halten wir uns links und laufen nun oberhalb der **Nordkoppel 8**. Die Wegmarkierung informiert uns, dass wir uns nicht nur auf der Ochsentour befinden, sondern auch auf dem 44 Kilometer langen Fernwanderweg Lönspfad. Am Wegrand lädt uns eine schöne Holzbank mit zwei kleinen Baumstumpfhockern ein, den Blick auf die Weide zu richten: Wir entdecken ein Schottisches Hochlandrind – dieses Mal allerdings als Metallplatte in Form eines hübschen Schattenrisses.

Für knapp 2 Kilometer folgen wir immer gemütlich geradeaus dem nahezu ebenen Weg, der uns nach einer leichten Rechtskurve zu einer Kreuzung führt. Hier bleiben wir weiter geradeaus im Wald, ehe die

Bäume sich lichten und der Boden unter unseren Füßen sandiger wird. Es dauert nicht mehr lange und wir haben freien Blick über die **Sandgrube Hassler** **9**.

Von Heide, Bäumen, Gräsern und Sträuchern durchsetzt, liegt vor uns eine herrliche, nahezu dünenartige Landschaft. Eine bequeme Panoramaliege lädt uns ein, die Sandgrube mit ihrer abwechslungsreichen Flora und Fauna noch einen Augenblick auf uns wirken zu lassen. Nach der erholsamen Pause setzen wir unseren Weg fort und folgen bergab dem sandigen Pfad mitten durch die Dünen. Links entdecken wir einen kleinen Tümpel und dank der weitläufigen Sandlandschaft kommt geradezu ostwestfälisches Strandfeeling auf. Wir durchqueren die Senke und laufen dann hinauf zur gegenüberliegenden Seite. Beim Blick zurück lassen wir nun aus dieser Perspektive noch einmal die Sandgrube auf uns wirken.

*Die **Sandgrube** ist ein wahrer Schatzkasten der Natur: Zahlreiche Tiere und Sennepflanzen sind hier beheimatet. So lassen sich Kreuzkröten, Feldgrillen, Baumpieper und Schlingnattern genauso entdecken wie Heidenelke, Sandglöckchen oder Filzkraut.*

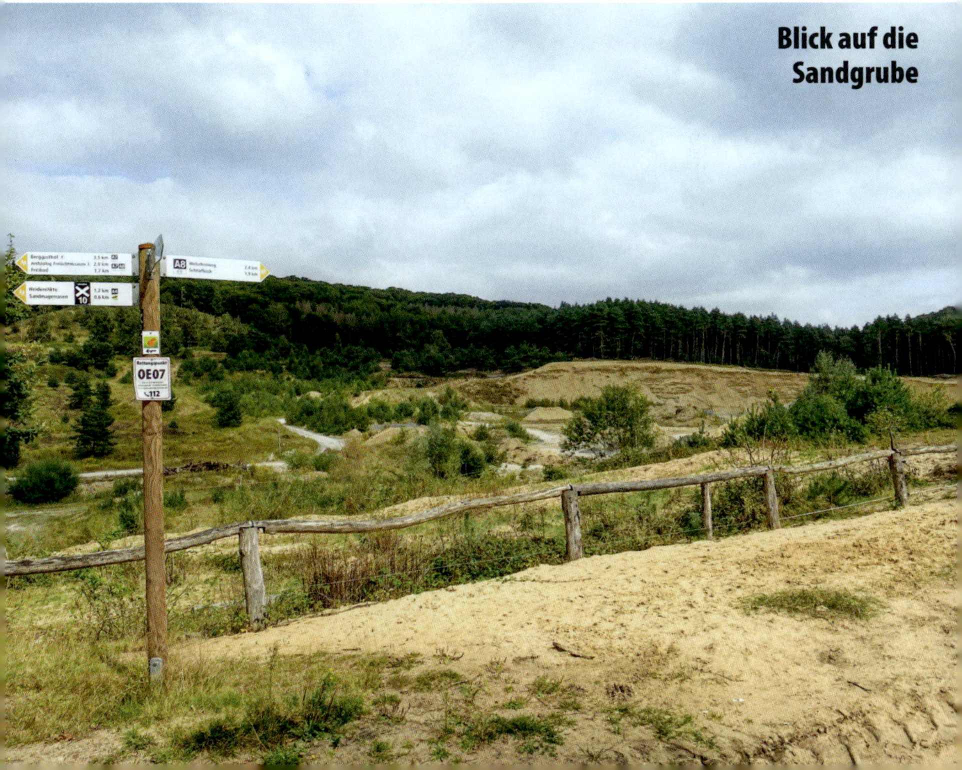

Blick auf die Sandgrube

Auszeittour 4

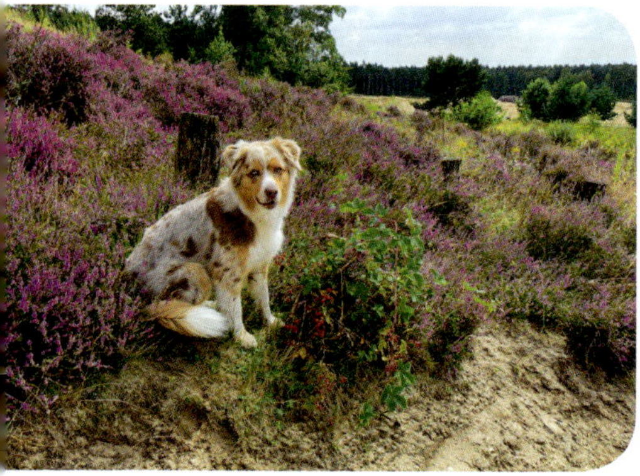

Jetzt schlagen wir den Weg nach links ein und sofort wieder rechts in Richtung Flugplatz. Linker Hand werden wir noch von einer Weidefläche begleitet, ehe wir dann dem Pfad nach rechts und sofort wieder links folgen. Leicht bergab erreichen wir die Schaukoppel vom Anfang. Von hier nehmen wir den uns bekannten Weg bis zum Parkplatz am Segelflugplatz. Wer sich noch nicht im Bokelfenner Krug gestärkt hat, kann nun im **Restaurant Check-in** ⑩ einkehren.

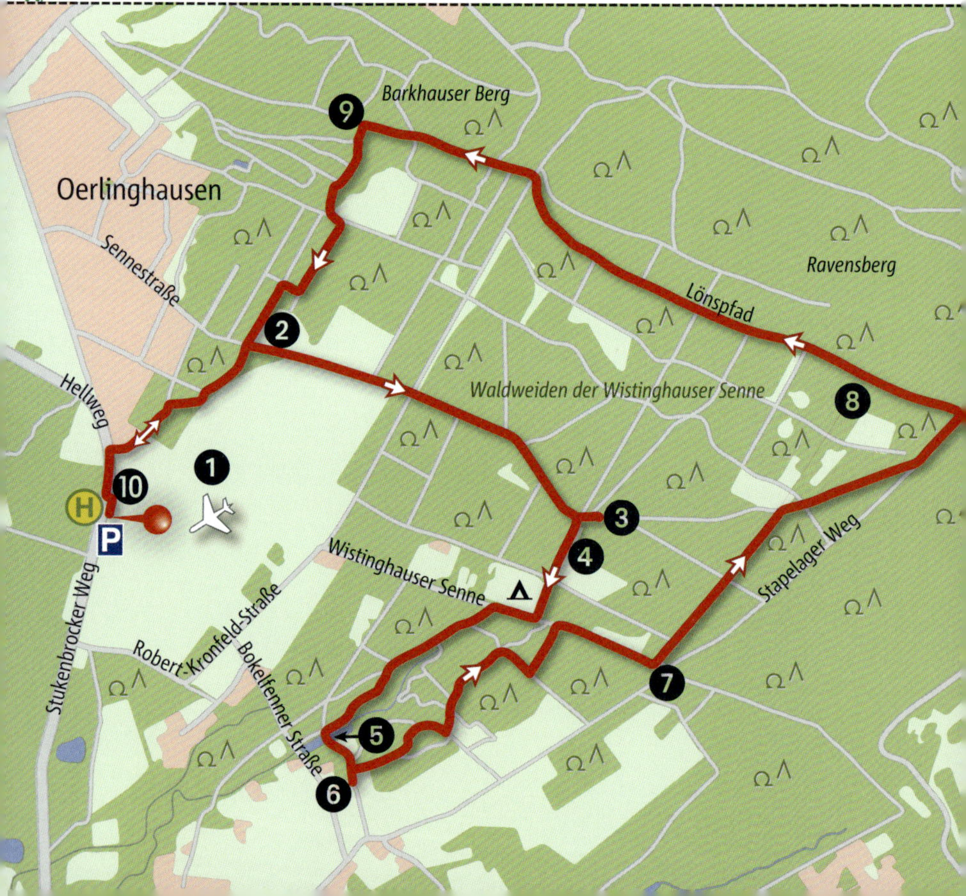

Entspannung ★★★★☆
Genuss ★★★★☆
Romantik ★★★★★

WIE & WANN:
Sandige Waldpfade, geschotterte Wald- und Weidewege, dünenartige Sandpfade; ganzjährig möglich, beste Wanderzeit von März bis Oktober

HIN & WEG:
Auto: Parkplatz am Flugplatz Oerlinghausen, Stukenbrocker Weg 43, 33813 Oerlinghausen (GPS: 51.931745, 8.659013)
ÖPNV: Bus 34 von der Haltestelle Bielefeld-Sieker in Bielefeld oder von Stukenbrock, Zentrum bis zur Haltestelle Oerlinghausen, Segelflugplatz/Tower

ESSEN & ENTSPANNEN:
Bokelfenner Krug ❻ Bokelfenner Straße 17, 33813 Oerlinghausen, Tel. (0 52 02) 7 24 49, www.bokelfenner-krug.de
Restaurant Check-in ❿ Stukenbrocker Weg 43, 33813 Oerlinghausen, Tel. (0 52 02) 9 95 92 90, www.checkin-oerlinghausen.de

ENTDECKEN & ERLEBEN:
Flugplatz Oerlinghausen ❶
Schaukoppel ❷
Zentralkoppel ❸
Südkoppel ❹
Westerholter Bachtal ❺
Schutzhütte ❼
Nordkoppel ❽
Sandgrube mit Panoramaliege ❾

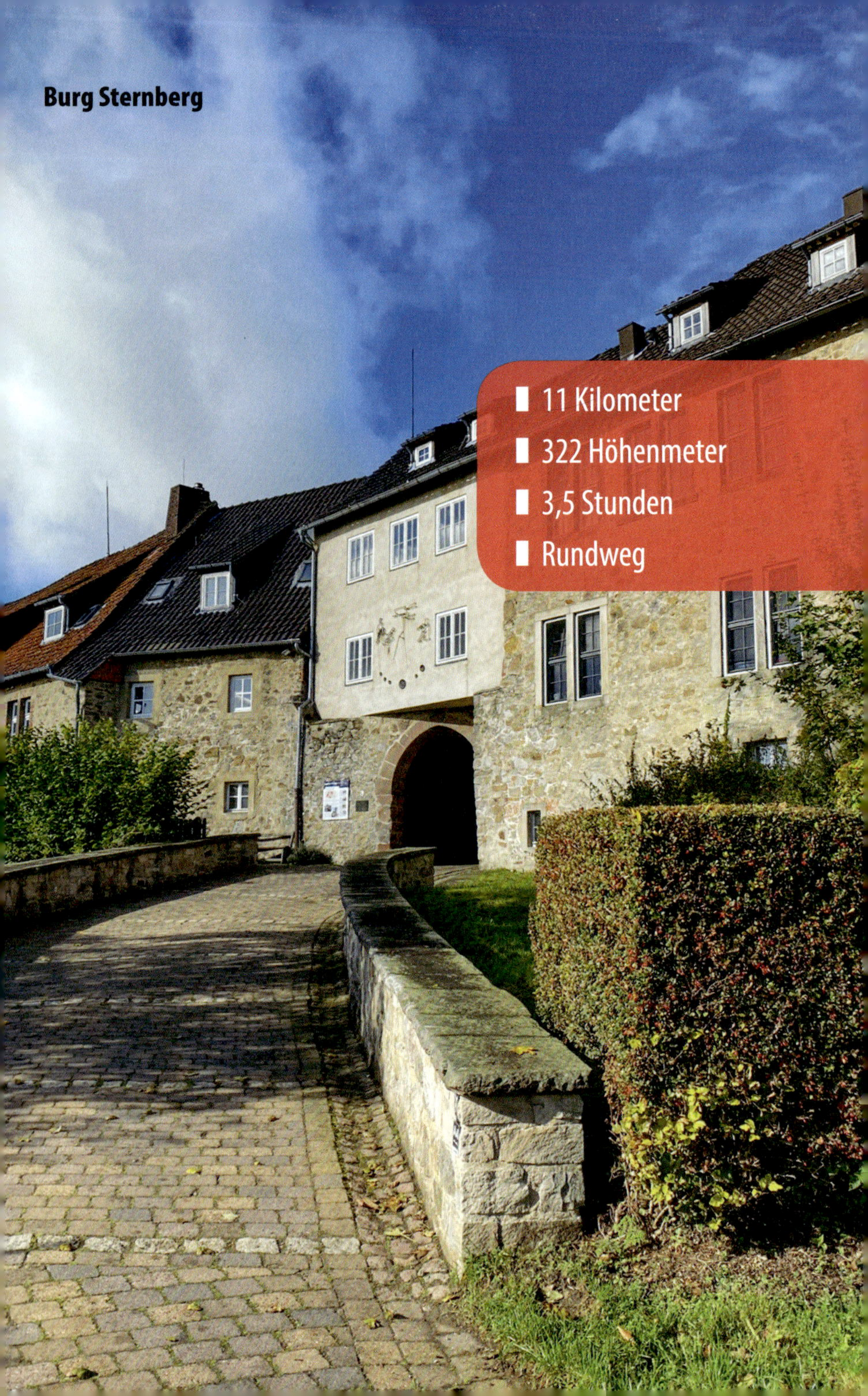

Burg Sternberg

- 11 Kilometer
- 322 Höhenmeter
- 3,5 Stunden
- Rundweg

Das erste Highlight wartet schon gleich zu Beginn unserer Tour: **Burg Sternberg** ①. Imposant thront sie in 315 Metern Höhe auf einem Vorsprung des Dörenbergs.

Wir starten am Parkplatz der Burg und begeben uns über einen gepflasterten Aufgang zum Eingangstor der Burg. Im Innenhof der Unterburg lassen wir

Von Burg zu Berg

Panoramahöhenweg bei Schwelentrup

das historische Ambiente auf uns wirken. Es gibt neben einem Café auch das Klingende Museum, das die musikalische Geschichte der Burg näherbringt. Durch ein weiteres Tor gelangen wir in den Innenhof der Oberburg. Nachdem uns die Infotafeln einiges zur Geschichte der Burg erzählt haben, verlassen wir das Gelände auf dem gleichen Weg.

Wir gehen den gepflasterten Zufahrtsweg leicht bergab und folgen rechts hinter der Burgmauer dem Steig mit der Wanderbeschilderung **X2 und A4.** Bergab folgen wir dem naturbelassenen Pfad in Richtung Wald und halten uns an der Gabelung links. Inmitten einer üppigen Pflanzenwelt freuen wir uns über die Waldluft und wählen an der nächsten Kreuzung den rechten Weg mit der Markierung des **Burgensteigs.** Der Weg führt uns auf die asphaltierte Forststraße **Drecken.** Vor uns taucht ein Haus auf, an dem wir der Straße nach rechts folgen. An der nächsten Gabelung gehen wir links und queren eine Hofanlage mit altem Baumbestand. Links am Hof vorbei führt uns die Landwirtschaftsstraße durch eine herrlich grüne Weidelandschaft.

*Die **Burg Sternberg** blickt auf eine lange Geschichte zurück: Die Ringmauer stammt bereits aus der Zeit um 1100, 1252 gehörte die Burg urkundlich Heinrich Graf von Sternberg. Im 15. Jahrhundert ging sie schließlich in den Besitz der lippischen Herrschaft über.*

Die Markierung X2 des Burgensteigs weist uns den Weg nach rechts in Richtung Waldrand. Nach einem leichten Anstieg lockt eine Bank für eine kurze Pause und wir genießen die Aussicht: Selig beobachten wir auf dem gegenüberliegenden Weidehügel die friedlich grasenden Rinder. Nun heißt es, Augen offen halten, denn, nachdem wir rechts eine weitere Bank passiert haben, biegt rechts etwas versteckt ein schmaler Waldweg ab. Dieser führt auf weichem Waldboden über dickes Wurzelwerk einen knackigen Anstieg hoch. Fast kommt ein Hauch alpines Feeling auf, wenn wir links den Blick auf die Almwiesen ähnelnden Weiden richten. Passend zum Anstieg treffen wir auf den **Schwelentruper Höhenweg,** der durch ein wanderndes Männchen auf grünem Hintergrund gekennzeichnet ist. Wir folgen allerdings nicht der linken Markierung Richtung Wiese, sondern der geradeaus zeigenden und bleiben im Wald.

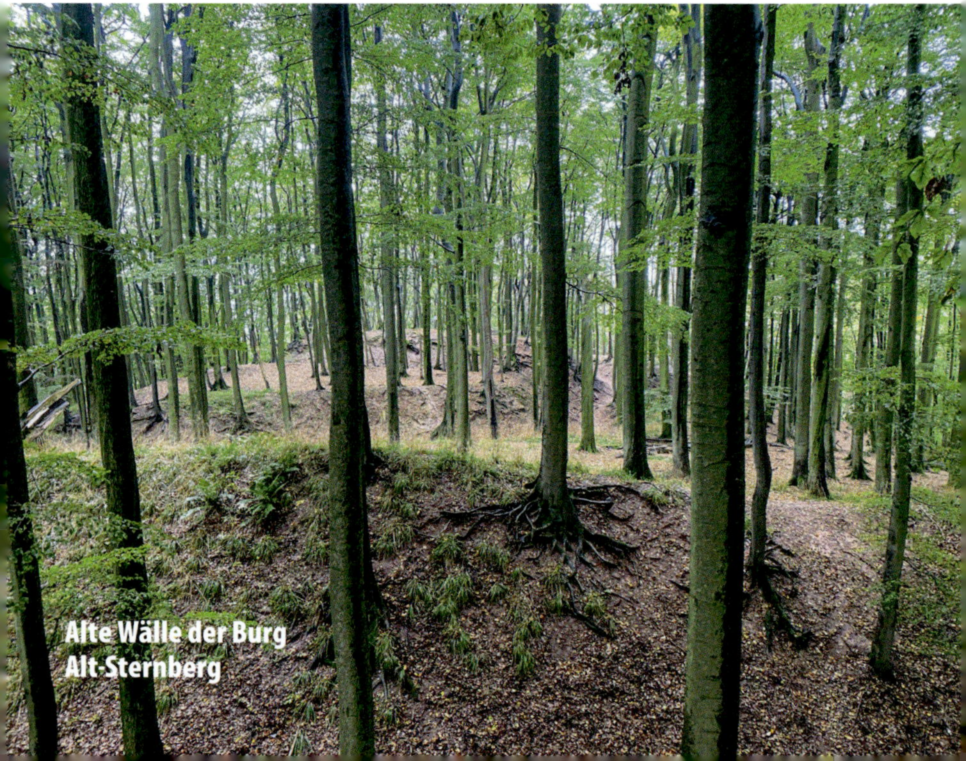

Alte Wälle der Burg Alt-Sternberg

Wir schlendern auf dem idyllischen Pfad auf weichem Grasboden durch den Wald. Bald wird der Weg befestigter und ist von Steinen und Kieseln durchsetzt. An einer **Schutzhütte** ❷ gabelt sich der Weg und wir nehmen den linken Pfad unmittelbar an der Hütte vorbei. Immer geradeaus führt uns der Weg

Für die Seele

Idyllische Wald- und Wiesenpfade, grandiose Fernblicke vom Steinberg und eine historische Burganlage machen den Höhenweg zu einer Bilderbuchwanderung.

durch den Wald, bis die Bäume sich schließlich lichten und den Blick auf eine Wiese freigeben. Wir folgen der Beschilderung nach links und halten uns in Richtung Waldkante. Der Pfad lässt uns etwas bergab wieder in den Wald eintauchen. Wir entdecken links eine **Bank mit herrlicher Aussicht** ❸, an der wir den Weitblick auf die traumhafte, sanfte Hügellandschaft genießen – uns kommt der Begriff „Lippische Toskana" in den Sinn. Bei guter Sicht können wir sogar in Richtung Hermannsdenkmal bei Detmold und zum Velmerstot, dem höchsten Berg des Eggegebirges, schauen.

Wir setzen unseren Weg fort und gelangen kurz darauf linker Hand zur **Burg Alt-Sternberg** ❹, die etwas bergab liegt. Von der Burg selbst ist nichts mehr zu erkennen, doch die vor uns liegenden Ringgräben zeugen von der ehemaligen mittelalterlichen Befestigungsanlage.

*Die **Burg Alt-Sternberg** gilt als Vorläufer der Burg Sternberg. Im 11. Jahrhundert errichtet, wurden die alte und neue Burg vermutlich zeitweise parallel genutzt. Heute zeugen nur noch Wälle und Gräben von der alten Burg Sternberg.*

Nachdem wir auf der Infotafel mehr über die Burg erfahren haben, gehen wir wieder hinauf auf unseren Hauptweg und folgen weiter dem Schwelentruper Höhenweg. Der herrliche Waldsteig hält bald links

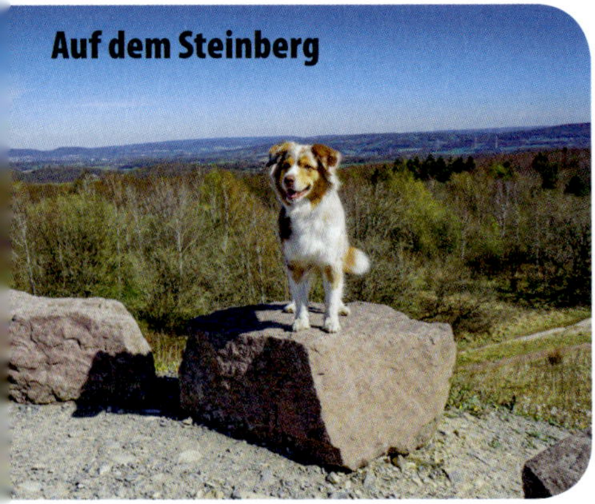
Auf dem Steinberg

von uns weitere Panoramablicke auf die hügelige Landschaft parat: Auf den Wiesen grasen entspannt Schafe, während ein Bussard über die sanften Anhöhen des Lipperlands kreist. Ein paar Schritte begleitet uns die malerische Aussicht noch auf unserem Weg, bis dieser schließlich in einen breiteren Weg mündet. Wir gehen hier rechts und folgen dem Schild des Höhenwegs. An der nächsten Gabelung halten wir uns links und nähern uns stetig dem Steinberg. Neben dem Schwelentruper Höhenweg führt uns nun auch der europäische Fernwanderweg E1 direkt dorthin. Links entdecken wir noch einen **Aussichtspunkt 5**, ehe wir den Aufstieg angehen.

Zwei Findlinge begrüßen uns auf dem **Steinberg 6** mit seiner Aussichtsplattform. Von der ehemaligen NATO-Raketenstation haben wir einen fantastischen

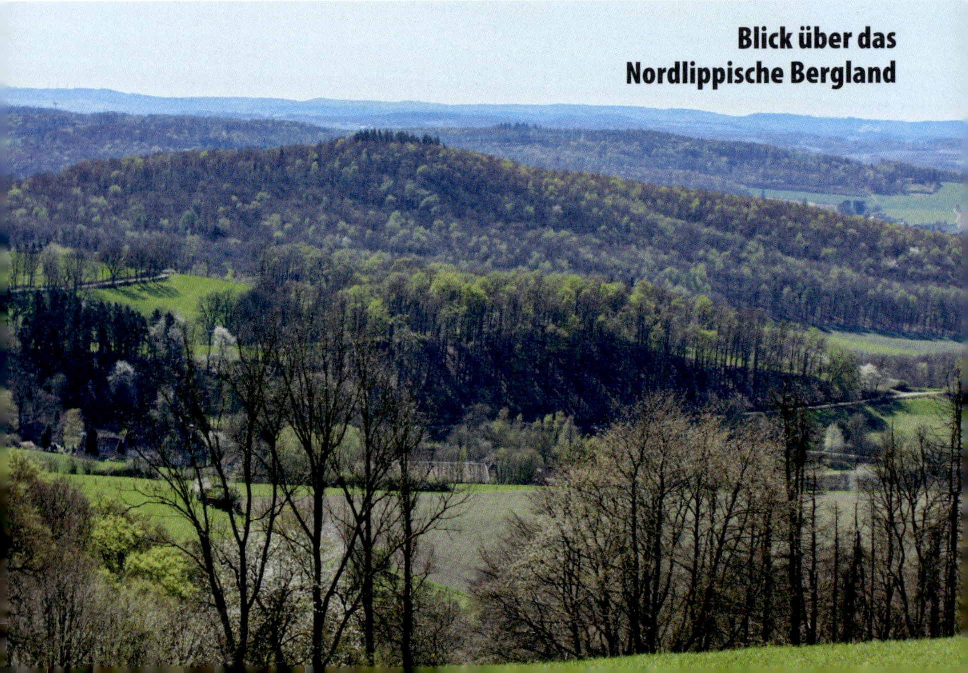
Blick über das Nordlippische Bergland

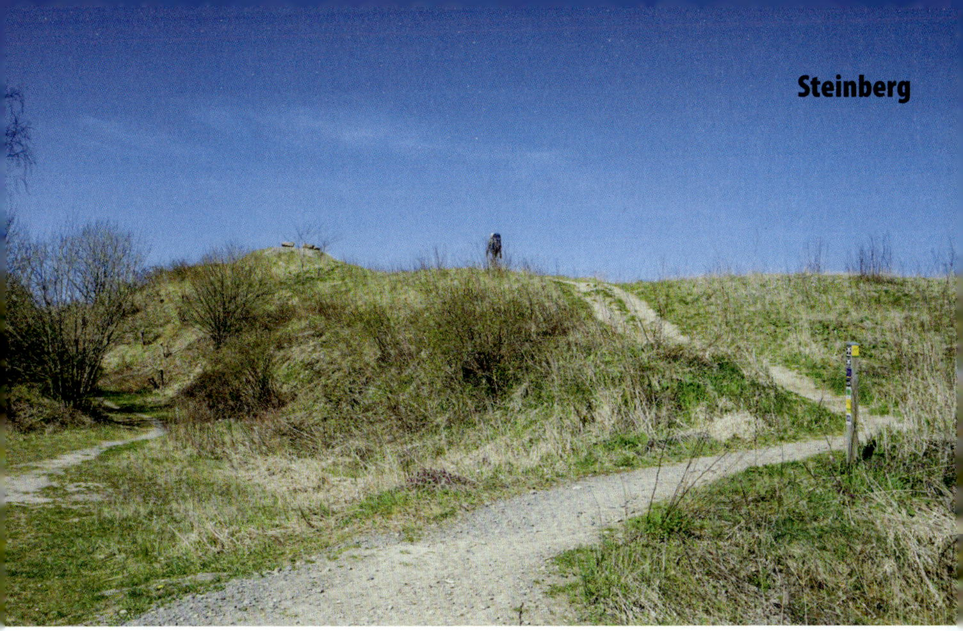

360-Grad-Blick auf das Weserbergland und das Lipperland. Auf 395 Metern Höhe können wir sogar über die Bäume hinwegschauen und uns frei und unbeschwert fühlen.

Wir verlassen den Steinberg und setzen unseren Weg bergab fort. Nachdem wir eine gerodete Waldfläche passiert haben, folgen wir einem Wiesenpfad, der uns auf einen befestigten Forstweg führt. Hier gehen wir links und halten uns kontinuierlich geradeaus. Auf Höhe eines Ackers verlassen wir schließlich den Hauptweg und folgen stattdessen der Beschilderung nach Burg Alt-Sternberg und Stühneberg. Gleichzeitig begleitet uns nun die gelbe Markierung des „Wegs der Blicke". Der auch **Dornröschenweg** 7 genannte Pfad macht seinem Namen alle Ehre: Wir schlängeln uns durch die verwunschene Pflanzenwelt und folgen dem schmalen Weg unter einem niedrigen Dach aus Blättern. An der ersten Gabelung auf dem Dornröschenweg halten wir uns rechts und durchqueren ein kleines Wäldchen. Weiter geradeaus verläuft der Weg auf einer Wiese, bis wir auf eine asphaltierte Hofstraße treffen. Wir gehen rechts und passieren bald das Ortsschild von **Schwelentrup.** Vorbei an einem alten Fach-

*Der Gipfel des **Steinbergs** wurde 2016 um 9 Meter künstlich erhöht und ist nun mit 395 Metern die höchste Erhebung in Nord-Lippe. Während hier in den 1960er-Jahren eine NATO-Raketenstation betrieben wurde, gehört das Gelände heute dem NABU und wird renaturiert.*

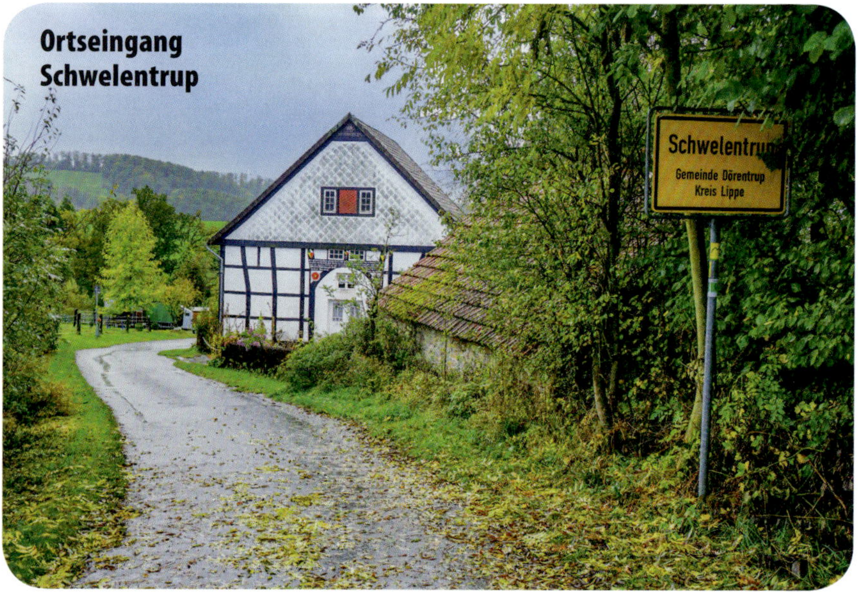

Ortseingang Schwelentrup

werkhaus folgen wir für etwa 300 Meter der Straße Zum Alten Sternberg.

Nachdem wir alte Fachwerkhöfe hinter uns gelassen haben, halten wir uns an einem Feld rechts und folgen der bekannten Markierung des Höhenwegs. Malerisch zieht sich der Weg leicht bergan an einem Feld hoch und schlängelt sich durch idyllisches Weideleben mit zahlreichen Rindern und Kälbchen. Immer wieder blicken wir zurück, um die grandiosen Weitblicke über die unberührte Hügellandschaft zu genießen. Bald verläuft unser Weg leicht bergab und wir entdecken rechts von uns ein Damwildgehege mit kleinen Hirschen und Rehen. Wir queren den **Forellenhof Lippe 8** und seine pittoresken Gebäude. Restaurant und Café des Forellenhofs locken uns zu einer wohlverdienten Rast.

Anschließend verlassen wir das Hofgelände und halten uns an der Zufahrtstraße rechts. Vorbei an einem kleinen Weiher trifft die Straße auf eine Wegkreuzung. Hier folgen wir der Straßenkehre nach links leicht bergan. An Wegabzweigungen halten wir uns stetig geradeaus und folgen der Straße in einer weitläufigen Rechtskurve. Rechter Hand begleiten uns erneut ausgedehnte Weideflächen. Schließlich weisen uns die bekannten Wegmarkierungen des Schwelentruper Höhenwegs und des „Wegs der Blicke" nach links in einen kleinen, naturbelassenen Pfad. Wer den bevorstehenden Abstieg auf dem Waldpfad vermeiden möchte, bleibt auf der Straße.

Wir bevorzugen den Pfad und schlängeln uns zunächst den schmalen Steig bergan. Hinter einer Bank treffen wir auf den bereits bekannten Waldsteig vom Hinweg. Diesen steigen wir nun mit etwas Trittsicherheit bergab, bis wir auf eine asphaltierte landwirtschaftliche Straße stoßen, in die wir links abbiegen.

An der folgenden Kreuzung biegen wir rechts ab, anstatt links den uns bekannten Weg zu nehmen. Bald passieren wir einen Hof, folgen weiterhin der Straße

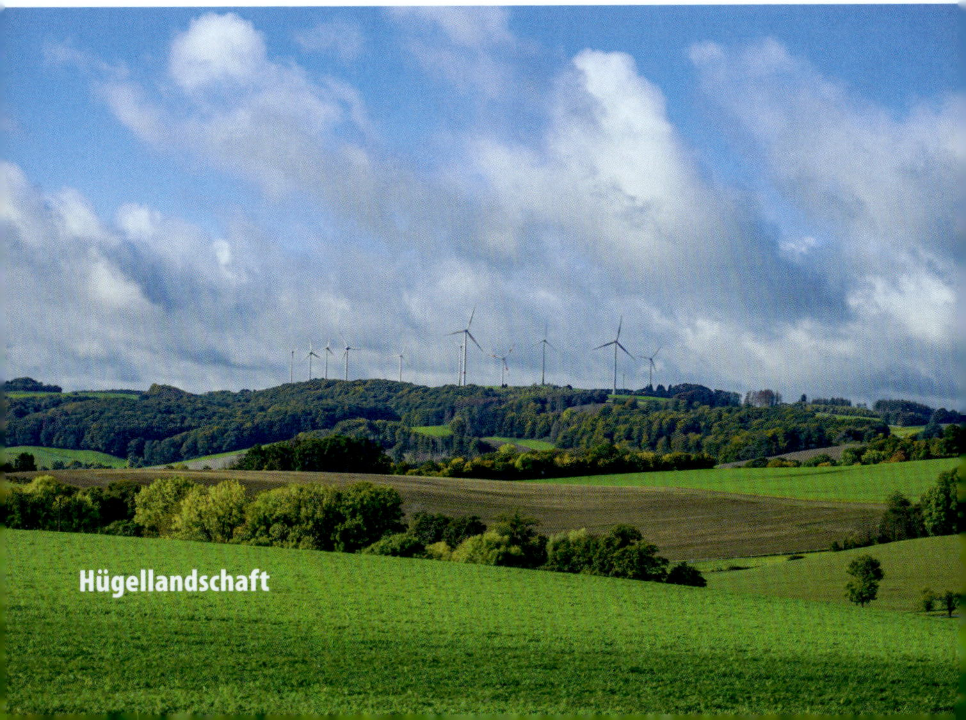

Hügellandschaft

Panoramatour 5

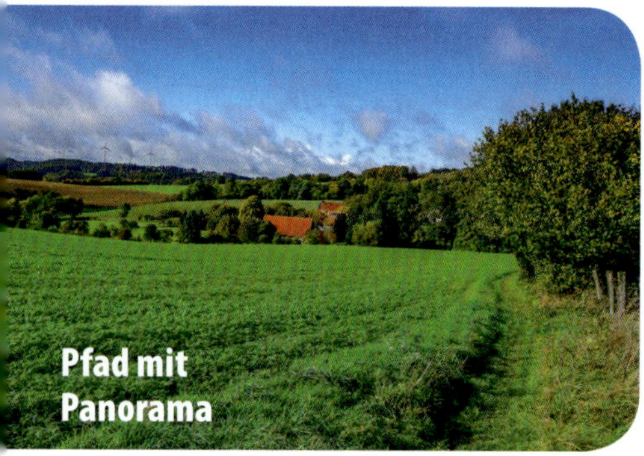

und überqueren schließlich einen kleinen Bachlauf. Hier halten wir uns links, ehe vor uns ein Hofgebäude auftaucht, das wir bereits vom Hinweg kennen. Wir nehmen rechts den bekannten Waldweg in Richtung Burg Sternberg und können die letzten Meter aus einer anderen Perspektive entdecken. Nach dem letzten Anstieg begrüßt uns die Burgmauer und falls wir uns im Forellenhof noch nicht gestärkt haben, können wir das an den Wochenenden im **Burgcafé Sternberg** 9 nachholen.

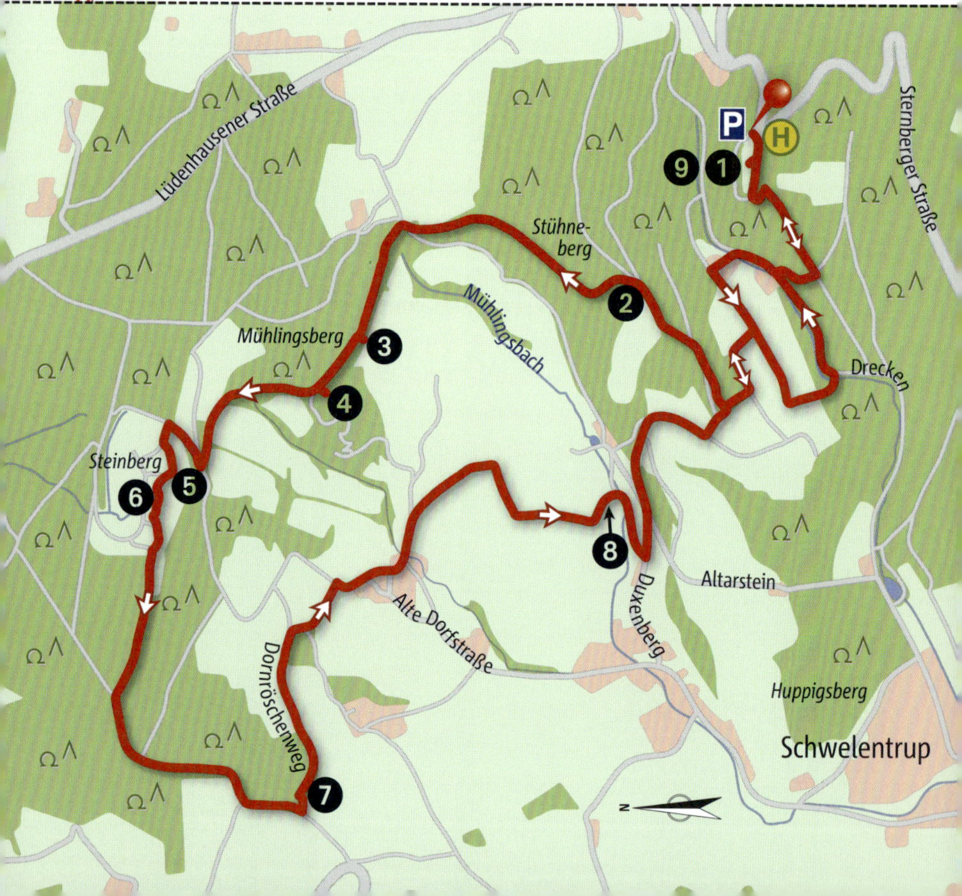

WIE & WANN:
Schmale Waldpfade, Forstwege, asphaltierte Wirtschaftswege, ruhige Dorfstraßen an Höfen vorbei, weiche Wiesenpfade; beste Wanderzeit von April bis Oktober

Entspannung ✱✱✱✱✱
Genuss ✱✱✱✱✱
Romantik ✱✱✱✱✱

HIN & WEG:
Auto: Parkplatz Burg Sternberg, Sternberger Straße 52, 32699 Extertal (GPS: 52.053338, 9.049784)
ÖPNV: Bus 800, 802 oder 915 von Lemgo bis zur Haltestelle Extertal-Linderhofe, Burg Sternberg

ESSEN & ENTSPANNEN:
Burgcafé Sternberg ❾ Sternberger Straße 52, 32699 Extertal, Tel. (01 51) 15 69 49 50, www.burg-sternberg.de
Forellenhof Lippe ❽ Duxenberg 9, 32694 Dörentrup-Schwelentrup, Tel. (0 52 65) 9 49 00, www.forellenhof-in-lippe.jimdosite.com

ENTDECKEN & ERLEBEN:
Burg Sternberg ❶
Schutzhütte ❷
Aussichtspunkt ❸
Burg Alt-Sternberg ❹
Aussichtspunkt ❺
Steinberg ❻
Dornröschenweg ❼

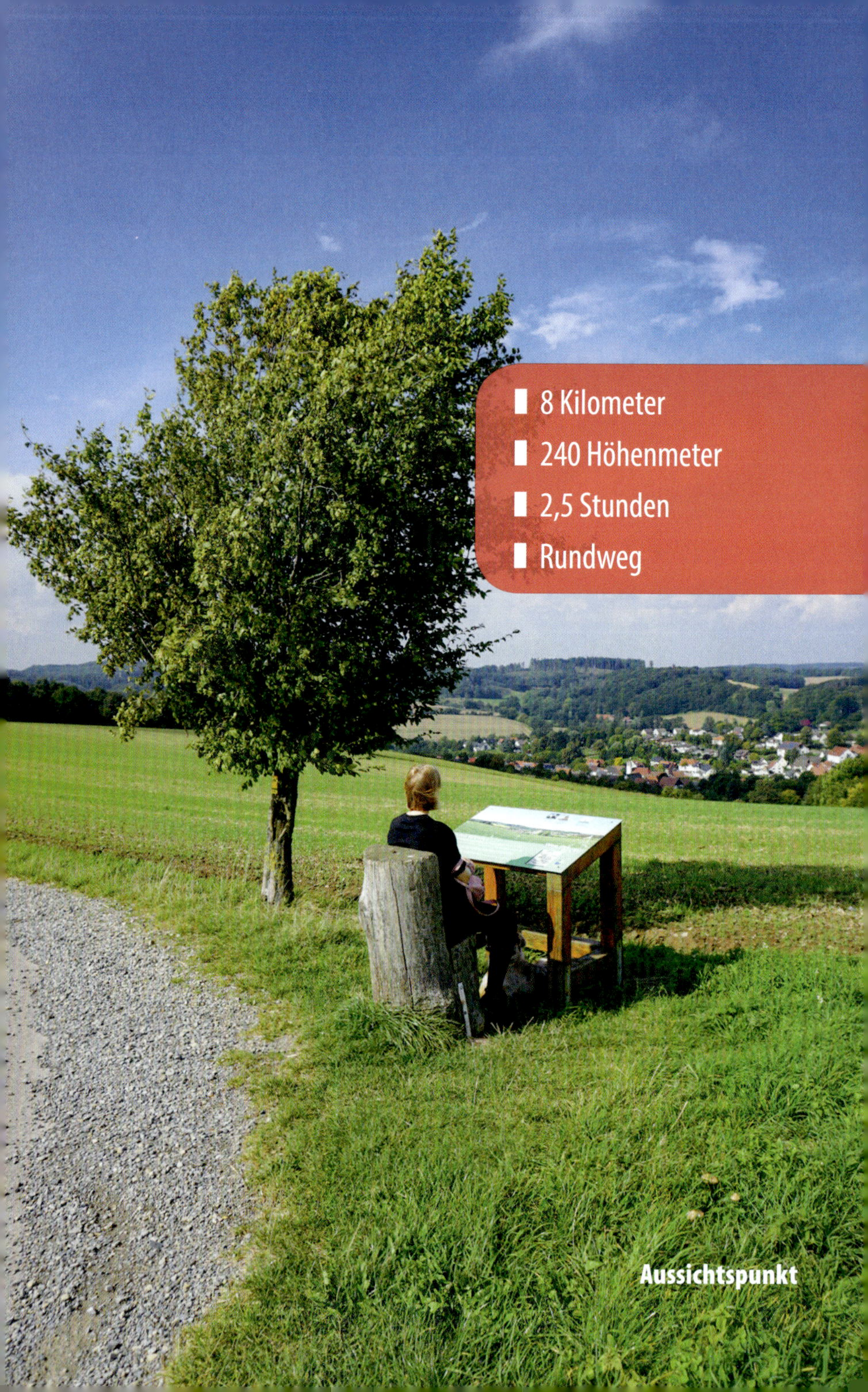

- 8 Kilometer
- 240 Höhenmeter
- 2,5 Stunden
- Rundweg

Aussichtspunkt

Im Nordlippischen Bergland liegt das 112 Quadratkilometer große Kalletal. Zwischen den Orten Osterhagen und Talle starten wir unsere Tour am **Wanderparkplatz Im Hagen.** Der Parkplatz liegt auf einer Höhe von etwa 300 Metern, eingebettet zwischen grünen Feldern und mit Blick auf eine sanfte Hügellandschaft.

Wichtelspuren

Bergrunde im Kalletal

Wir schnüren unsere Wanderschuhe und entdecken an einer Seite des Parkplatzes einen kleinen Wichtel aus Holz, der uns bei einem verwachsenen Pfad begrüßt. Ein Holzschild mit dem Schriftzug **Wichtelsteig** sowie die Wegmarkierung **Taller Bergrunde** mit weißer Landschaft auf rotem Grund weisen uns die Richtung. Der schmale Pfad windet sich durch dichtes Baumwerk und lässt über unseren Köpfen einen Baldachin aus Blättern entstehen. Alternativ zum Wichtelsteig kann auch die Straße Im Hagen etwa 100 Meter bergab genommen werden.

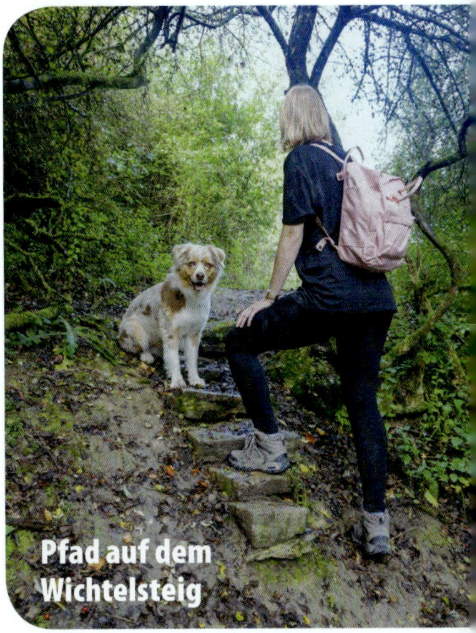

Pfad auf dem Wichtelsteig

Schließlich führt uns der Wichtelsteig einige Steinstufen hinab auf die Straße **Osterhagen.** Diese überqueren wir und folgen der leicht versteckten Wegmarkierung an einem Straßenpfeiler in den Wald hinein. Der naturbelassene Weg auf weichem, dichtem Gras verläuft parallel unterhalb der Straße, die uns

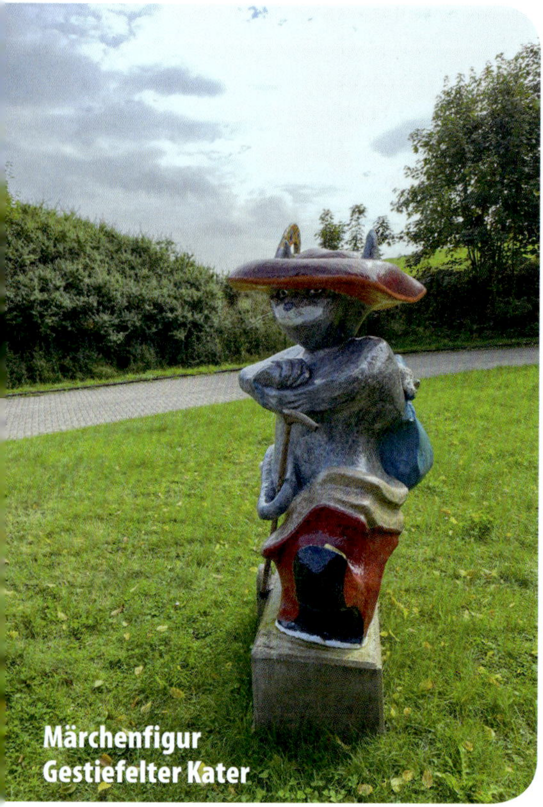

Märchenfigur Gestiefelter Kater

dank der von Bäumen bestandenen Böschung jedoch nicht stört. Rechts durch Sträucher und Baumkronen hinweg erhaschen wir die ersten Blicke über das Kalletal.

Wir folgen dem Waldpfad in den dichten Wald und sind froh, festes Schuhwerk gewählt zu haben, denn es geht nun steil bergab. Die schiefen, knorrigen Bäume mit ihrem alten Wurzelwerk lassen fast eine mystische Stimmung aufkommen. Und so glauben wir gerne an den einen oder anderen Wichtel, der sich hier versteckt haben könnte. Nach etwa 200 Metern trennt sich der Wichtelsteig von der ausgeschilderten Taller Bergrunde, der wir nun nach links folgen. Links des Weges passieren wir Birnen- und Apfelbäume, ehe wir auf die Straße **Südholz** stoßen. Wir folgen der Straße nach links etwa 70 Meter und treffen bei einer Bushaltestelle auf eine bekannte Märchenfigur. Talle liegt an der **Deutschen Märchenstraße** und so begegnen uns ab und an märchenhafte Gestalten: Hier am Wegrand begrüßt uns der **Gestiefelte Kater** (1) mit rotem Hut und den unverkennbaren Stiefeln.

Bei der Figur des Katers überqueren wir die Straße und gehen geradeaus in die Straße **Bontrott,** die am Ende der ruhigen, gepflegten Wohnsiedlung in einen Waldweg mündet. Nachdem wir für etwa 300 Meter das Waldbaden genossen haben, lichten sich die Baumkronen und der Weg führt an bewirtschafteten Feldern

*Die **Deutsche Märchenstraße** führt auf insgesamt 600 Kilometern von der hessischen Brüder-Grimm-Stadt Hanau nach Bremen zu den Bremer Stadtmusikanten. Zu der Route gehören mehr als 60 Orte, die Märchen und Sagen wieder aufleben lassen.*

entlang. Wir halten inne und lassen unsere Blicke in Richtung des Dorfes Westorf schweifen, eine typische Landschaft des Kalletals: Durch die Eiszeit ist hier eine friedliche, hügelige Landschaft entstanden, die Felder, Wiesen und Wälder miteinander verschmelzen lässt. Wir folgen dem Weg am Feldrand entlang, sodass wir

Für die Seele

Auf verwunschenen Waldpfaden, malerischen Feldwegen und mit einem 360-Grad-Aussichtspunkt lernen wir das verträumte Kalletal kennen.

den herrlichen Panoramablick noch ein Weilchen bewundern können. Anschließend taucht ein weiteres Feld mit einer Weggabelung vor uns auf. Während das Schild der Taller Bergrunde nach rechts weist, entscheiden wir uns für die linke Abzweigung, da wir noch einen Abstecher in das Dörfchen Talle mit seinem Berggarten machen wollen.

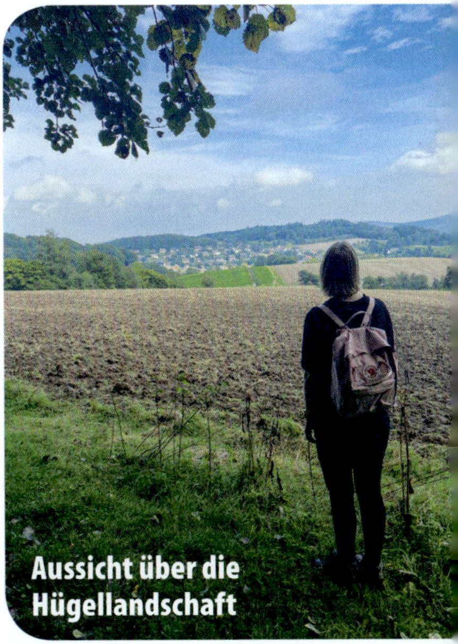
Aussicht über die Hügellandschaft

Das Feld zu unserer Rechten, folgen wir dem Weg, der in einem Wohngebiet in die Straße Albernberg mündet. Hier entdecken wir den rechts abzweigenden Fußgängerweg **Himmelsleiter,** der uns bergab in den sogenannten **Berggarten** **2** führt. Hierfür nehmen wir den links abzweigenden Pfad in die kleine, parkähnliche Landschaft. Am Ende des sich schlängelnden Weges treffen wir auf die denkmalgeschützte **Peterskirche** **3** im frühromanischen Baustil mit dazugehörigem Friedhof. Wir betrachten das hübsche weiße Kirchengebäude mit dem

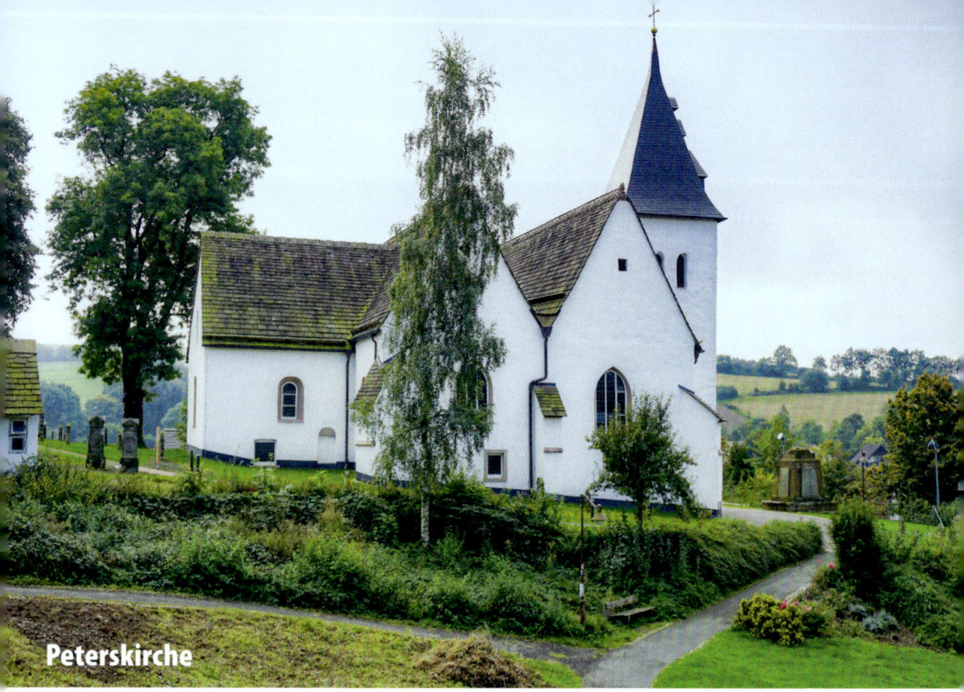

Peterskirche

***Talle** wurde erstmals 1221 schriftlich erwähnt. Namensgeber war vermutlich das keltisch-germanische Wort Tala, das so viel wie Wasser bedeutet.*

davorliegenden Baumbestand, dann setzen wir unseren Weg leicht bergab in Richtung Talle fort.

An der gepflasterten Hauptstraße von **Talle** halten wir uns rechts und kommen an einem hübschen gemauerten Brunnen vorbei. Wir lassen für einen Moment das ruhig dahinplätschernde Wasser auf uns wirken und entdecken eine weitere Märchenfigur: Der **Froschkönig** 4 sitzt als kleine Steinstatue am Brunnenrand. Dann setzen wir unseren Weg auf der Kopfsteinpflasterstraße fort, passieren die ehemalige Gaststätte Alter Krug und nähern uns schließlich dem Dorfende, wo wir auf der linken Seite eine weitere steinerne Figur aus der Märchenwelt entdecken: Dieses Mal grüßt uns **Rumpelstilzchen** 5 von einem Steinsockel. Nachdem wir uns kurz das Märchen vom aufbrausenden Männchen in Erinnerung gerufen haben, gehen wir ein paar Meter zurück, überqueren die Straße und biegen in den ansteigenden **Sellberg** ein. Die Straße macht einen Rechtsknick und an der nächsten Ecke nehmen wir links den schmalen, asphaltierten Fußweg. Der von Hecken gesäumte Weg führt uns in den Erlengrund.

Für etwa 150 Meter laufen wir die Straße hoch und nehmen dann links die Anliegerstraße **Eichhof.**

Das Hofgebäude schon im Blick, passieren wir rechts einen Acker und folgen der Straße, bis wir am Hof ankommen. Hier schauen wir den hübschen Isländer-Ponys in ihrem Auslauf zu, lassen den Eichenhof hinter uns und treffen auf einen idyllischen Teich. Von Buchenbäumen gesäumt und mit Seerosen geschmückt, ist der Teich ein Kleinod für Tier und Mensch. Direkt am Seeufer liegt ein hübscher **Rastplatz 6,** den wir gerne für eine kurze Pause nutzen.

Nachdem wir Kraft für die zweite Hälfte der Wanderung gesammelt haben, setzen wir weiterhin geradeaus unseren Weg auf einem befestigten Landwirtschaftsweg fort. Leicht bergan führt der Weg in einer Linkskurve um eine Senke herum. Wir drehen uns und lassen unseren Blick über die grünen Weiden, zur

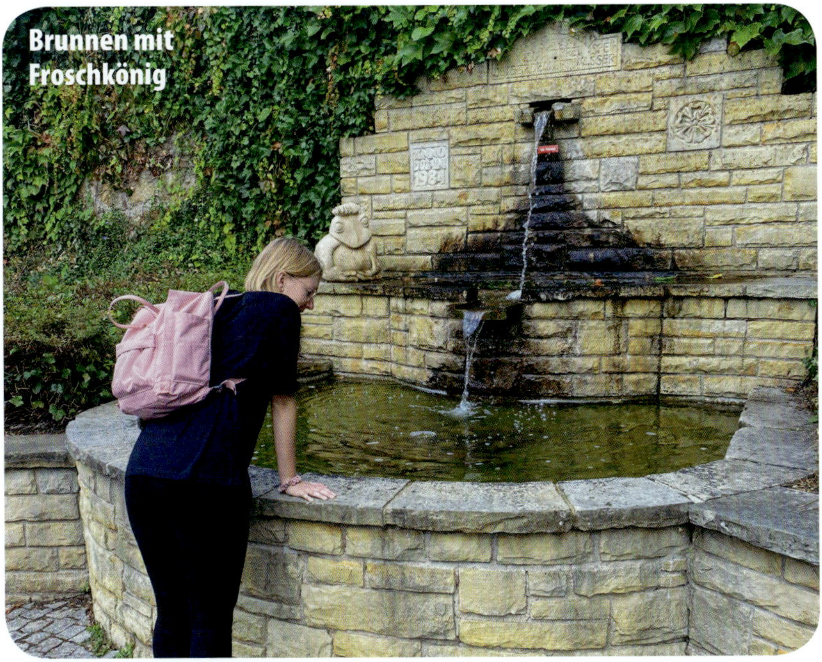
Brunnen mit Froschkönig

Waldkante bis zum Eichenhof und ins Dorf zur Kirche schweifen. Beschwingt gehen wir weiter und landen auf einem Wiesenweg, der uns mitten durch zwei Äcker führt.

Wir halten uns links und steuern auf eine gemütliche **Panoramaliege** 7 zu: ein weiterer Aussichtspunkt, der uns die Schönheit des Kalletals näherbringt. Friedlich und ruhig vernehmen wir in der Ferne das Kirchenläuten der Peterskirche. Wir folgen weiterhin der Wegmarkierung der Taller Bergrunde und halten uns in Richtung Wald, wo wir auf einem befestigten Forstweg weitergehen. Etwas abseits des Weges entdecken wir rechts eine **Traumquelle für Tiere** – eine kleine Quelle für die tierischen Bewohner des Waldes. Der Weg beschreibt eine leichte Linkskurve und an der folgenden Gabelung halten wir uns ebenfalls links. Bergab laufend stoßen wir auf die **Taller Straße,** die wir geradeaus überqueren, um zu einem asphaltierten Weg zu gelangen. An der Gabelung zweigen wir rechts in die Anwohnerstraße **Niederntalle** ein, die bald in einen

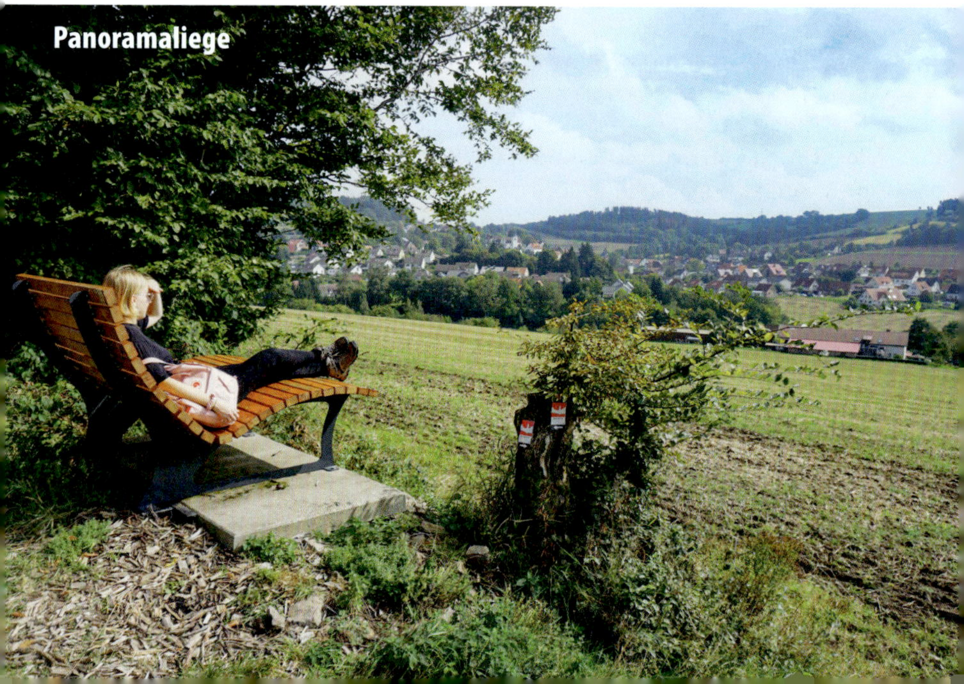
Panoramaliege

Waldweg übergeht. Die Waldsenke zu unserer Rechten wird als Weide genutzt und beherbergt zwei niedliche Esel.

Kurz nach der Weide führt uns links etwas versteckt ein dichter, schmaler Pfad in den Wald hinein. Von Tannennadeln bedeckt sorgt der verwunschene Steig für ein angenehm weiches Laufgefühl. Leicht bergan begegnen wir auf dem Hohlweg der gelben Wandermarkierung des **„Wegs der Blicke“,** eines fast 146 Kilometer langen Rundwanderwegs durch das Nordlippische Bergland. Wir verlassen den Waldpfad und treffen auf einen Landwirtschaftsweg, der die Sicht über weite Felder und den angrenzenden Wald freigibt. Wir gehen links und dann sofort wieder rechts zwischen den herrlichen, breiten Feldern hindurch in Richtung des Waldes. Der Natur ganz nah wählen wir an der nächsten Gabelung den rechten Weg und folgen dann links leicht bergan dem schmalen Pfad in den dichten Wald. Hier sorgen die gelbe Markierung für den „Weg der Blicke“ sowie die rote Markierung der Taller Bergrunde dafür, dass wir den Einstieg in den Wald nicht verpassen. Die Baumwipfel über unseren Köpfen, schlängeln wir uns auf dem unscheinbaren, schmalen Pfad vorbei an moosigen Zweigen.

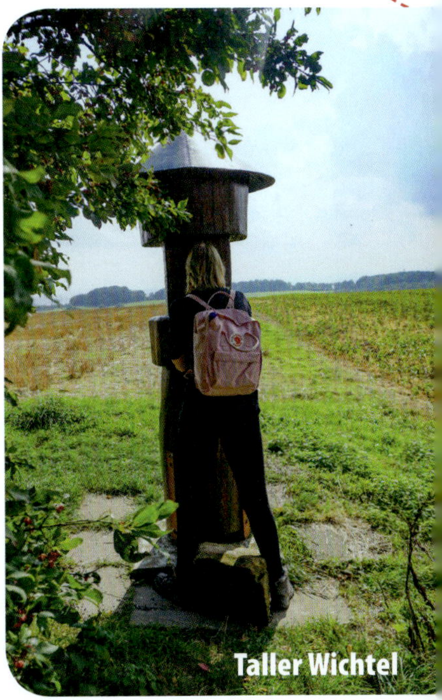

Taller Wichtel

Wir verlassen den Wald und befinden uns nun auf einem asphaltierten Feldweg. Diesem folgen wir leicht rechts und erkennen schon von Weitem zwei weitere Aussichtspunkte. Wir erreichen auf unserer linken Seite zunächst einen kleinen **Holzsitz mit einer Info-Tafel** des „Wegs der Blicke“, die uns erklärt, welche Orte wir bei guter Sicht entdecken können: So lassen sich in der Ferne das Kaiser-Wilhelm-Denkmal und der Fernsehturm in Porta Westfalica entdecken. Direkt gegenüber dem Aussichtspunkt wartet in einer

Höhe von 324 Metern der **Taller Wichtel** 8 auf uns – eine Holzfigur mit einem Guckloch: Schauen wir Richtung Norden durch das Loch, trifft unser Blick auf Porta Westfalica mit dem Wiehengebirge, gen Süden grüßt weit in der Ferne das **Hermannsdenkmal** bei Detmold. Um den 360-Grad-Panoramablick ausgiebig genießen zu können, nutzen wir den großen **Rastplatz** direkt am Taller Wichtel. Nach der Rast nehmen wir die letzten Meter auf dem Landwirtschaftsweg, entdecken rechter Hand in der Ferne noch die Windmühle von Bavenhausen und lassen ein letztes Mal die weite Landschaft des Kalletals auf uns wirken. Wir treffen auf die Straße **Im Hagen,** halten uns links und erreichen unseren Ausgangspunkt.

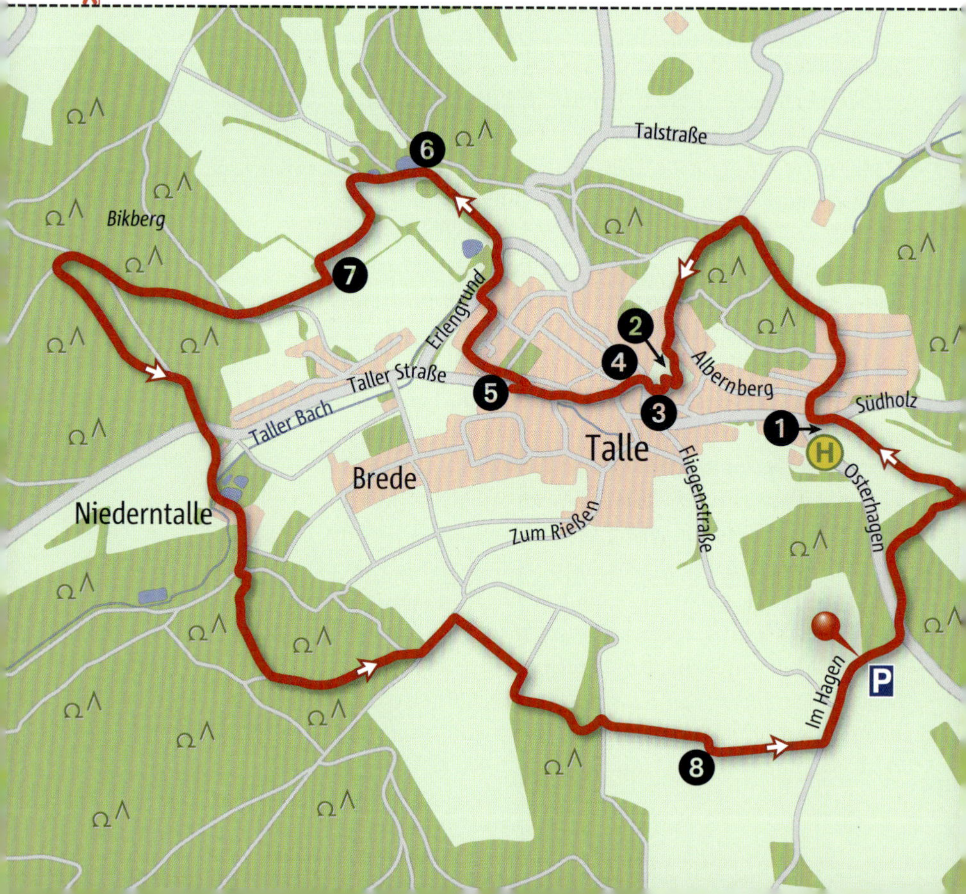

Alles auf einen Blick

WIE & WANN:
Schmale Waldpfade und schattige Forstwege, sonnige Pfade und asphaltierte Feldwege, Straßen in der Ortschaft Talle; beste Wanderzeit von März bis Oktober

Entspannung ✱✱✱✱✱
Genuss ✱✱✱
Romantik ✱✱✱✱

HIN & WEG:
Auto: Wanderparkplatz Im Hagen, Im Hagen, 32689 Kalletal/Osterhagen, abzweigend von der Straße Osterhagen (K38) (GPS: 52.090249, 8.915443)
ÖPNV: Bus 5 von Lemgo bis zur Haltestelle Albernberg, von dort am Gestiefelten Kater in die Tour einsteigen

ESSEN & ENTSPANNEN:
Bitte an Rucksackverpflegung denken.

ENTDECKEN & ERLEBEN:
Märchenfigur „Gestiefelter Kater" 1
Berggarten in Talle 2
Peterskirche 3
Brunnen mit Märchenfigur „Froschkönig" 4
Märchenfigur „Rumpelstilzchen" 5
Rastplatz am Teich 6
Panoramaliege 7
Taller Wichtel 8

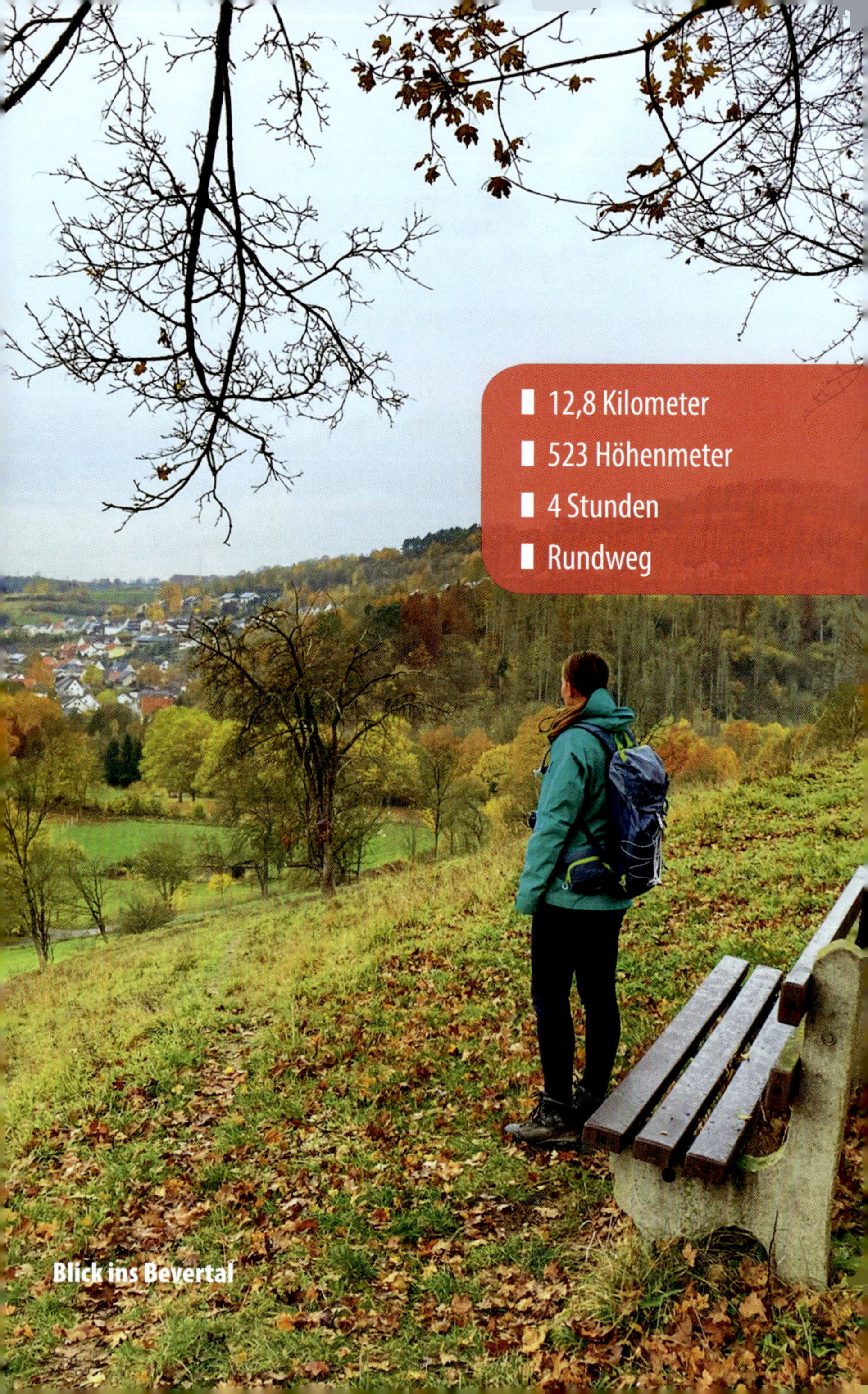

- 12,8 Kilometer
- 523 Höhenmeter
- 4 Stunden
- Rundweg

Blick ins Bevertal

Wir starten unsere Tour auf dem Wanderparkplatz am **Neuen Friedhof** in Dalhausen. Wir überqueren die Straße und halten uns an der Weide links, um in einen asphaltierten Weg einzubiegen. Hier begrüßen uns schon mehrere gefleckte Ziegen, die uns neugierig vom Weidezaun begutachten. Wir folgen dem asphaltierten Weg für etwa 200 Meter. Vor einer leichten Linkskurve weist uns die Wandermarkierung in Form eines grünen Blatts an einem schwarzen Ast den Weg nach links: Die erste Steigung wartet auf uns und wir schlängeln uns auf der **Ziegenweide am Jakobsberg** ❶ in Serpentinen einen idyllischen Pfad bergan. Je nach Jahreszeit begegnen uns auch hier wieder die Ziegen, die auf den wilden Weidehängen grasen.

Im Ziegenparadies

Höhenwanderung um Dalhausen

Gerne hätten wir jetzt die trittsicheren Hufe der Vierbeiner, doch dank festem Schuhwerk meistern wir den Anstieg. Wir durchqueren ein Weidegatter und nehmen die in den Hang eingelassenen Steinstufen als Tritthilfe. Kleine, niedrige Steinmauern begleiten uns auf den letzten Serpentinenmetern. Die ersten 20 Höhenmeter sind geschafft und nach dem Anstieg bietet sich eine **Bank** für eine Verschnaufpause an. Von hier haben wir einen ausgezeichneten Blick auf das gegenüberliegende Tal und Dalhausen. Wir folgen weiterhin der Wandermarkierung „Erlesene Natur" mit dem grünen Blatt. Auf dem etwa 200 Meter hoch gelegenen Plateau laufen wir angenehm eben geradeaus. Rechter Hand begleitet uns der steile Abhang mit

*Auf den Hangweiden mit ihren **Kalkmagerrasen** kommen seit Jahrhunderten Ziegen zum Einsatz, da Pferde oder Rinder für die trockenen, steilen Weiden nicht geeignet sind. Auf dem im Herbst stattfindenden Almabtrieb werden die geschmückten Ziegen zurück ins Dorf gebracht.*

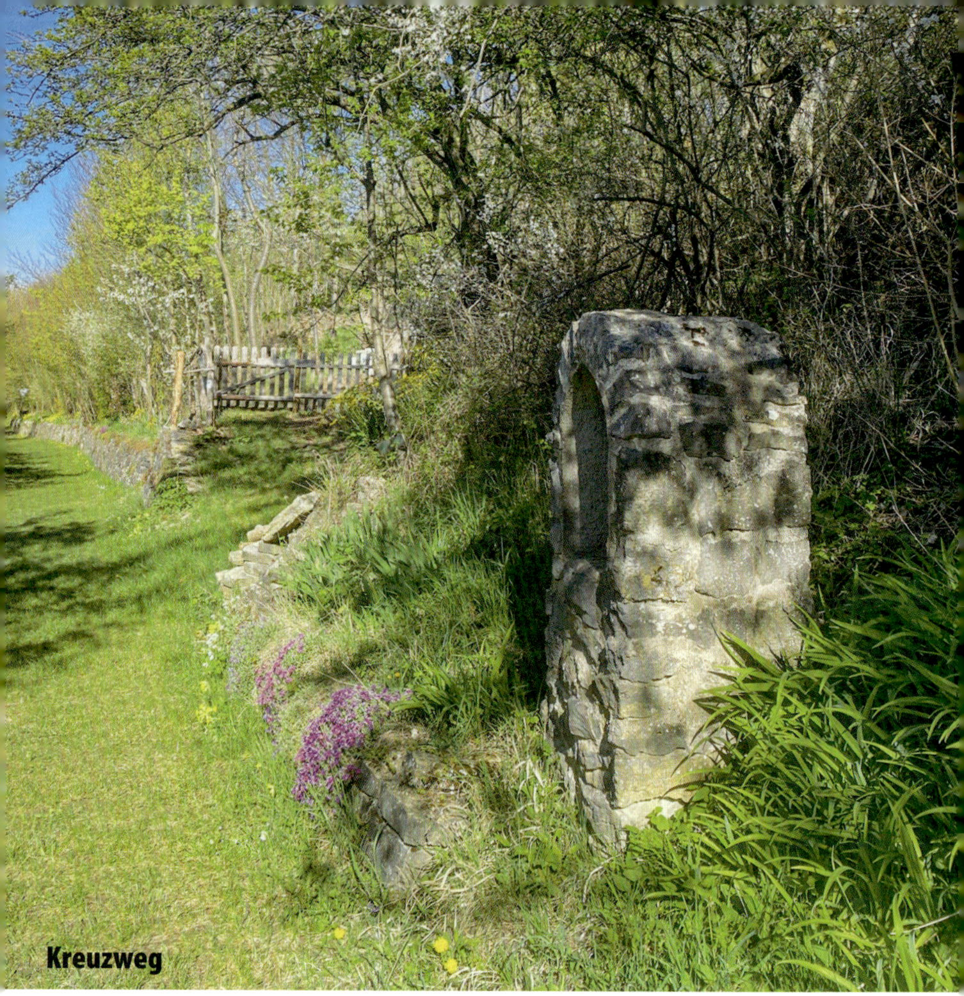

Kreuzweg

seinen kargen Sträuchern. Auf der gegenüberliegenden Talseite genießen wir den Blick auf einen dichten Mischwald, der im Herbst mit seinen leuchtenden Blattfarben ein bunter Blickfang ist.

Eine **kleine Brücke** führt uns an einem Hang mit Kalkstein vorbei. Fasziniert beobachten wir, wie sich die Steinplättchen übereinander in den Hangboden schichten. Der Weg beschreibt eine Rechtskurve und bald durchqueren wir erneut ein Weidegatter. Bei der folgenden Gabelung halten wir uns rechts, wo uns ein asphaltierter **Forstweg** bergab führt. Doch gleich darauf zweigen wir links in einen Wiesenpfad wieder bergan ab. Rechts von uns haben wir weite Blicke auf die offenen Weiden und den angrenzenden Wald. An der nächsten Gabelung wählen wir den linken Pfad, der uns auf die **Jakobusstraße** im Beverungener Stadtteil Jakobsberg führt. An der gepflasterten Straße gehen wir nach rechts und sehen in der Ferne die St.-

Für die Seele

Auf luftigen Höhen kommt alpines Flair auf: Wir wandern über malerische Bergwiesen, treffen auf kecke Ziegen und genießen die Weitblicke über das Bevertal.

Jakobus-Kirche. Nach wenigen Schritten treffen wir auf eine Wegbeschilderung, an der wir dem Höhen- und Aussichtsweg **Kreuzweg am Kiepenberg** nach links folgen. Schon die Wegbezeichnung hört sich vielversprechend an und tatsächlich werden wir nicht enttäuscht: Der **Kreuzweg** 2 verläuft auf weichem Wiesenuntergrund oberhalb der Straße am Hang des Kiepenbergs und verbildlicht uns die Leidensgeschichte Jesu.

*Die Idee eines **Kreuzweges** stammt von Jakobsberger Firmlingen aus dem Jahr 1981. 14 Stationen aus gemauerten Bruchsteinen schmücken den Weg, wobei die Tonbilder von der Benediktinerinnenabtei vom Heiligen Kreuz Herstelle angefertigt wurden.*

Wir folgen dem Kreuzweg für gut 1,5 Kilometer und halten an einigen religiösen Tonbildern inne. Wir suchen uns eine der zahlreichen Bänke aus und lassen die Seele an diesem geistlichen Ort baumeln, genießen die Aussicht auf Dalhausen sowie die umliegenden Hügel und Täler. Schließlich verlassen wir den Kreuzweg und halten uns an der nächsten Gabelung links in Richtung Roggenthal. Wenn wir den Blick nach rechts schwenken, entdecken wir am Hang eine gemüt-

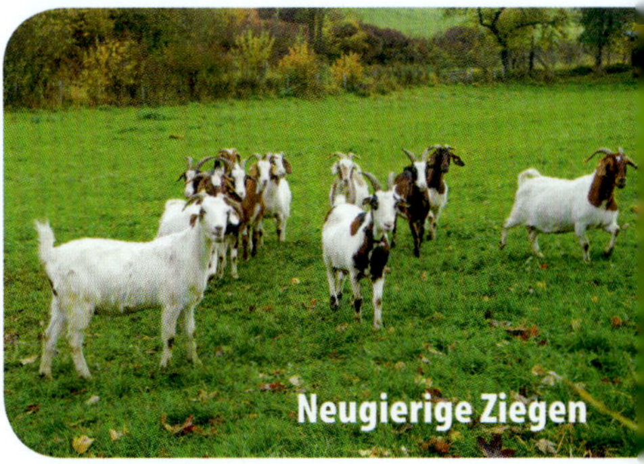

Neugierige Ziegen

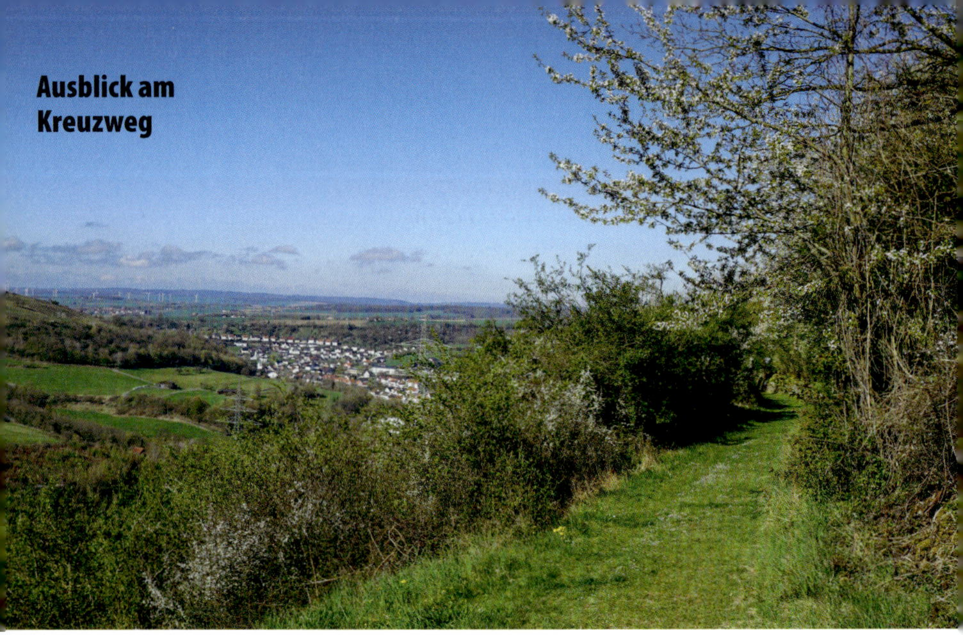

Ausblick am Kreuzweg

liche **Panoramaliege** ❸. Über ein paar in eine Mauer eingelassene Stufen erreichen wir das schöne Rastplätzchen.

Wir setzen unseren Weg fort und gelangen nun in einen dichten Laubwald. Wo er sich wieder lichtet, nehmen wir an der nächsten Gabelung den Weg nach links. Nach nur etwa 300 Metern gabelt sich unser Pfad erneut und wir folgen der Kurve nach rechts. Durch den Wald geht es nun mal leicht bergab, dann wieder etwas steiler bergan. Es geht kontinuierlich geradeaus, bis uns der Weg in einer Linkskurve zum **Fluss Bever** führt. Hier gehen wir unter der alten Bogenbrücke einer ehemaligen Bahnstrecke hindurch und treffen auf eine Bundesstraße. Wir überqueren die Straße, passieren einen Parkplatz und gehen dann nach rechts in die Straße **Im Roggenthal.** Nachdem wir eine kleine Siedlung durchquert haben, halten wir uns am Ende der Straße links und folgen anschließend der bekannten Wegmarkierung (grünes Blatt mit Ast) nach rechts. Die Beschilderung informiert uns, dass wir uns gleichzeitig auf dem Weser-Bever-Höhenweg befinden.

Der Weg führt uns auf einen Forstweg, der uns stetig durch den lauschigen Wald führt. Bei einer Wegkreuzung halten wir uns weiterhin geradeaus und gehen leicht bergan. Nach einer weitläufigen Linkskurve wird der Weg wieder flacher und links neben uns taucht eine Weidefläche auf. Wir laufen nun auf einem asphaltierten Weg und können uns mental bereits auf einen knackigen Anstieg vorbereiten: Von unserem Weg zweigt eine Rechtskehre ab, die es konditionell in sich hat. Auf einer Strecke von etwa 100 Metern meistern wir knapp 23 Höhenmeter. Doch den vor uns liegenden Anstieg müssen wir nicht komplett bewältigen. Unsere Tourbeschilderung mit dem grünen Blatt weist uns schließlich den Weg nach links in Richtung Dalhausen. Schnell merken wir, dass sich die sportliche Herausforderung gelohnt hat. Auf einem fantastischen, schmalen Höhenpfad wandeln wir am **Schnegelberg** 4 hoch über Dalhausen über die Weidewiesen der Ziegen. Wir verlassen den Weidepfad durch ein Gatter und kommen dem Dorfrand von **Dalhausen** immer näher.

Schließlich mündet der Weg in die Bergstraße. Hier halten wir uns rechts und biegen an der nächs-

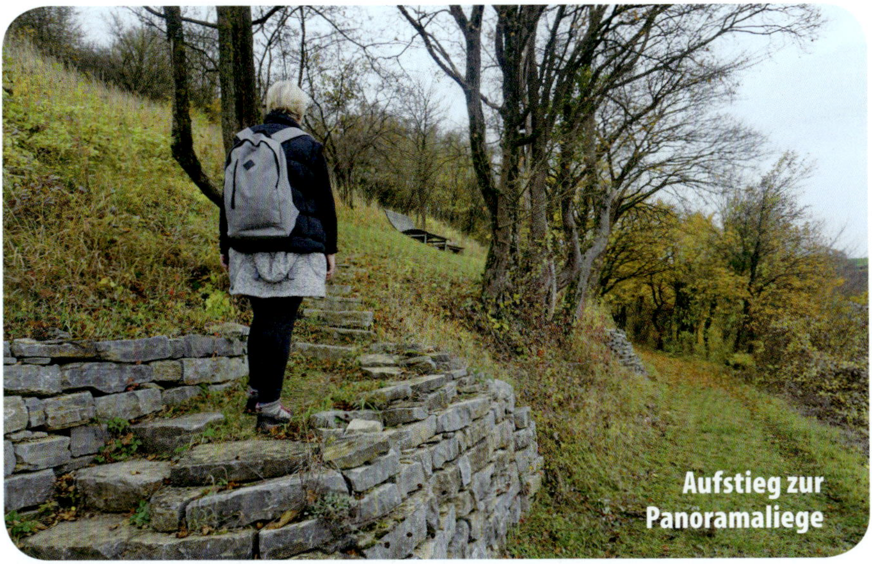

Aufstieg zur Panoramaliege

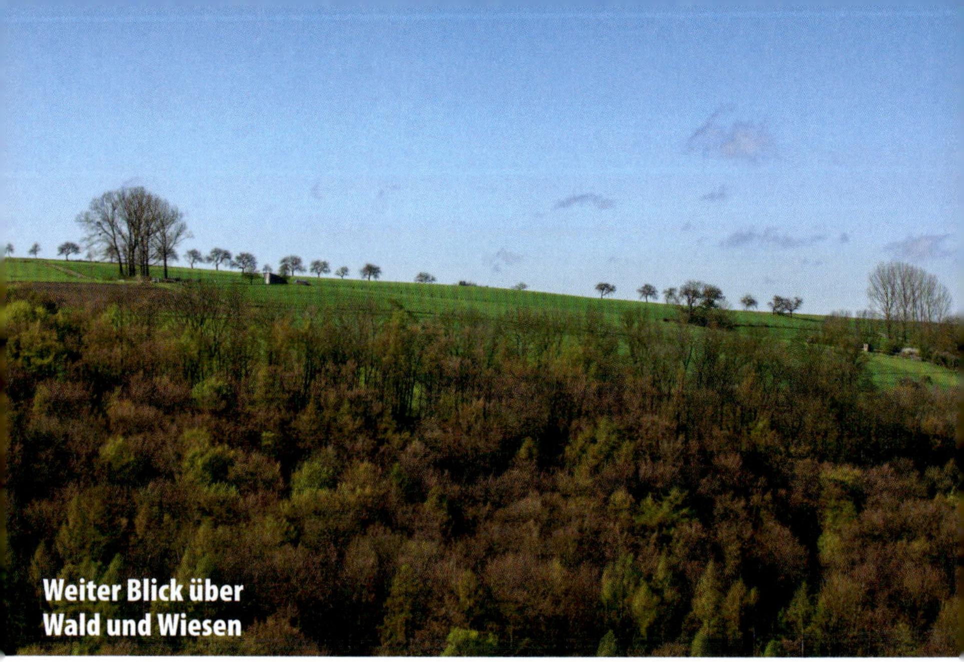

Weiter Blick über Wald und Wiesen

Die erste urkundliche Erwähnung Dalhausens stammt aus dem Jahr 971. Bekannt ist ***Dalhausen*** *insbesondere als Marienwallfahrtsort und für sein Korbmacherhandwerk, das sich bis 1800 zurückverfolgen lässt. Heute hält das Korbacher-Museum die Tradition noch lebendig.*

ten Kreuzung links in den Hellweg. Wir gelangen zur Dorfmitte, wo wir auf ein ehemaliges Gasthaus treffen. Der Hauptstraße folgen wir nach rechts und entdecken dann vor der Kirche unsere Wegmarkierung. Nachdem wir die Hauptstraße überquert haben, biegen wir links in den **Ansgarweg** ein. Wir passieren das Haus der freiwilligen Feuerwehr, queren die Bever über eine Brücke und gelangen auf den **Bleicheplatz** mit einer Boulebahn. Jetzt gehen wir rechts, an der nächsten Kreuzung links, passieren den Bahntrassenradweg und biegen rechts auf die Straße Zum Eichhagen. Parallel zur Trasse folgen wir der Straße und halten uns bei der **Korbflechterei** leicht bergan in Richtung des Gedenkkreuzes. Hier gehen wir links und folgen der Anwohnerstraße stetig bergauf. Rechts begleiten uns die Obstbaumwiesen und der Asphalt geht in einen naturnahen Pfad über. Die sanften Weidehügel im Blick, weist uns an einer Birke ein hölzernes Schild mit der verwitterten Inschrift „Zur Grotte“ die Richtung.

Auch wenn wir schon etwa 10 Kilometer in den Beinen haben, schreckt uns der folgende, herausfordernde Anstieg nicht. Beschwingt nehmen wir die Steigung und treffen schließlich auf ein steinernes, mit Blumen geschmücktes Gedenkkreuz. Direkt dahinter müssen wir gleich abbiegen, doch vorher gehen wir noch ein paar Schritte geradeaus, um zur **Mariengrotte** **5** zu gelangen. An der steinernen Grotte mit ihrem grünen Efeudach und der heiligen Maria genießen wir einen Moment der Stille. Wir gehen zurück zum Kreuz und folgen der Wegmarkierung nach rechts.

Am **Krähenberg** führt uns ein herrlicher Höhenweg am Waldrand entlang und gibt links einen fantastischen Blick auf die weitläufigen Weiden frei. Friedliche Rinder grasen am Hang und wir genießen die Aussicht auf das Tal und die umliegenden Hügel. Eine **Panoramaliege mit Picknickplatz** **6** lädt zu einer entspannten Rast mit Ausblick ein. Wir verlassen den Höhenpfad und schlängeln uns über einen schmalen Patt den Wiesenhang bergab. Kleine Steinstufen erleichtern uns die steilen Schritte, vor allem bei nassem Wetter ist hier

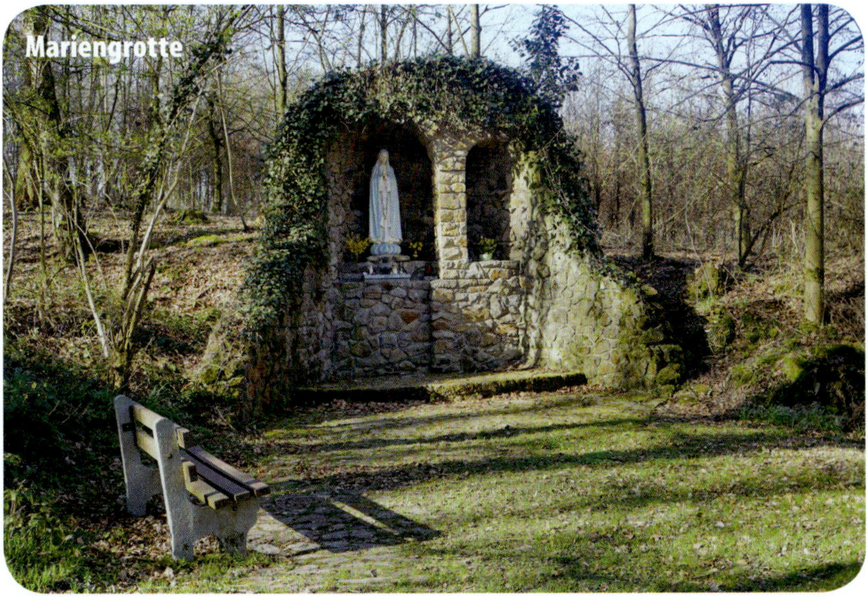

Mariengrotte

Trittsicherheit gefragt. Fast ein bisschen abenteuerlich meistern wir das Steilstück vorbei an wilden Sträuchern und Büschen. Der Hang ist geschafft und wir stoßen auf eine Schutzhütte mit Picknickplatz. Vor der Hütte folgen wir der Wegmarkierung nach rechts auf einen hinabführenden, asphaltierten Weg. An einer Hütte mit Holzunterstand gehen wir rechts in Richtung einer Weide, wo wir je nach Saison noch einmal auf Ziegen treffen. Wir passieren das Weidegatter, queren die Wiese und verlassen sie erneut durch ein Gatter. Jetzt halten wir uns auf dem folgenden, geteerten Weg Tiefental rechts und erreichen leicht bergab nach etwa 400 Metern die bekannte Startstraße mit dem Wanderparkplatz.

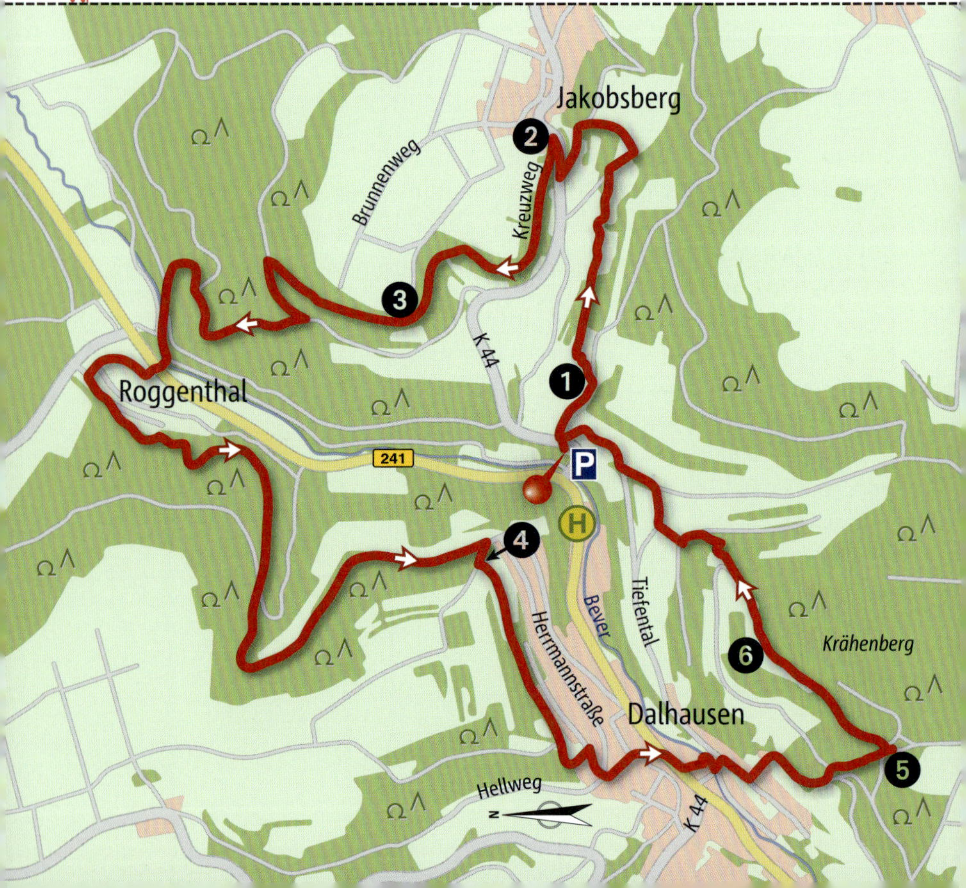

Alles auf einen Blick

WIE & WANN:
Schmale Hangpfade, konditionsfordernde Anstiege, grüne Weide- und Wiesenpfade, schattige Waldwege, asphaltierte Straßen im Ort von Dalhausen; beste Wanderzeit zwischen April und Oktober, Highlight im September: Almabtrieb der Ziegen

Entspannung ★★★★★
Genuss ★★★☆☆
Romantik ★★★★☆

HIN & WEG:
Auto: Wanderparkplatz am Friedhof, Abzweig von der Hauptstraße (B241), 37688 Beverungen (GPS: 51.631684, 9.310045)
ÖPNV: Bus R36 von Dalhausen oder Beverungen bis zur Haltestelle Beverungen-Dalhausen, Untere Hauptstraße, von hier ca. 400 Meter bis zum Startpunkt

ESSEN & ENTSPANNEN:
Bitte an Rucksackverpflegung denken.

ENTDECKEN & ERLEBEN:
Ziegenweide am Jakobsberg ❶
Kreuzweg am Jakobsberg ❷
Panoramaliege mit Aussicht ❸
Ziegenweide am Schnegelberg ❹
Mariengrotte ❺
Panoramaliege mit Picknickplatz ❻

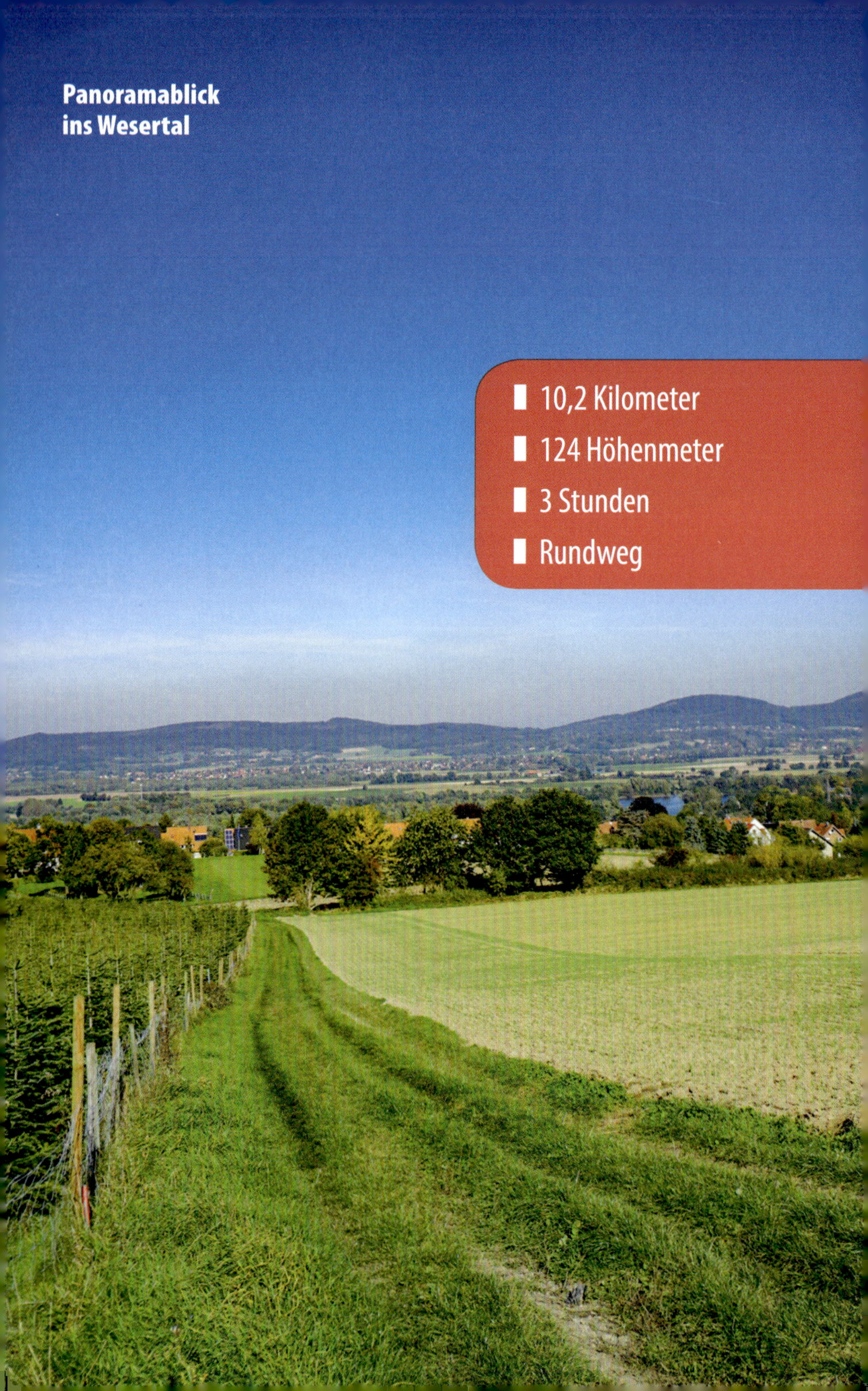
Panoramablick
ins Wesertal
10,2 Kilometer
124 Höhenmeter
3 Stunden
Rundweg

In Varenholz im nördlichen Kalletal starten wir unsere Wanderung unweit einer idyllischen Seenplatte. Vom Parkplatz am Seeweg nehmen wir einen hübsch angelegten Fußgängerweg in Richtung **Stemmer See** ❶. Versteckt hinter Gräsern, Bäumen und Sträuchern erahnen wir das Ufer des großen Sees.

Weserberglandblicke

Aussichtsreiche Tour bei Varenholz

Nachdem wir etwa 200 Meter auf dem Fußweg gegangen sind, kreuzen wir die Zufahrtsstraße zur Wasserski- und Wakeboard-Anlage, wo es ein **Bistro** ❷ mit Aussichtsterrasse gibt. Die Wassersporteinrichtung befindet sich am **Schlosssee** ❸. So kurz nach dem Start verspüren wir noch keinen Hunger, lassen daher die Zubringerstraße zum Bistro rechter Hand liegen und folgen stattdessen geradeaus dem Wiesenpfad. Umgeben von einer üppigen Pflanzenwelt genießen wir das entspannte Schlendern am Seeufer. An einer der strauchfreien Uferstellen genießen wir einen ungehinderten Blick auf das satte Blau des Sees. Am gegenüberliegenden Ufer spiegeln sich die Laubbäume in der klaren Wasseroberfläche. Ab dem späten Vormittag lassen sich auf dem Schlosssee die Wasserskiläuferinnen und Wakeboarder beobachten, die sich auf der 800 Meter langen Bahn austoben.

*Der **Stemmer See** liegt nahe der Weser zwischen Rinteln und Vlotho. Der knapp 25 Hektar große See wurde schon mehrfach für seine gute Wasserqualität ausgezeichnet. Als Badesee können ihn allerdings nur die Campinggäste nutzen.*

Wir lassen den See hinter uns und treffen auf die Straße **Beutebrink.** Hier halten wir uns links und sehen schon bald die Schlosskirche des dahinterliegenden Schlosses Varenholz, das heute ein Internat beherbergt. Die Kirche thront malerisch auf einer kleinen

Anhöhe, umrahmt von alten Obstbäumen und hohen Sträuchern. Wir freuen uns, auf unserem Rückweg dem Schloss einen Besuch abzustatten und das alte Gemäuer zu erkunden.

Nun biegen wir aber zunächst rechts in den Waldweg ein. Die Schlosskirche auf unserer linken Seite verschwindet und wir tauchen in dichter werdenden Wald ein. Hier treffen wir auf die Wegmarkierung **Weserbergland-Blick.** Das hellblaue Schild mit weißer Illustration des Kaiser-Wilhelm-Denkmals und des Fernsehturms wird uns die nächsten Kilometer begleiten und verspricht herrliche Aussichten über das Weserbergland. Gleichzeitig treffen wir auf die gelbe Markierung des **„Wegs der Blicke“,** der wir auch auf anderen Wanderungen in Ostwestfalen-Lippe begegnen. Wir entdecken nach etwa 60 Metern auf der rechten Seite einen unbegehbaren Pfad in die Felder. Hier soll sich eine historische Brücke von 1753 befinden, die über den heutigen Herrengraben verläuft. Leider kön-

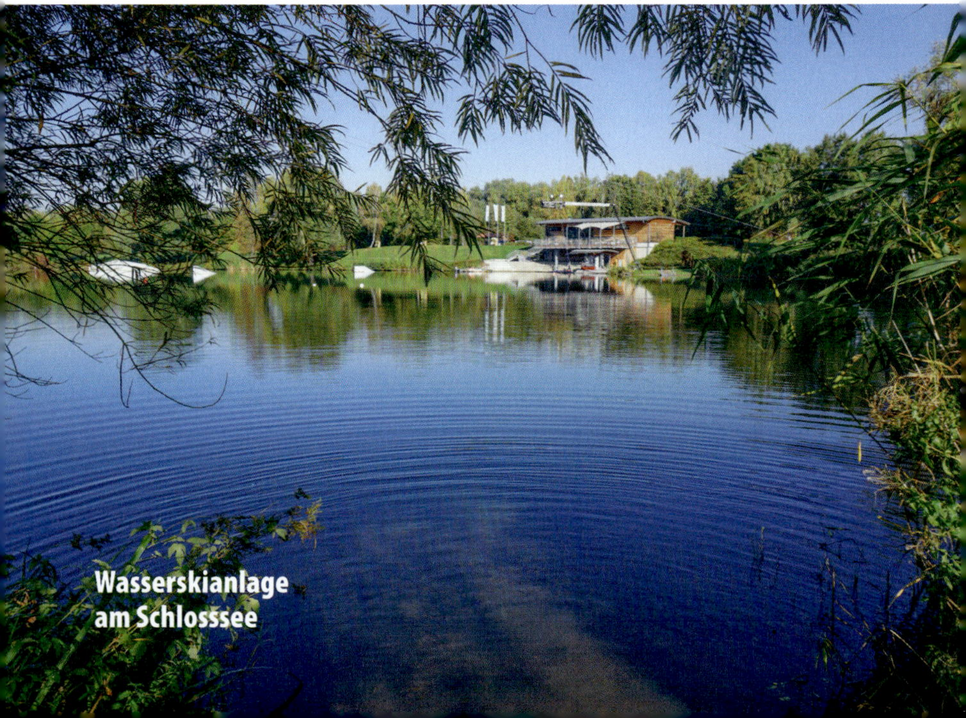

Wasserskianlage am Schlosssee

nen wir die Brücke von Weitem nicht erkennen und setzen unseren Weg auf dem Waldweg fort. Umgeben von lauschigen Laubbäumen und reizvollen Farnen lassen wir los vom Alltag. Im Sommer laden uns am Wegrand wilde Brombeersträucher ein, die ein oder andere süß-säuerliche Frucht zu naschen.

Für die Seele

Uns erwartet eine Rundum-Wohlfühlwanderung, die uns mit Seeatmosphäre, dichten Wäldern, lauschigen Feldern und einem Schloss allerhand Abwechslung bietet.

Wir meistern einen kleinen Anstieg und treffen auf eine Kreuzung, wo wir der Beschilderung des Weserberglandblick-Weges nach rechts folgen. Nach dem Anstieg lichtet sich der Wald kurzzeitig etwas und aus der Ferne blinzelt uns noch einmal die Seenlandschaft durch die Baumkronen zu. Der Wald wird wieder dichter und die Bäume wachsen höher in den Himmel. Auf Höhe des Westfälischen Motoryachtclubs, den wir rechts durch die Bäume erkennen können, treffen wir auf eine Weggabelung und folgen dem Waldweg nach links. Etwas versteckt im Wald entdecken wir rechter Hand zwei kleine Holzhütten, die durch einen schmalen Bachlauf von unserem Weg getrennt sind.

Der befestigte Forstweg führt uns zur **Erderschen Straße,** die wir überqueren, um sofort wieder im Wald zu landen. Der Beschilderung folgend, biegen wir links ab und gehen auf dem laubbedeckten, naturbelassenen Pfad leicht bergan. Wir entdecken Totholz und alte Baumstümpfe, die Lebensraum für zahlreiche Tierarten bieten. Nachdem wir eine kleine Anhöhe gemeistert haben, halten wir uns links und befinden uns

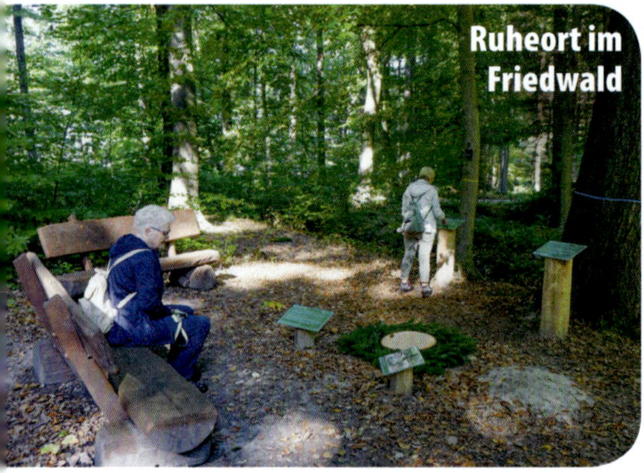

auf einem befestigten Forstweg, der den Namen **Pflanzweg** trägt. Die Sonne schimmert durch die Baumwipfel und lässt passenderweise eine friedliche Stimmung aufkommen: Denn wir befinden uns im **FriedWald Kalletal ④**, der mit seinen 61 Hektar als letzte Ruhestätte dient.

Wir folgen dem Pflanzweg weiter, bis wir auf eine Gabelung stoßen. Unser Weg wird uns nach rechts führen, wir machen allerdings noch einen kleinen Abstecher nach links zu einem **Ruheort mit zwei Bänken ⑤.** Wir nehmen uns Zeit, die Stille des Ortes auf uns wirken zu lassen und Wissenswertes über den Bestattungsplatz zu erfahren. Wir machen kehrt und folgen wieder der Beschilderung des Weserberglandblick-Wegs. An der nächsten Kreuzung gehen wir links und lassen die Blicke über das Feld vor uns schweifen. Leicht ansteigend folgen wir dem asphaltierten Weg. Unterwegs werfen wir einen lohnenden Blick über unsere Schulter, denn in der Ferne lassen sich in der hügeligen Waldlandschaft das Kaiser-Wilhelm-Denkmal sowie der Jakobsberg mit dem Fernsehturm von Porta Westfalica entdecken. Leicht bergan beschreibt der Weg eine seichte Rechtskurve und überrascht uns mit einem Naturdenkmal: Wir erreichen das sogenannte **Ihmser Tor ⑥,** das aus zwei beeindruckenden Eichen besteht.

Wir durchqueren das Ihmser Tor und gelangen an der sogenannten **Biershöhe** zu einer weitläufigen Weide mit einer Kuhtränke. Der Weg beschreibt eine Linkskurve, sodass wir die Weide in Richtung der Waldkante halb umrunden. An einer Birke freuen wir uns über eine **Panoramaliege ⑦,** die zu einer kurzen Rast mit Blick über die Landschaft des Nordlippischen

*Der **FriedWald Kalletal** war ursprünglich ein Hutewald. Damit ist ein Wald gemeint, der als Weide für die Viehhaltung genutzt wurde. Heute stehen vielfältige Baumarten wie Birke, Buche, Esche oder Walnussbäume als Beerdigungsstätte zur Verfügung.*

*Als **Ihmser Tor** werden zwei etwa 270 Jahre alte Eichen bezeichnet, die wie eine Art Tor imposant emporragen. Die 25 Meter hohen Eichen sind vermutlich die ältesten Bäume in den Weserauen des Lipperlandes.*

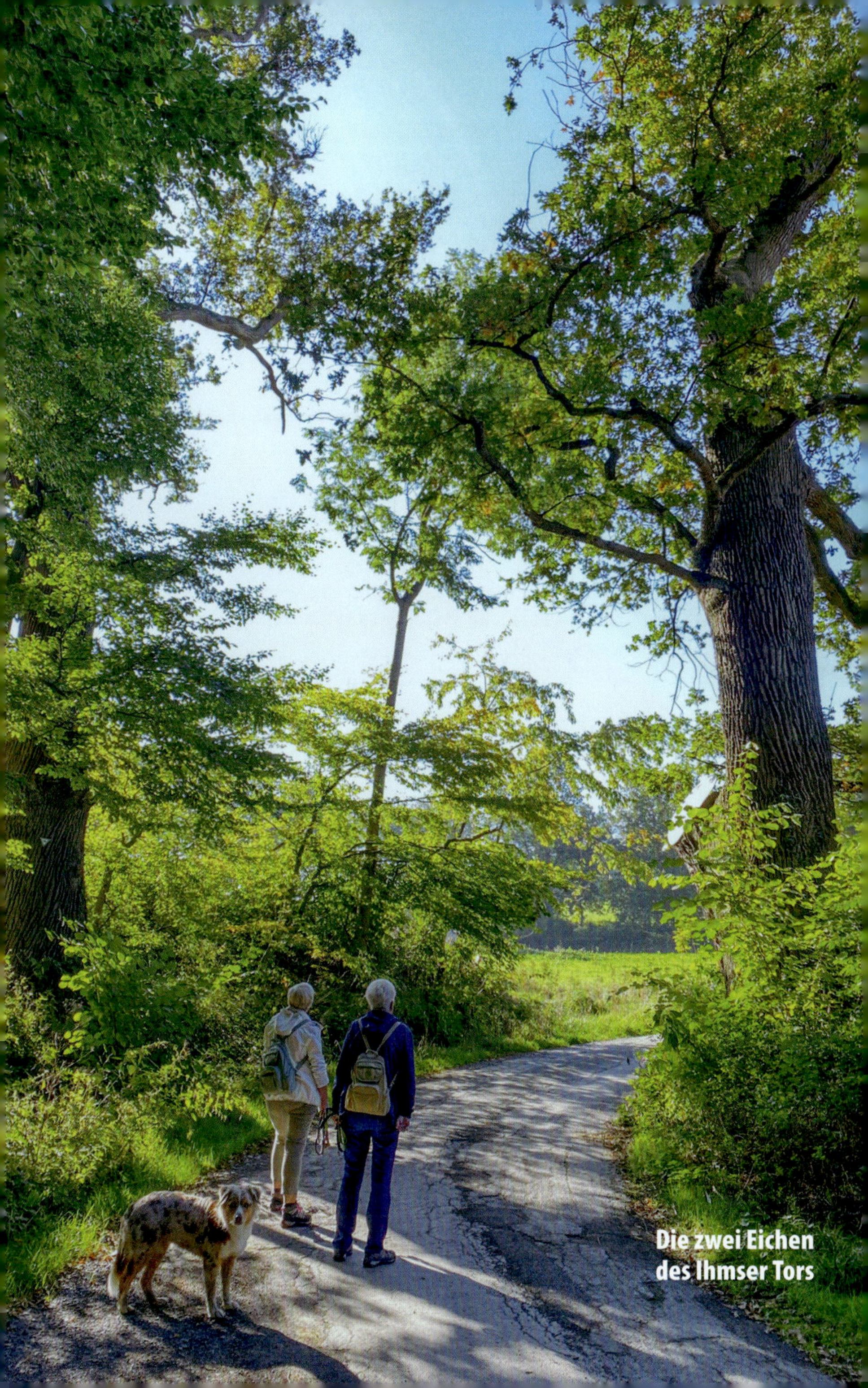

Die zwei Eichen des Ihmser Tors

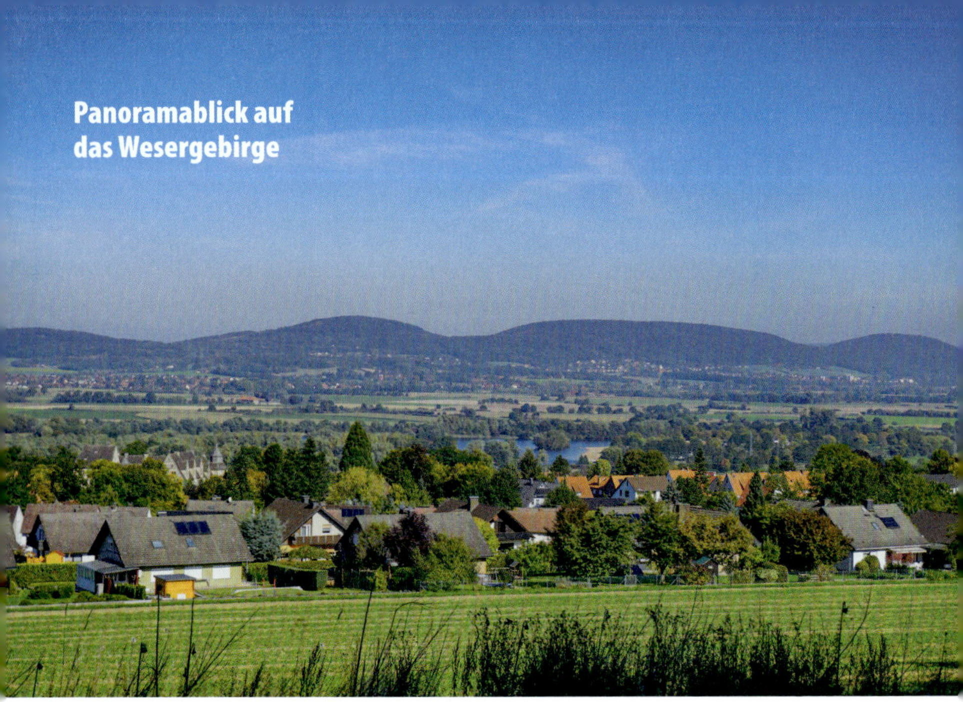

Panoramablick auf das Wesergebirge

Berglands einlädt. Nachdem wir Kraft für die restliche Tour gesammelt haben, halten wir uns an der folgenden Gabelung links und gehen auf einem von Bäumen gesäumten Kiesweg rund 2 Kilometer stetig geradeaus, ehe wir an einer Weggabelung mit den Wanderschildern nach links abbiegen. Nachdem wir einige Meter auf weichem Waldboden und unter einem Baldachin aus Laubbäumen hindurchgegangen sind, gelangen wir auf einen Wiesenpfad am Waldrand. Hier können wir den freien Blick auf das hügelige Weserbergland genießen und machen in der Ferne die Gewässer rund um den Stemmer See aus.

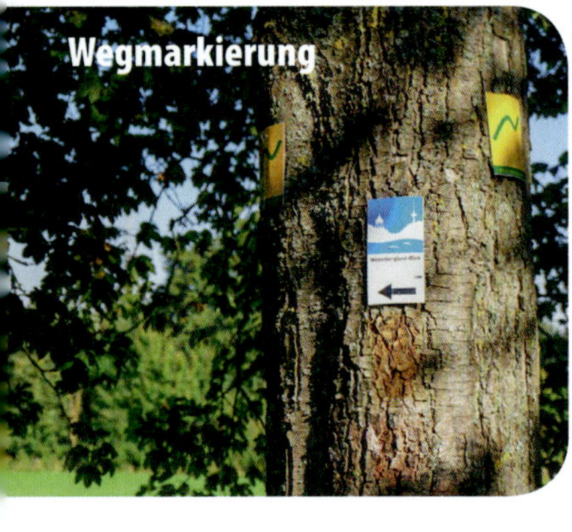

Wegmarkierung

Wir treffen auf die Straße **Felsenkeller,** gehen rechts ein Stückchen die Straße hoch und sofort hinter dem Wohnhaus links in einen Forstweg. Wir halten kurz an, um rechts des Weges die Inschrift eines **Mahnmals** **8** zu lesen. Der Weg gabelt sich und wir folgen ihm nach links in den Rainweg. Leicht bergab passieren wir rechts ein weites Feld, links eine Tannenschonung und vor uns präsentiert sich ein herrlicher **Fernblick** ⑨ über Varenholz, das Wesertal und das angrenzende Wesergebirge. Ausgiebig genießen können wir das von der Holzbank rechts des Weges, wo wir auf der Info-Tafel Näheres zu den vor uns liegenden Orten lernen.

Weiter den Feldweg hinab erreichen wir eine Gabelung und folgen der Beschilderung nach rechts: rechts von uns das Feld, links die Gärten der angrenzenden Häuser. Nach etwa 100 Metern biegen wir links zwischen den Gärten ab und landen auf der ruhigen Straße **Peile.** Anschließend treffen wir leicht rechts auf eine Fußgängerschranke, die wir passieren, und erreichen kurz darauf die Varenholzer Straße, die wir an der Ampel überqueren. Vor uns liegt das **Varenholzer Schloss** ⑩**.** Dort angekommen besichtigen wir den prächtigen Innenhof des heutigen Internats mit seiner reich verzierten Fassade und den Treppentürmen.

Schloss Varenholz *entwickelte sich aus einer aus dem 12. Jahrhundert stammenden Burg, die von Graf Simon VI. zwischen 1591 und 1600 zur jetzigen Größe ausgebaut wurde. Die Vierflügelanlage gilt als eines der bedeutendsten Gebäude der Weserrenaissance.*

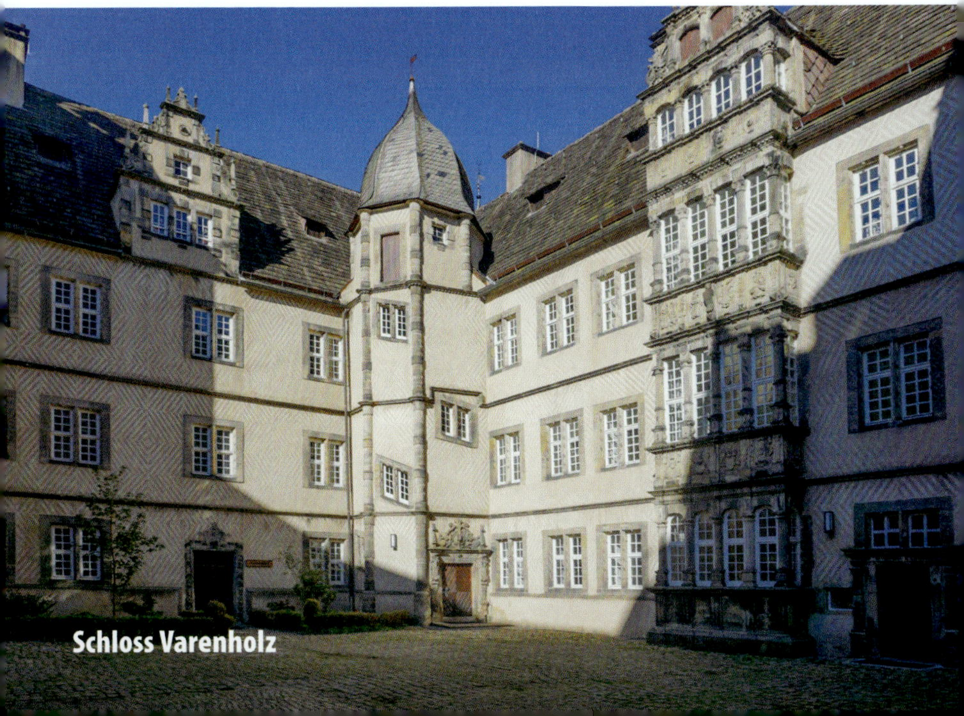

Schloss Varenholz

Panoramatour 8

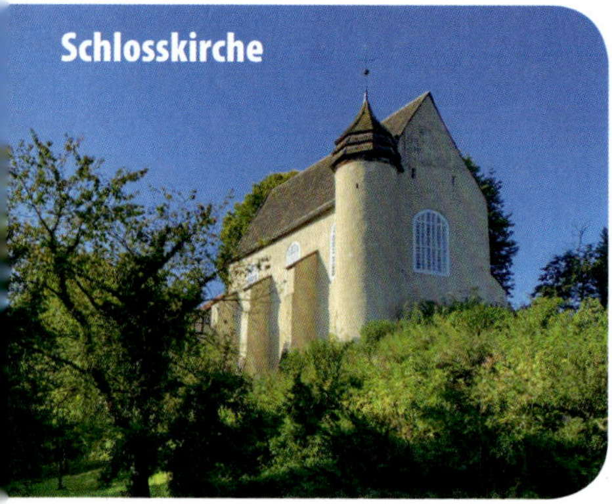

Für unseren weiteren Weg überqueren wir den Parkplatz des Schlosses und folgen bergab einem kleinen Wiesenpfad. Linker Hand begleiten uns noch die Schlossmauern und einige Obstbäume, ehe wir uns am Fuße der **Schlosskirche (11)** an der bereits bekannten Abzweigung vom Hinweg befinden. Für den Rückweg zum Parkplatz folgen wird der gleichen Strecke am See entlang. An der Wasserskianlage schauen wir noch einen Moment dem fröhlichen Treiben zu und schlendern die letzten Meter gemütlich zum Parkplatz.

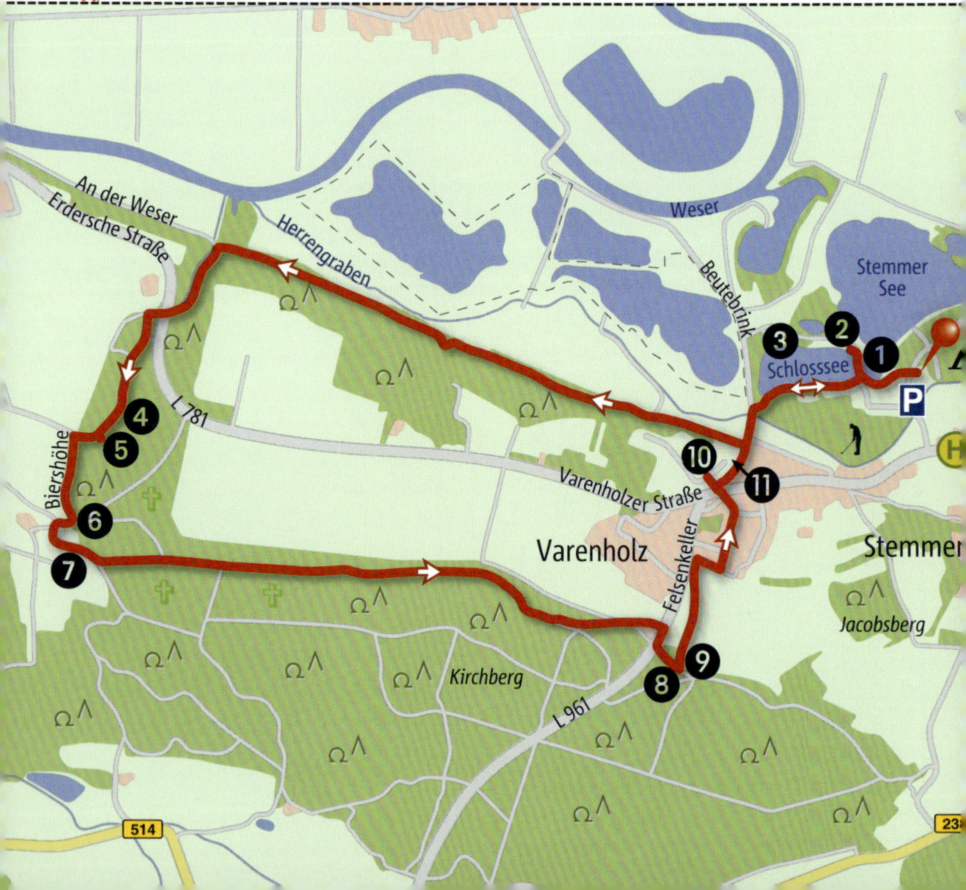

WIE & WANN:
Befestigte Wege am See, begrünte Uferpfade, befestigte Forstwege, asphaltierte Feldwege, kurze Straßenabschnitte in Varenholz; beste Wanderzeit von April bis Oktober

Entspannung ★★★★☆
Genuss ★★★☆☆
Romantik ★★★★☆

HIN & WEG:
Auto: Parkplatz am Stemmer See, Seeweg 1, 32689 Kalletal/Varenholz (GPS: 52.174396, 8.997999)
ÖPNV: Bus 730 von Rinteln bis zur Haltestelle Kalletal-Stemmen, Seeweg

ESSEN & ENTSPANNEN:
Bistro an der Wasserskianlage ❷ Seeweg 1, 32689 Kalletal

ENTDECKEN & ERLEBEN:
Stemmer See ❶
Schlosssee mit Wasserskianlage ❸
FriedWald Kalletal ❹
Ruheort mit zwei Bänken ❺
Ihmser Tor ❻
Biershöhe mit Panoramaliege ❼
Mahnmal ❽
Aussichtspunkt ❾
Schloss Varenholz ❿
Schlosskirche Varenholz ⓫

Gipfelkreuz

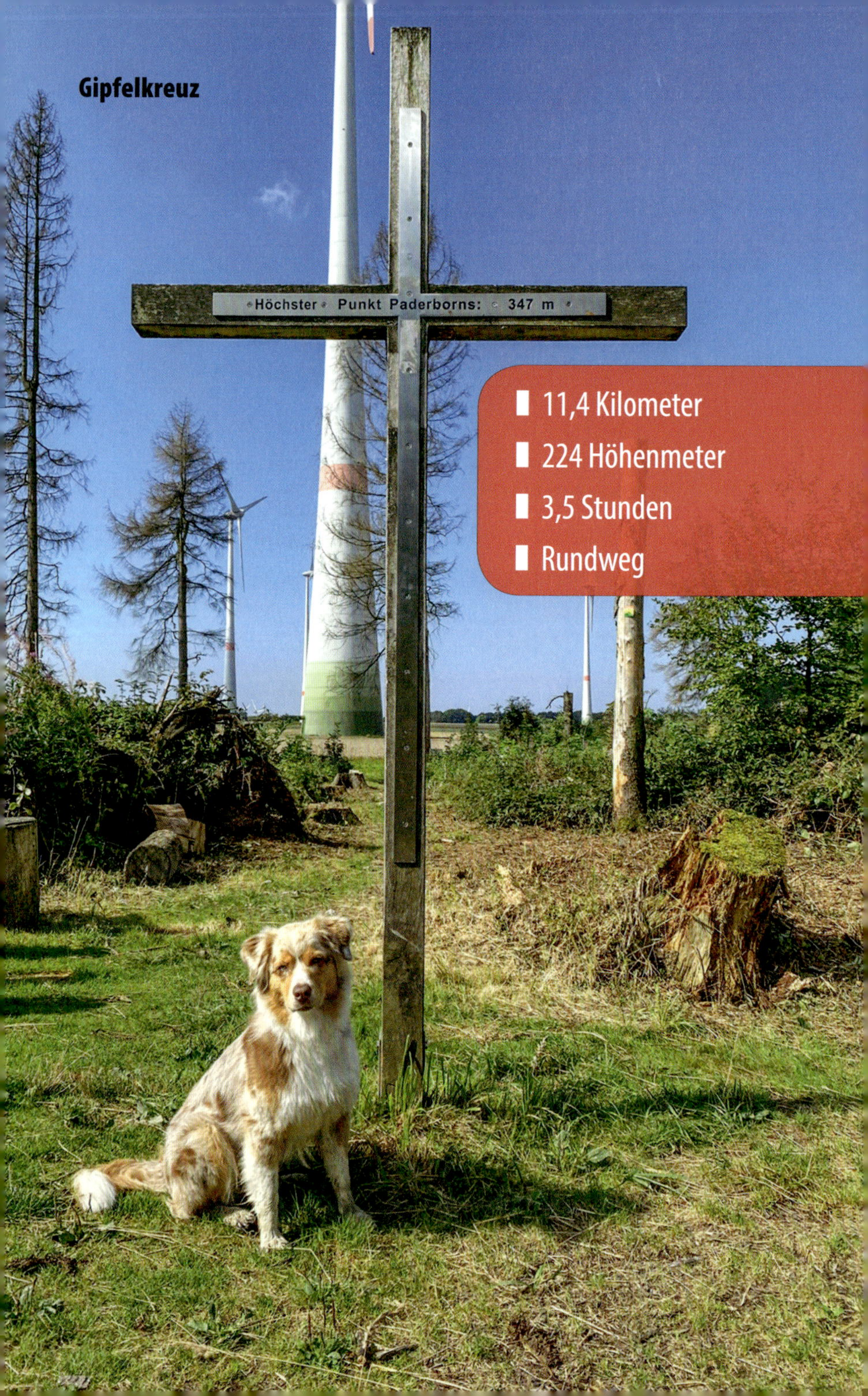

- 11,4 Kilometer
- 224 Höhenmeter
- 3,5 Stunden
- Rundweg

Der Deutsche Wanderverband hat den insgesamt 21 Kilometer langen Paderborner Höhenweg mit dem Prädikat „Qualitätsweg Wanderbares Deutschland" ausgezeichnet. Auch wenn wir auf dieser Tour nicht die gesamte Höhenrunde kennenlernen, so zeigt uns die bevorstehende Südrunde, dass die Prädikatsauszeichnung voll verdient ist. Wir starten unsere Tour zwischen Neuenbeken und Altenbeken am Wanderparkplatz, der direkt hinter der **Eisenbahnbrücke Kleiner Viadukt** liegt. Vom Parkplatz aus führen einige Stufen Richtung Wald und wir nehmen gleich die ersten Höhenmeter in Angriff – schließlich muss der Höhenweg seinem Namen gerecht werden. Und so schlängeln wir uns in angenehmen Serpentinen den Waldpfad hoch. Hinter uns hören wir auf dem Kleinen Viadukt einen Zug heranrauschen und erhaschen durch die Bäume einen Blick auf die 33 Meter hohe Brücke. Wir folgen stetig der orangen Markierung des Hauptwegs und entdecken nach den ersten 500 Metern die **Aussichtsplattform Parnacken 1**. Ein kleiner Trampelpfad bringt uns zur Plattform, wo wir die Stufen erklimmen. Hier genießen wir den erhöhten Blick auf den Viadukt, das sich idyllisch in die bewaldete Hügellandschaft einbettet.

Hoch hinaus

Zum Gipfelkreuz bei Neuenbeken

*Der **Kleine Viadukt**, auch als Dune-Viadukt bekannt, ist der kleine Bruder des nahe gelegenen Altenbekener Viadukts. Die 33 Meter hohe Brücke wurde von 1851 bis 1853 erbaut und überspannt mit zwölf Bögen das Dunetal.*

Beschwingt von diesem ersten malerischen Panorama nehmen wir die Plattformstufen abwärts und halten uns links, um uns an der folgenden Gabelung in Richtung der orangen Hauptroute zu orientieren. Nach

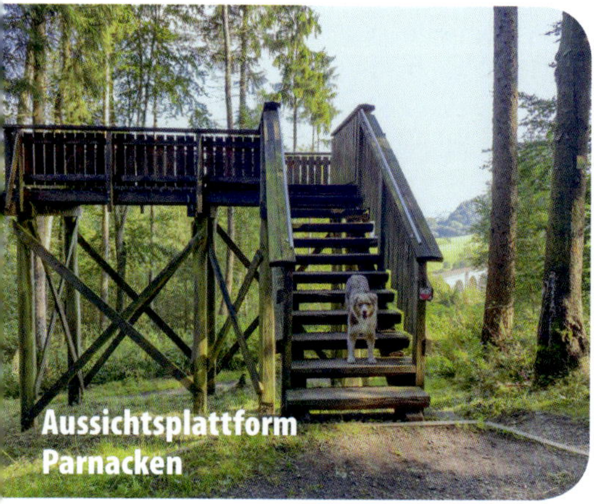
Aussichtsplattform Parnacken

dem ersten Anstieg können wir nun entspannt auf einem flachen Wegstück laufen und uns an der malerischen Aussicht in das grüne Dunetal erfreuen. Wenn wir uns umdrehen, sehen wir weiterhin den Viadukt, bis wir schließlich nach einer bergab führenden Linkskurve in den Wald eintreten. Auf dem befestigten Forstweg werden wir von dichten, hohen Buchen begleitet und wir atmen tief die frische Waldluft ein. Der Weg beschreibt eine leichte Rechtskurve. Eine auffällige Felsablagerung aus Kalkstein rechts des Weges lässt uns anhalten, um das interessante Gestein näher zu betrachten.

Bald wartet eine leichte Steigung auf uns. Der Wald wird etwas lichter und auf unserer linken Seite erscheint ein gerodeter, begrünter Abhang. Links hinter den Baumkronen entdecken wir drei Windräder und vernehmen das leise Summen der sich drehenden Flügel. Nach einer Linkskehre befinden wir uns nun auf der anderen Seite des Taleinschnitts. Auf dem schönen, nicht zu breiten Waldweg fühlen wir uns der Natur ganz nah. Rechter Hand begleitet uns für ein paar Schritte eine von Moos und Farn bewachsene Kalksteinwand. Stetig durch den hohen Buchenwald führt uns der Forstweg in einer Rechtskurve schließlich in Richtung eines asphaltierten Feldwegs. Kurz bevor der Wald sich lichtet, entdecken wir links etwas abseits vom Weg einen **Gedenkstein für die ehemalige Ansiedlung Brokhusen ❷**. Wir verlassen den Buchenwald und sehen vor uns zahlreiche Windräder in den Himmel ragen. Wir suchen kurz nach der orangen Markierung des Höhenwegs, sehen dann aber schnell, dass wir vor dem Feld rechts dem schmalen Pfad am Waldrand folgen sollen.

Linker Hand haben wir freien Blick über die weiten Felder mit ihren Windrädern. Der Pfad führt in den vor uns liegenden Fichtenwald, der durch die Trockenheit und den Borkenkäfer leider etwas licht geworden ist. Nicht mehr weit von uns wartet ein kleines Wanderhighlight: Das Wanderschild weist uns den

Für die Seele

Der Höhenweg bei Paderborn-Neuenbeken verspricht fantastische Aussichten auf den Kleinen Viadukt und führt uns auf waldreichen Wegen zum höchsten Punkt Paderborns.

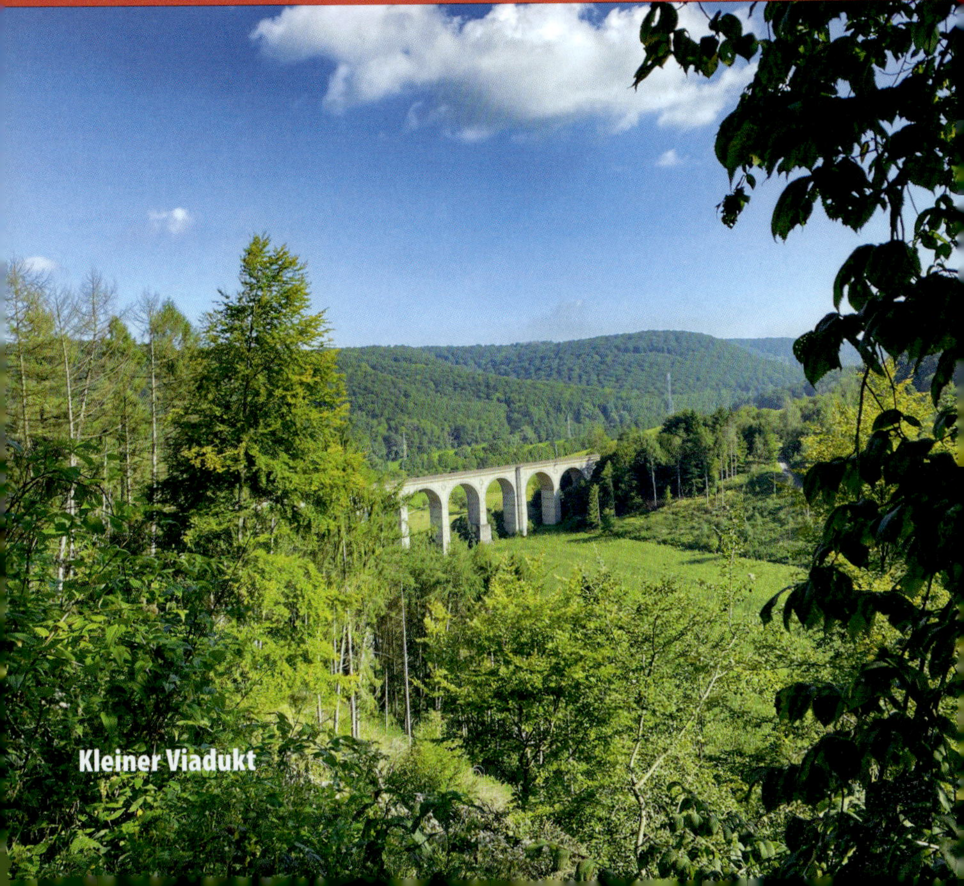

Kleiner Viadukt

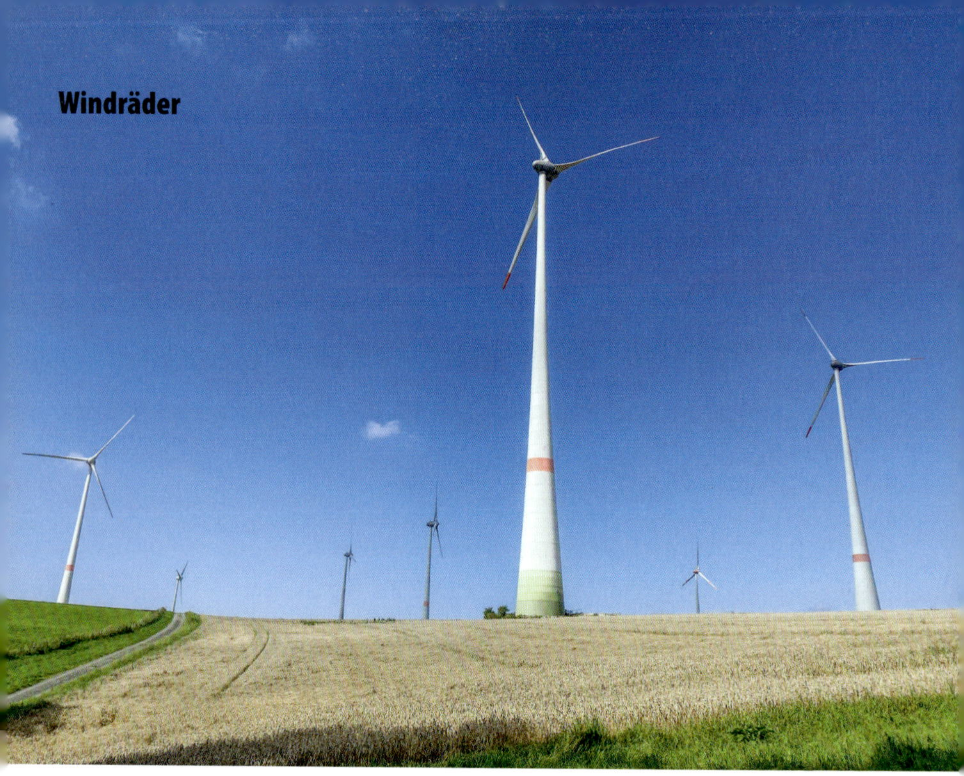

Weg nach links in einen schmalen Pfad, wo wir den **höchsten Punkt Paderborns** ③ vor uns sehen – markiert mit einem hölzernen Gipfelkreuz auf 347 Metern Höhe. Und es gibt noch eine kleine Überraschung: Ein Gipfelbuch lädt uns dazu ein, unseren Besuch am Gipfelkreuz zu dokumentieren. Wir lesen einige Grüße der anderen Wanderer und verewigen uns dann selbst in dem Buch. Zwei Bänke mit kleinen Holzhockern laden noch zu einer wohlverdienten Rast ein.

Wir setzen unseren Weg am Kreuz vorbei fort und winken dem Paderborner Gipfel noch einmal von der anderen Seite aus zu. Anschließend halten wir uns rechts, wo der Pfad uns auf einen asphaltierten Feldweg führt, dem wir nach links folgen. Am Acker und den bekannten Windrädern vorbei biegt der Höhenweg nach etwa 300 Metern rechts in einen Forstweg ab. Kurz darauf weist uns ein Pfeil nach links in einen lauschigen Waldpfad. Parallel zum Forstweg verläuft der schmale Pfad romantisch durch wilden Farn und dichte, schattige Buchenbäume. Schließlich mündet der Pfad wieder auf einen befestigten Forstweg und wir stoßen auf die **Karl-Hagemeier-Schutzhütte** 4 des Eggegebirgsvereins Paderborn.

An der Hütte halten wir uns links und nehmen an der nächsten Gabelung den von Steinen und Kieseln durchsetzten Weg nach rechts. Von Sträuchern und den zartrosa Blüten der Wasserdost-Pflanze gesäumt, wandern wir gemütlich am Krayenberg vorbei, der links von uns liegt. Vor uns taucht eine auffällige Lärche auf und weist uns den Weg in den dichter werdenden Wald. Dort angekommen, folgen wir dem Höhenweg nach links in einen neuen Waldpfad. Wir passieren eine Kreuzung und bleiben auf dem angenehm weichen Waldboden des Höhenwegs. Zarte Spinnweben glitzern in der Sonne und wir genießen den Moment in der Natur. An der nächsten Wegkreuzung halten

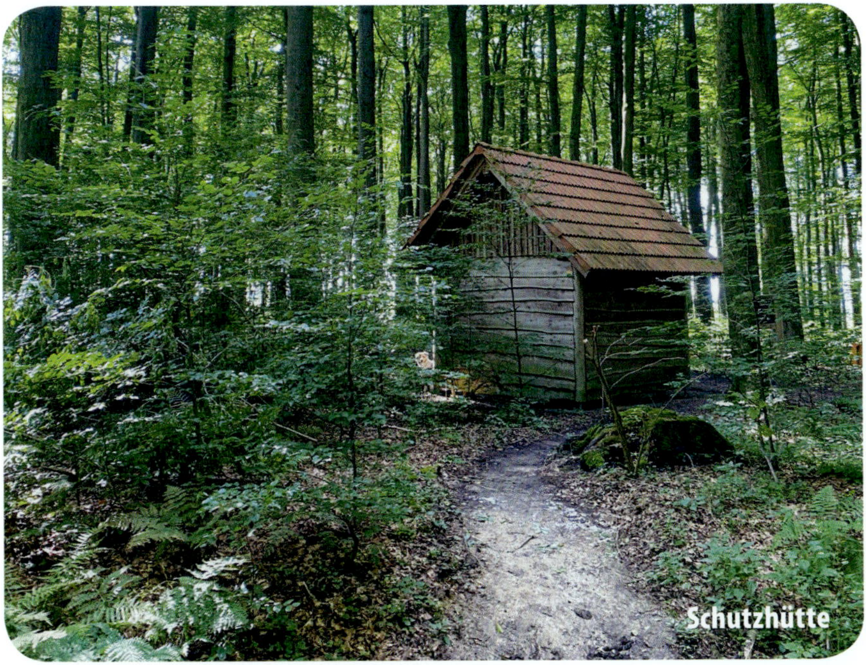

Schutzhütte

*Der **Pestfriedhof** stammt aus dem 17. Jahrhundert und erinnert an die Zeit des Dreißigjährigen Krieges mit seinen zahlreichen Pesttoten von Neuenbeken. Dem Schwarzen Tod fiel hier wie vielerorts mehr als die Hälfte der Bevölkerung zum Opfer.*

wir uns weiter geradeaus und nähern uns einer Schutzhütte. Hier klärt uns ein Schild auf, dass wir uns an der **Buche mit zwei Beinen** ❺ befinden, deren zwei Stämme in 3 Metern Höhe zusammengewachsen sind. Wir halten suchend Ausschau nach der Buche und entdecken sie hinter uns direkt am Wegrand, wo wir kurz zuvor vorbeigelaufen sind.

Wir lassen das Naturphänomen hinter uns und folgen dem Weg an der Hütte nach links. Nach nur knapp 20 Metern führt uns der Höhenweg nach rechts und gibt uns an der nächsten Gabelung freie Sicht auf die weiten Felder und das Umland von Neuenbeken. Wir gehen rechts und schlängeln uns durch die Bäume zum nächsten interessanten Ort: dem **Pestfriedhof** ❻.

Fast mystisch liegt der Friedhof mit seinem Kreuz und Gedenkstein etwas versteckt in dem dunkelgrünen Nadel- und Laubwald. Wir halten kurz inne und

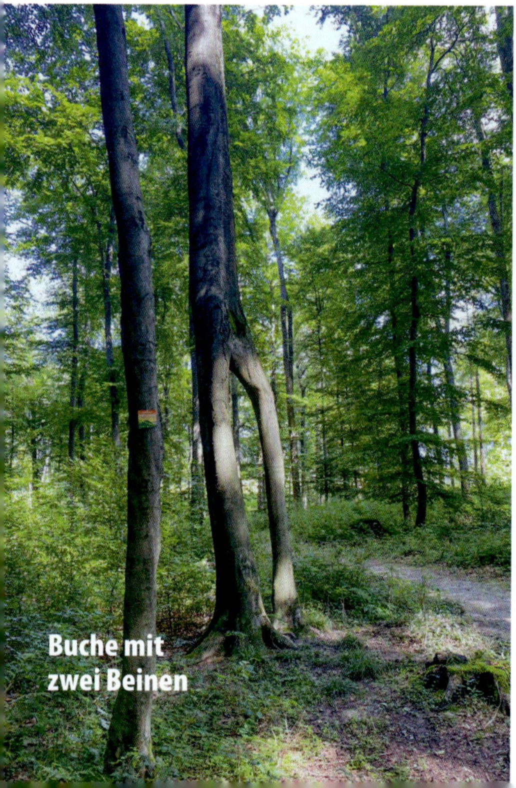

Buche mit zwei Beinen

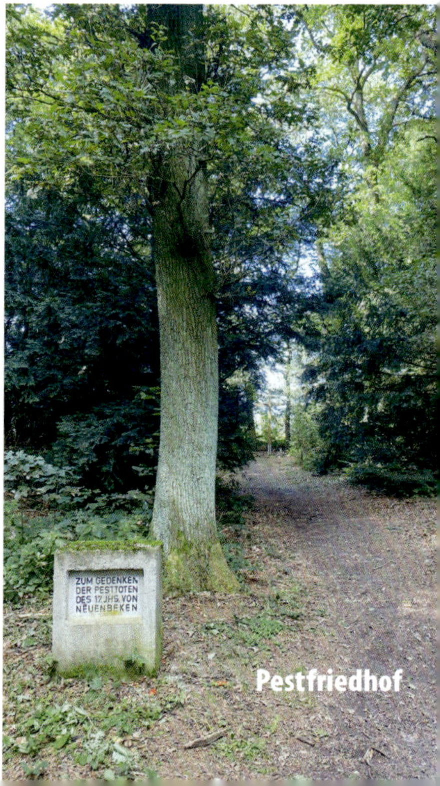

Pestfriedhof

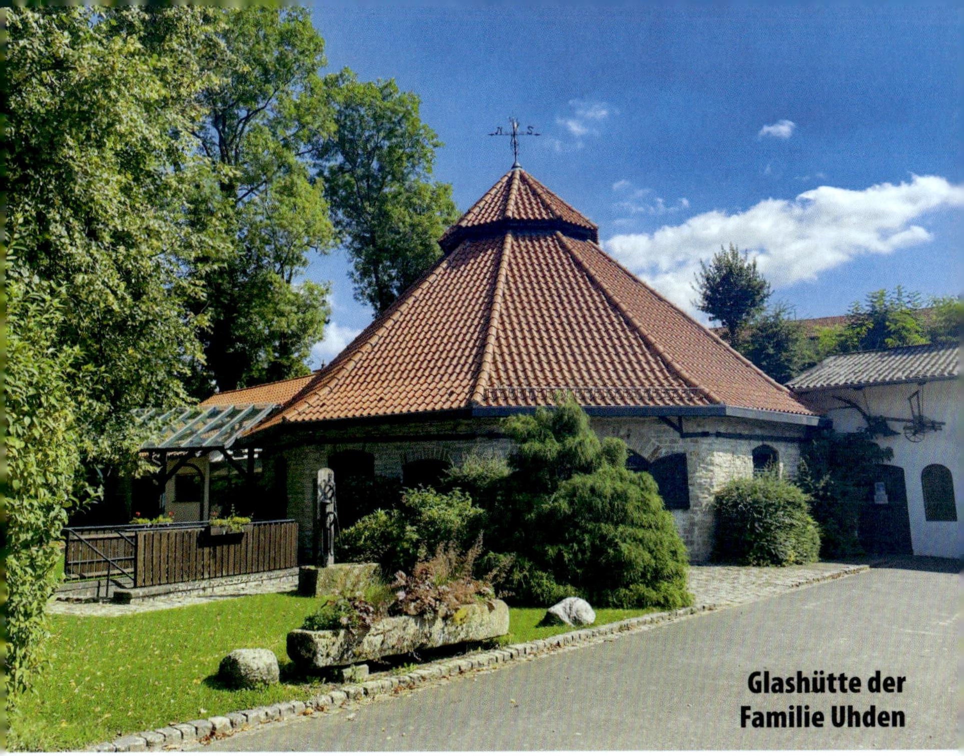
Glashütte der Familie Uhden

folgen dann der Wegmarkierung bis zur nächsten Gabelung, an der wir uns links halten. Immer geradeaus passieren wir eine Kreuzung und orientieren uns bei einem Rastplatz nach rechts. Dank der ausgezeichneten Wegmarkierung des Höhenwegs wandern wir den nächsten Kilometer entspannt auf schattigen Wegen durch den herrlichen Buchenwald und lassen den Blick über die saftig grüne, hügelige Weidelandschaft schweifen. Nach einer Rechtskurve taucht rechts von uns durch die Bäume eine Wiese mit Obstbäumen auf. Kurz darauf passieren wir ein Haus und folgen der Beschilderung nach links einen kleinen Pfad hinab. Hier wartet das **Mausoleum der Glasmacherfamilie Uhden** 7 auf uns.

Von der Infotafel über die Familie führt uns der Weg in einer Kehre aus der Senke wieder hoch. Um weiterhin der Südrunde des Höhenwegs zu folgen, orientieren wir uns nun an der blauen Querverbindung und verlassen die orange Hauptroute. Wir

Als Protestanten wurde die ***Glasmacherfamilie Uhden*** *von der katholischen Bevölkerung Neuenbekens ablehnend behandelt. Eine Bestattung auf dem katholischen Friedhof war der Familie nicht gestattet, sodass Simon August Uhden von 1842 bis 1846 ein Mausoleum errichtete.*

gelangen auf die Glashüttenstraße, die uns zu einem alten Backhaus im Fachwerkstil zu unserer Linken und der **Glashütte der Familie Uhden** 8 zu unserer Rechten bringt. Beeindruckt von dem Bau der zehneckigen Hütte, betrachten wir die einzige noch erhaltene Glashütte aus der Frühzeit der Industrialisierung im norddeutschen Raum. Dann setzen wir unseren Weg fort und folgen der asphaltierten Strecke, die von Bahngleisen begleitet wird. Schließlich tauchen wir noch einmal in den Wald ein, erreichen nach etwa 1 Kilometer die bekannte **Aussichtsplattform** und genießen noch einmal den Blick auf den Kleinen Viadukt. Dann nehmen wir den Pfad vom Hinweg bergab zum Wanderparkplatz.

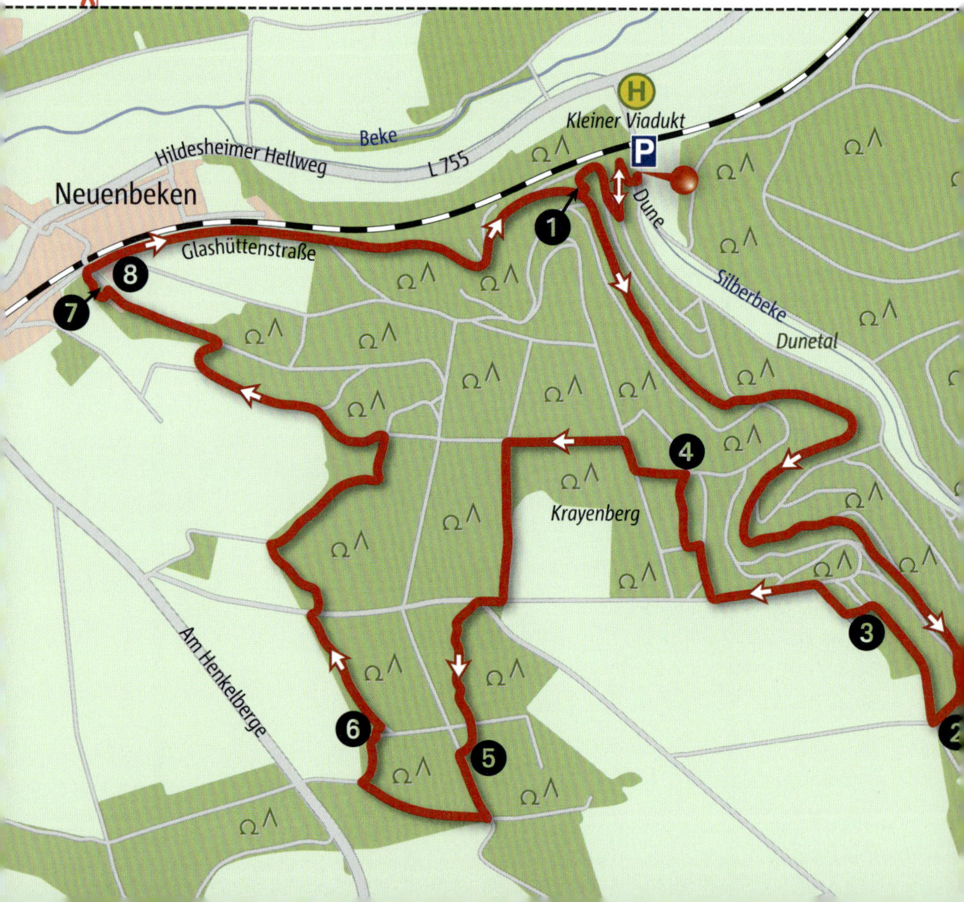

Alles auf einen Blick

WIE & WANN:
Schattige Waldpfade, befestigte Forstwege, Wiesenpfade an Feldern vorbei, wenige asphaltierte Abschnitte; beste Wanderzeit von April bis Oktober

Entspannung ★★★★★
Genuss ★★★☆☆
Romantik ★★★★☆

HIN & WEG:
Auto: Wanderparkplatz Kleiner Viadukt, Dune, 33100 Paderborn (GPS: 51.747335, 8.881881)
ÖPNV: Bus 452 (nur Mo.–Fr.) von Bad Lippspringe bzw. Altenbeken oder Bus R81 von Willebadessen bzw. Altenbeken jeweils zur Haltestelle Kleiner Viadukt, von hier durch die Straße Dune zum Wanderparkplatz

ESSEN & ENTSPANNEN:
Bitte an Rucksackverpflegung denken.

ENTDECKEN & ERLEBEN:
Aussichtsplattform Parnacken ❶
Gedenkstein Brokhusen ❷
Höchster Punkt Paderborns mit Gipfelkreuz ❸
Karl-Hagemeier-Schutzhütte ❹
Buche mit zwei Beinen ❺
Pestfriedhof ❻
Mausoleum der Familie Uhden ❼
Glashütte der Familie Uhden ❽

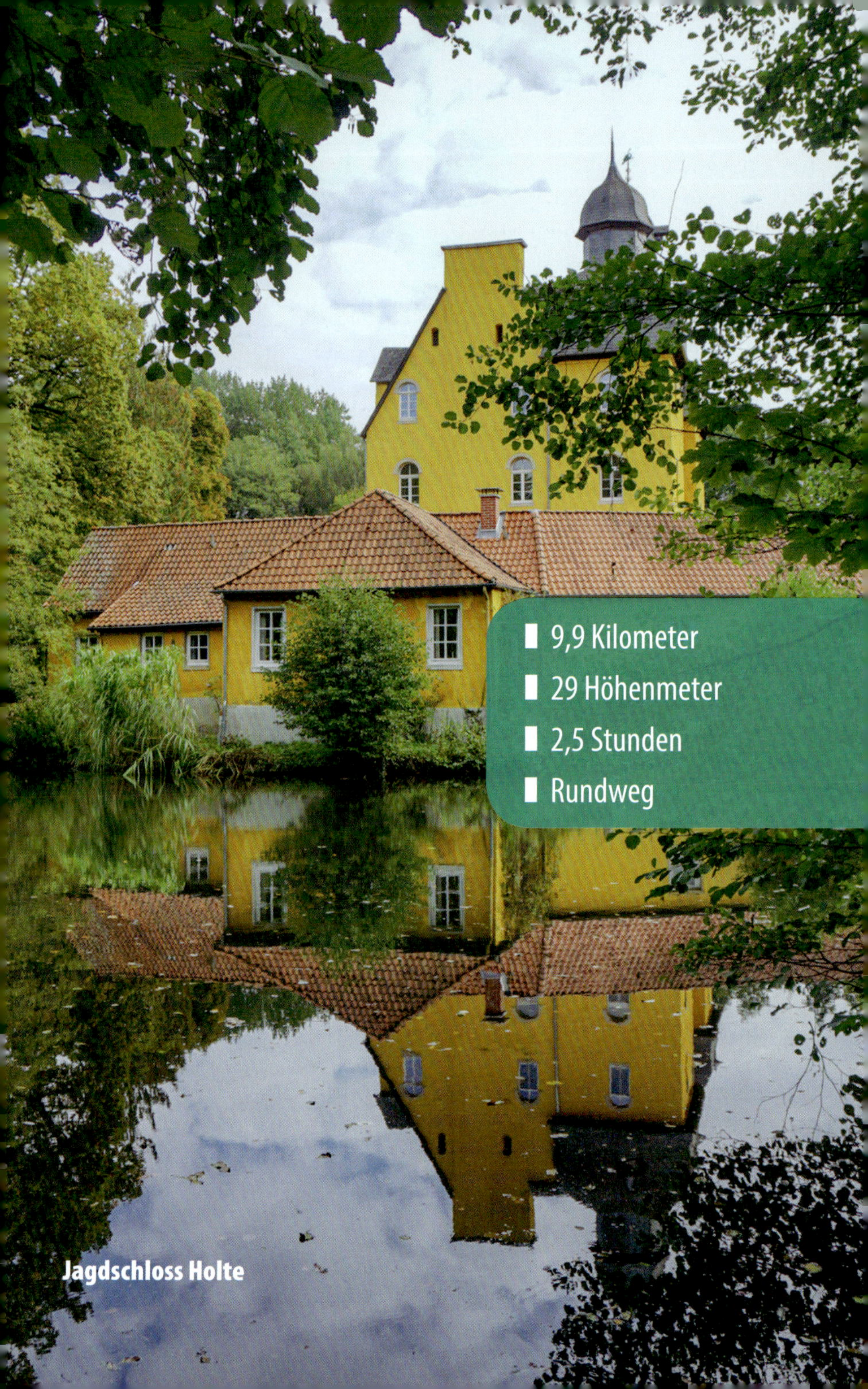

- 9,9 Kilometer
- 29 Höhenmeter
- 2,5 Stunden
- Rundweg

Auf unserer Tour durch den Holter Wald bekommen wir einen ausgezeichneten Eindruck von dem weitläufigen Idyll. Startpunkt ist der **Parkplatz** an der Verler Landstraße, die von der Schlossstraße abgeht. Wir wandern zurück in Richtung **Schlossstraße,** überqueren die Fußgängerinsel und gehen dann links auf dem kombinierten Fuß-/Radweg. In einer leichten Rechtskurve gelangen wir nach etwa 200 Metern an eine Gedenktafel, die an die Hundertjahrfeier der Befreiungskriege erinnert. Hier nehmen wir rechts den Weg „Am Schloss" und entdecken links durch die Bäume schon das leuchtende Gelb des Schlossgebäudes. Romantisch bettet sich das **Jagdschloss Holte** ❶ inselartig in den umgebenden Wassergraben.

*Der **Holter Wald** ist einer der ältesten Wälder der Senne und mit ca. 670 Hektar ein weitläufiges Naturschutzgebiet, das durch sennetypische sandige Böden sowie Kiefern, Eichen und Buchen geprägt ist. Eisvogel und Fledermausarten finden hier ein Zuhause.*

Waldglück

Unterwegs im Holter Wald

Dem Verlauf des Grabens folgend, gelangen wir zum Schlosseingang. Malerisch blinzeln uns die drei schiefergedeckten Türmchen hinter dem verschnörkelten gusseisernen Eingangstor entgegen. Da sich das Jagdschloss in Privatbesitz befindet, ist es für Besucher nicht zugänglich. Wir verabschieden uns von dem historischen Prachtbau und gehen wieder zurück zur Schlossstraße. Dieser folgen wir für ein paar Schritte nach links und überqueren sie dann bei der Beschildерung in Richtung „Schloß Holte, Sender Straße". Der folgende Forstweg führt uns geradeaus in den Wald und ist mit der orangen Wandermarkierung **„Schlossweg"** gekennzeichnet. An der nächsten Gabelung gegenüber einem Haus halten wir uns allerdings nicht

*Das ursprüngliche Gebäude des **Schlosses Holte** ist im 16. Jahrhundert abgebrannt, doch der Rietberger Graf Johann III. schuf ein neues Schloss im Renaissancestil, das sich seit 1822 im Privatbesitz der Familie Tenge-Rietberg befindet.*

geradeaus auf dem Schlossweg, sondern biegen nach rechts in den Wald ein. Auf dem naturnahen Pfad geht es mitten durch den Holter Wald.

Ein üppiger Mischwald aus Laub- und Nadelbäumen begleitet uns stetig und am Wegrand strecken sich uns wilde Farne mit Sträuchern entgegen. Schnell merken wir, wie befreiend die frische Waldluft ist, und lassen die Alltagsgedanken hinter uns. Nach etwa 400 Metern biegen wir an der Gabelung nach rechts. Der Natur ganz nah, führt uns der Weg an hohen Kiefernbäumen vorbei. Wie so häufig in unseren Wäldern sind auch diese Nadelbäume von Borkenkäfer, Sturm und Trockenheit gezeichnet, doch wirklich kahle Waldflächen finden wir hier glücklicherweise nicht. Die umliegende grüne Pflanzenwelt gleicht die lichten Kiefernkronen wieder aus. Wir treffen auf eine Wegkreuzung, an der wir uns links halten. Nach etwa 500 Metern kreuzen wir den Forstweg, bleiben weiterhin geradeaus und biegen an der nächsten Gabelung nach links ab.

Eine Wandermarkierung mit drei hellgrünen Nadelbäumen weist uns darauf hin, dass wir uns auf dem

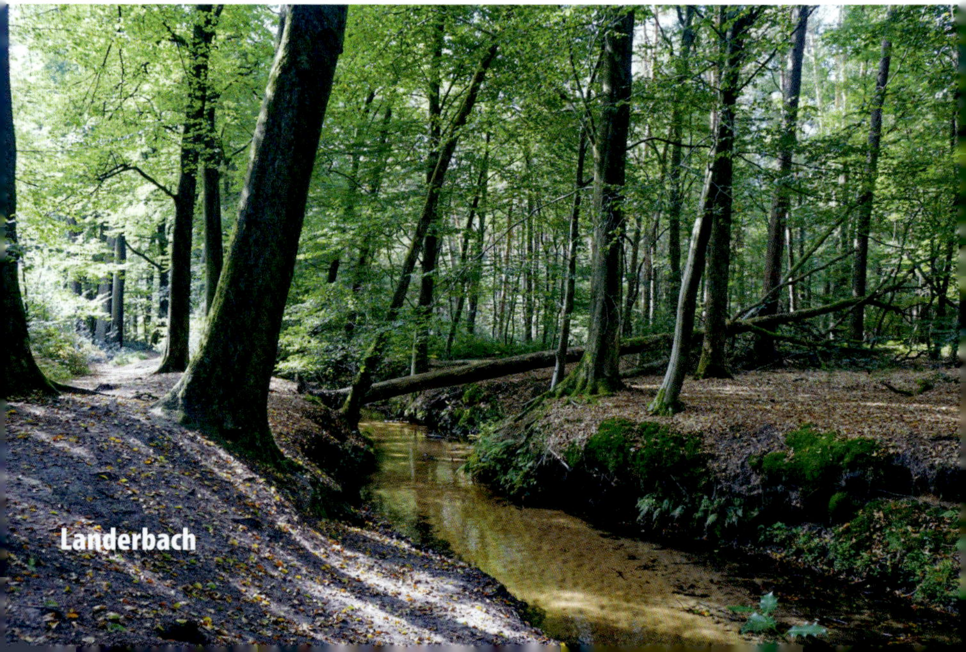

Landerbach

Holter Waldweg befinden. Vor uns liegt ein besonders schöner, naturbelassener Pfad: Der mit Nadeln, Kiefernzapfen und Laub bedeckte Boden beschert unseren Wanderfüßen ein weiches Laufgefühl. Rechts von uns in einer Senke versteckt sich der lauschige **Landerbach** ❷ mit seinem klaren Wasser. Gesäumt von Bäumen, Farnen und Moos sucht sich sein sandiges Flussbett den Weg durch den Walddschungel. Wir folgen dem Verlauf des friedlichen Landerbachs auf leicht sandigem Senneboden, steigen über einzelne Wurzeln und entdecken, dass ein umgeknickter Baum den Weg auf die andere Bachseite geschafft hat.

Wir passieren einige Weggabelungen, bleiben aber geradeaus, bis unser Pfad nach links abgeht und

Für die Seele

Wir genießen pures Waldglück auf romantischen Naturpfaden, entspannen entlang friedlicher Sennebäche und bestaunen ein historisches Jagdschloss.

wir uns vom Landerbach entfernen. Der Weg mündet in einen geschotterten Forstweg, der uns an einem alten Fachwerkhaus vorbeiführt, bis wir auf eine Gabelung treffen. Wir biegen nach links und sofort wieder nach rechts auf den sogenannten **Brunnenweg** ab, der mit der Wandermarkierung des uns schon bekannten Schlossweges gekennzeichnet ist. Auf dem Brunnenweg bleiben wir für ca. 1,5 Kilometer stetig geradeaus, passieren dabei eine schöne Lichtung mit Jagdhochsitz und treten schließlich aus dem Wald heraus. Vor uns liegt ein offenes Feld mit Blick auf einen in der Ferne liegenden Hof. Vor dem Feld folgen wir dem befestigten Weg nach links. Zwischen grünen Weiden hindurch geht es schließlich wieder in den Wald, wo wir uns rechts halten. Kurz darauf treffen wir auf eine Schranke und nehmen hier die Abzweigung nach links.

Der asphaltierte Landwirtschaftsweg führt uns an einer eingezäunten Obstbaumwiese vorbei und mündet in die Straße **Am Ölbach.** Hier halten wir uns links und gelangen einerseits zu den Gebäuden einer Wohneinrichtung der Stiftung Bethel, andererseits wartet eine schöne Rastmöglichkeit auf uns: Am ruhigen Ölbach stoßen wir auf eine aus dem 20. Jahrhundert stammende Mühle, die heute das charmante **Mühlcafé** ❸ beherbergt. Die Aussicht auf eine verdiente Stärkung können wir uns nicht entgehen lassen und nehmen im reizenden Biergarten Platz. Bei leckerem, hausgemachtem Kuchen und typisch ostwestfälischem Pickert lassen wir die Wanderseele baumeln.

Das Mühlcafé bietet unter anderem den typisch ostwestfälischen ***Pickert*** *an. Das ehemalige Arme-Leute-Essen ist ein pfannenkuchenartiges Gericht, das aus geriebenen Kartoffeln besteht und oft mit Rübenkraut oder Leberwurst serviert wird.*

Mit neuer Kraft setzen wir unseren Weg auf dem geschotterten Wirtschaftsweg fort. Von einzelnen Bäumen gesäumt, werfen wir links den Blick auf weite Kuhweiden. Der Schotterweg führt uns schließlich in

Das Mühlcafé

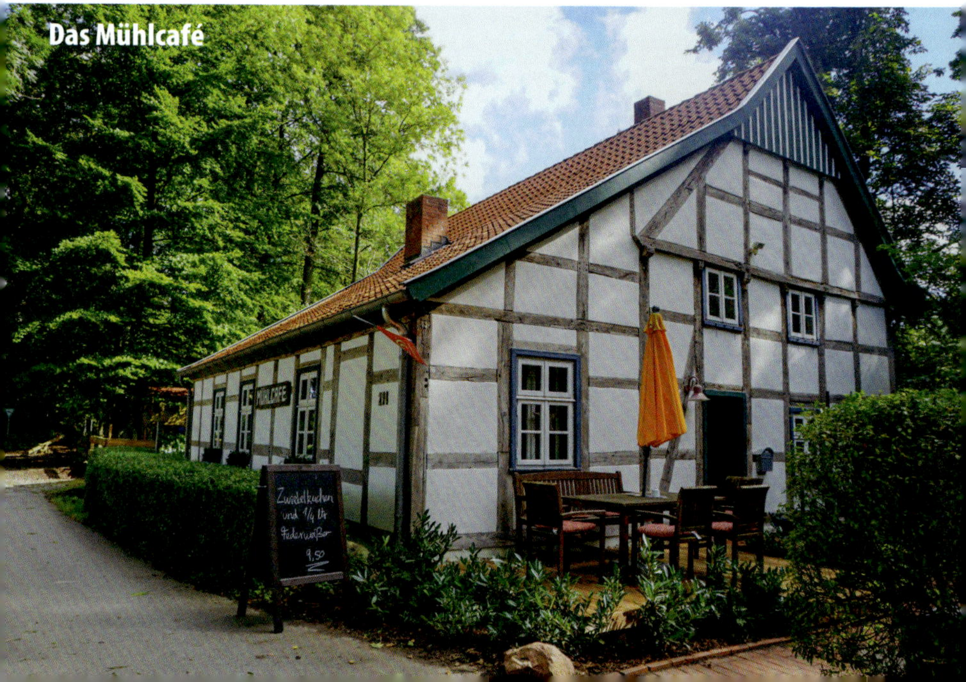

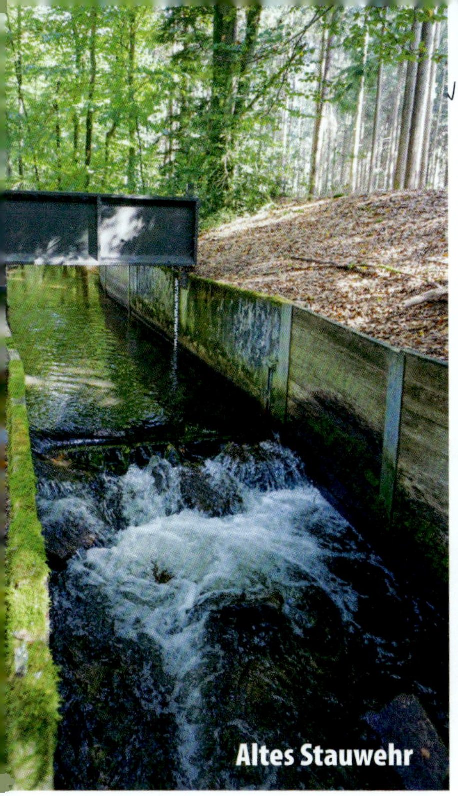
Altes Stauwehr

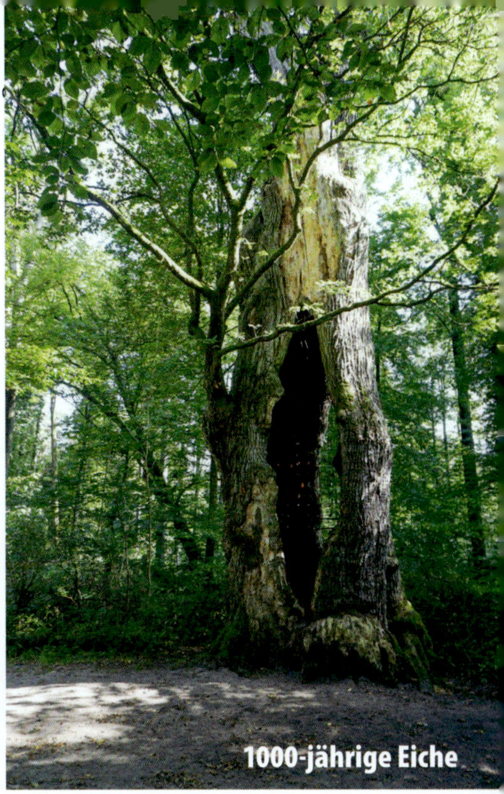
1000-jährige Eiche

den Wald, wo wir alsbald auf den **Ölbach** ④ stoßen. Wie schon zuvor der Landerbach ist auch der Ölbach von einem sandigen Grund gekennzeichnet. Immer nahe dem Ölbach folgen wir dem ebenen Waldweg für etwa 1,5 Kilometer. Dabei entdecken wir an einer Stelle des Bachs Reste eines alten **Stauwehrs** ⑤, das früher geschlossen wurde, um die angrenzenden Wiesen zu fluten und die Böden mit Schwebstoffen zu düngen. Der Ölbach entfernt sich schließlich ein Stück von unserem Weg, auf den letzten Metern unserer Tour kommen wir ihm aber noch einmal ganz nah: In der Ferne sehen wir eine Schranke, doch etwa 100 Meter vor ihr führt rechts ein leicht zu übersehender, schmaler Pfad in den Wald. Nach ein paar Schritten knickt der Pfad nach links ab und wir können noch einmal ganz nah am Ufer der Ölbachs entlangschlendern.

Wir meistern eine kleine Anhöhe und erreichen schließlich die letzte Attraktion unserer Wanderung:

Verwöhntour 10

Vor uns thront die sogenannte **1000-jährige Eiche 6**, ein Naturdenkmal. Auch wenn sie in Wahrheit wohl nur auf etwa 500 Jahre geschätzt wird, schauen wir ehrfürchtig an ihrem mittlerweile komplett hohlen Stamm empor. Deshalb muss ein Zaun für Stabilität sorgen – einige Liebespaare haben sich daran mit Liebesschlössern verewigt. Optimistisch drücken wir die Daumen, dass die alte Eiche ihrer Liebe Glück bringt. Nun sind es nur noch ein paar Schritte bis zum Parkplatz, wo unsere abwechslungsreiche Rundwanderung endet. Für eine abschließende Einkehr bietet sich der **Holter Schloßkrug 7** an, der sich an der Schlossstraße ein paar Meter hinter dem Jagdschloss befindet.

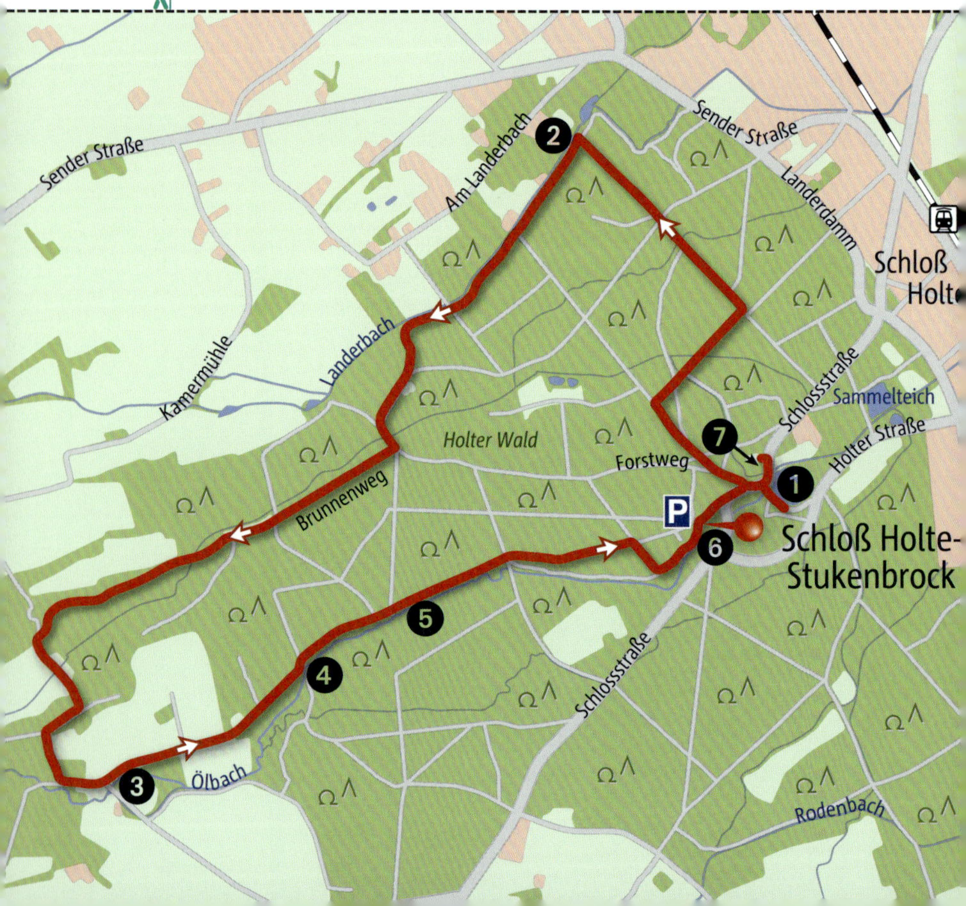

Alles auf einen Blick

WIE & WANN:
Kurze Abschnitte auf Fußwegen entlang der Straße, schattige Forstwege und schmale Waldpfade am Bach entlang, befestigte Wirtschaftswege; beste Wanderzeit von April bis Oktober

HIN & WEG:
Auto: Wanderparkplatz, Verler Landstraße, 33758 Schloß Holte-Stukenbrock (GPS: 51.897648, 8.597530)
ÖPNV: Mit dem Zug zum Bahnhof Schloß Holte, von hier knapp 2 Kilometer zum Jagdschloss Holte

Entspannung ★★★★★
Genuss ★★★★☆
Romantik ★★★★☆

ESSEN & ENTSPANNEN:
Mühlcafé ❸ Am Ölbach 294, 33415 Verl, Tel. (0 52 46) 93 10 93, www.muehlcafe.de
Holter Schloßkrug ❼ Schlossstraße 100, 33758 Schloß Holte-Stukenbrock, Tel. (0 52 07) 9 14 50, www.schlosskrug.de

ENTDECKEN & ERLEBEN:
Jagdschloss Holte ❶
Landerbach ❷
Ölbach ❹
Altes Stauwehr ❺
1000-jährige Eiche ❻

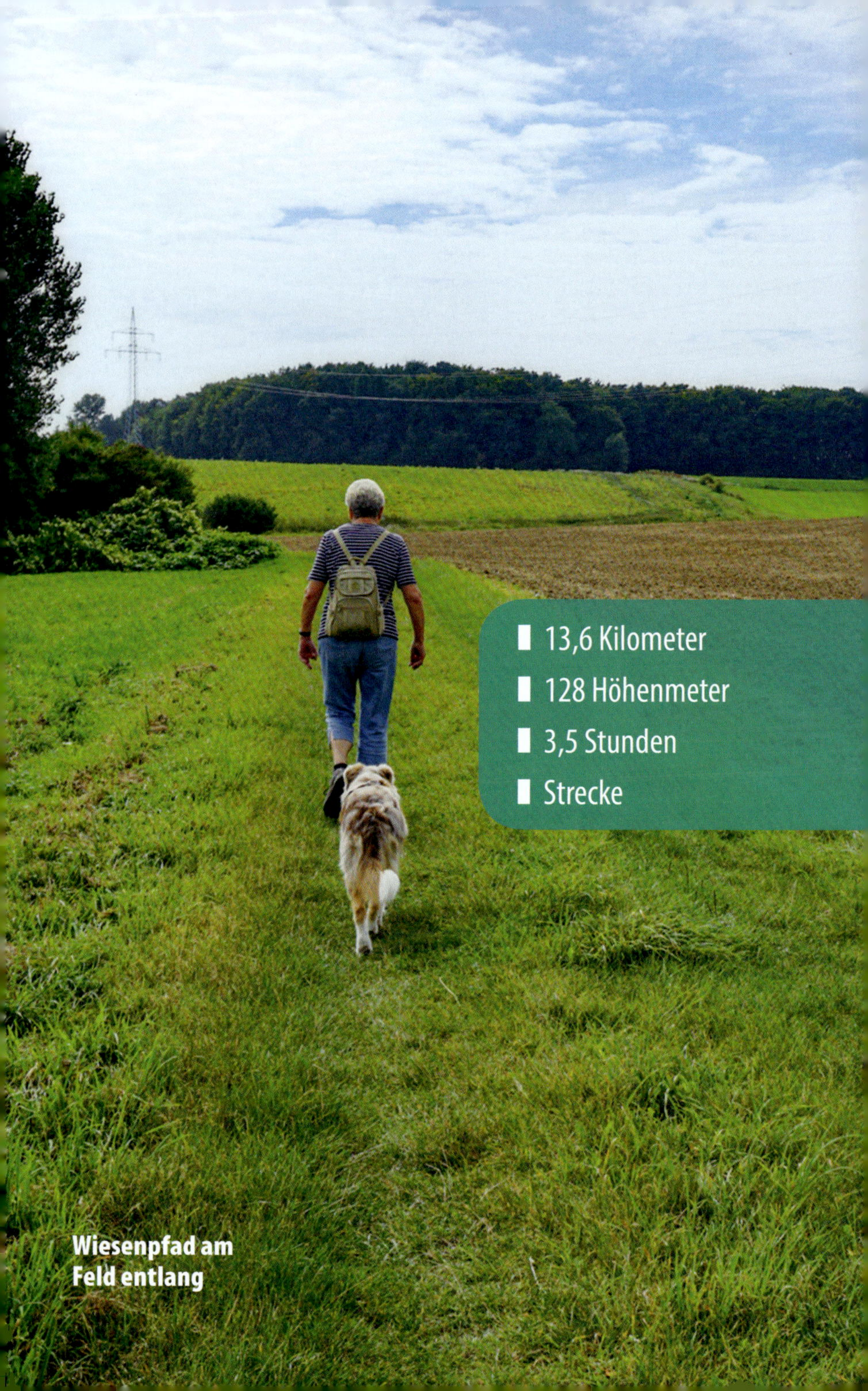

Wiesenpfad am Feld entlang

Wir starten unsere Tour im Ortskern von Enger am Barmeierplatz, wo sich der **Widukindbrunnen** ❶ befindet. Nicht weit entfernt steht die **Stiftskirche** ❷ mit angrenzendem Kirchplatz. Es lohnt sich, einen kleinen Abstecher zum Grabmal von Widukind zu machen. Östlich der Kirche in der Steinstraße liegt zudem das Widukindmuseum, wo wir den sächsischen Adligen und all die Mythen um ihn noch besser kennenlernen können.

Wir folgen vom Widukindbrunnen der Markierung mit weißem HP auf schwarzem Grund durch die Burgstraße und biegen beim Bolldammbach rechts in den Fußgänger- und Radweg ein. Für einen geschichtlichen Abstecher lohnt es sich, der Burgstraße ein

*Der Sage nach geht der Name **Hasenpatt** auf Herzog Widukind, seinerzeit Hauptgegner Karls des Großen, und seinen Diener namens Hase zurück. Die beiden sollen die Strecke genommen haben, um bei Widukinds Schwester Pickert zu essen.*

Auf dem Hasenpatt

Landpartie von Enger nach Schildesche

Stück weiter zu folgen: Rechter Hand befindet sich das **Gerberei-Museum** ❸, das viel Wissenswertes über die Lederherstellung vermittelt.

Am Bollbach entlang überqueren wir nach ein paar Metern die Bahnhofstraße und folgen dem Fußweg weiter geradeaus. Nachdem wir den **Kleinbahnhof mit seinem Museum** ❹ passiert haben, biegen wir an der Ringstraße links ab. Wir folgen dem Straßenverlauf vorbei an Fußballplatz und Hallenbad und stoßen auf die Wertherstraße. Hier halten wir uns rechts und nehmen nach etwa 100 Metern den asphaltierten Landwirtschaftsweg **Im Felde.** Wir verlassen damit die Kleinstadtatmosphäre von Enger und kommen der Natur immer näher.

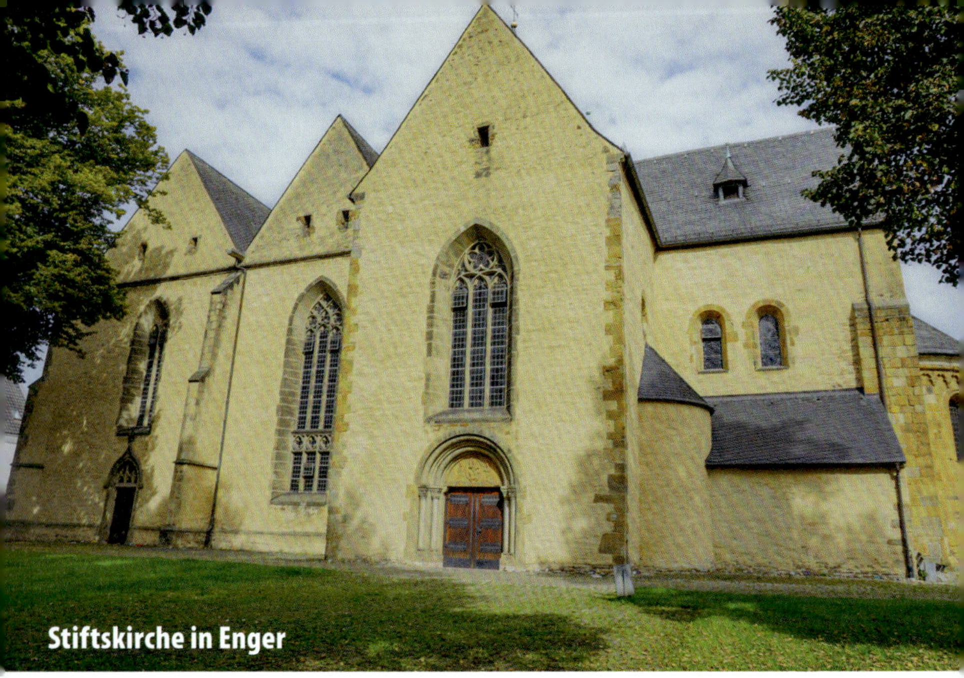

Stiftskirche in Enger

*Die **Stiftskirche in Enger** mit ihrem frei stehenden Turm stammt aus der Mitte des 14. Jahrhunderts und beherbergt gleich mehrere Kostbarkeiten: das Grabmal des Sachsenherzogs Widukind, einen dreiflügeligen Schnitzaltar sowie eine prunkvolle Kanzel.*

Während unsere Blicke auf Maisfelder, Weiden und einen Hof treffen, lassen wir die links und rechts abzweigenden Hofwege unbeachtet und gehen weiter geradeaus, bis wir auf die **Jöllenbecker Straße** gelangen. Wir folgen dieser ein kleines Stückchen nach links und biegen sofort rechts in den nächsten Hofweg ab. Auf dem Pödinghauser Landweg bleiben wir nur für ein paar Schritte, denn wir wählen rasch die erste Abzweigung nach rechts auf den Feldweg **Im Poosken.** Wir freuen uns über den vor uns liegenden Wiesenpfad, der uns mitten durch die Äcker und Felder am Rande von Enger führt. Links entdecken wir ein Kartoffelfeld, rechts Futterrüben und am Wegrand streifen wir Sonnenblumen und Wollgras. Wir erreichen den Waldrand und betreten den kleinen, dichten Mischwald, an dessen Baumstämmen wild der Efeu rankt. Auf weichem, erdigem Boden schlängeln wir uns durch den Wald und folgen den Markierungen mit dem HP.

Wir erreichen das Ende des Waldes, überqueren die Sundernstraße und gehen geradeaus auf der **Südstraße.** Für ein paar Minuten nehmen wir den Weg durch ein Industriegebiet in Kauf, das Widukind seinerzeit auf dem Hasenpatt wohl noch nicht passieren musste. Bald treffen wir auf das Gelände des **Golfclubs Ravensberger Land 5**. Wir verlassen die Südstraße und biegen am Rande des Golfplatzes links auf den Braker Weg. Nachdem wir linker Hand ein altes Hofgebäude mit einem **Windmühlenstumpf 6** passiert haben, nehmen wir vor der Lübbecker Straße rechts den kleinen Wiesenpfad am Rande des Feldes. Abgetrennt durch eine Böschung folgen wir dem Weg parallel zur Hauptstraße, bis wir auf ein Haus mit weißem Klinker treffen. An der Hauswand entdecken wir eine hübsche Illustration des Hasenpatts, die uns den Weg rechts am Feld Richtung Waldkante weist. Ein angenehmer Waldpfad führt uns

Für die Seele

Auf dem Hasenpatt kommt echte Landlust auf: Über Felder, auf Hofwegen, durch Buchenwälder und das Moorbachtal lassen wir entspannt die Seele baumeln.

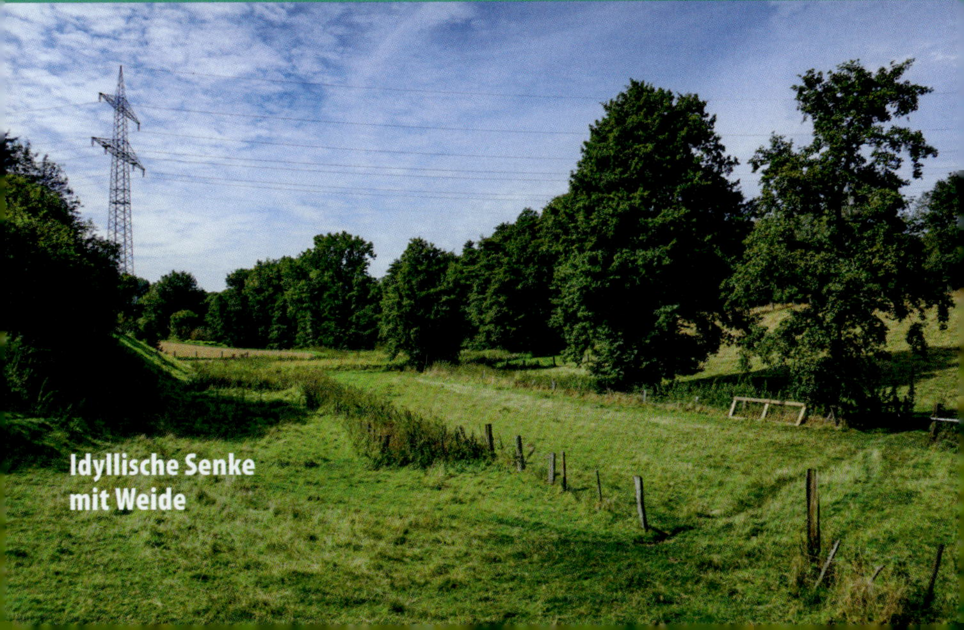

Idyllische Senke mit Weide

durch die Senke des Laubwaldes und wir entdecken durch die Bäume noch Teile des Golfplatzgeländes.

Wo der Wald sich lichtet, stoßen wir auf eine Wiese, an der wir uns leicht links weiter auf dem Weg halten. Über eine alte Holzbrücke queren wir den Jöllenbecker Mühlenbach, ehe wir wieder in ein Wäldchen eintauchen. Einen Moment später wartet ein kleiner Hügel auf uns, über die Wiese hoch kommen wir zur Eickumer Straße, die wir an einer Bushaltestelle überqueren. Wir nehmen geradeaus den linken der beiden asphaltierten Pfade. Rechts schweift unser Blick über einen Reiterhof, bevor wir uns einer kleinen Senke nähern. Hier führt der Weg abwärts an einer eingezäunten Weide vorbei – uns überkommt eine lauschige Bullerbü-Atmosphäre. Anschließend schlängeln wir uns den Weg hoch, passieren einzelne Häuser und entdecken rechts die **ehemalige Örkenschule** ⑦. Sie wurde 1888 als drittes Schulgebäude Niederjöllenbecks eingeweiht und ist seit 1960 ein Wohnhaus.

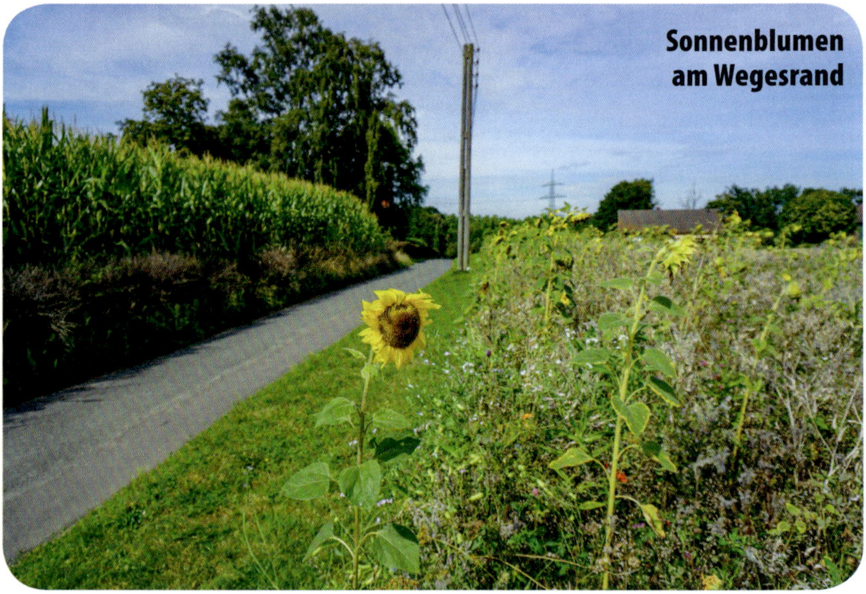

Sonnenblumen am Wegesrand

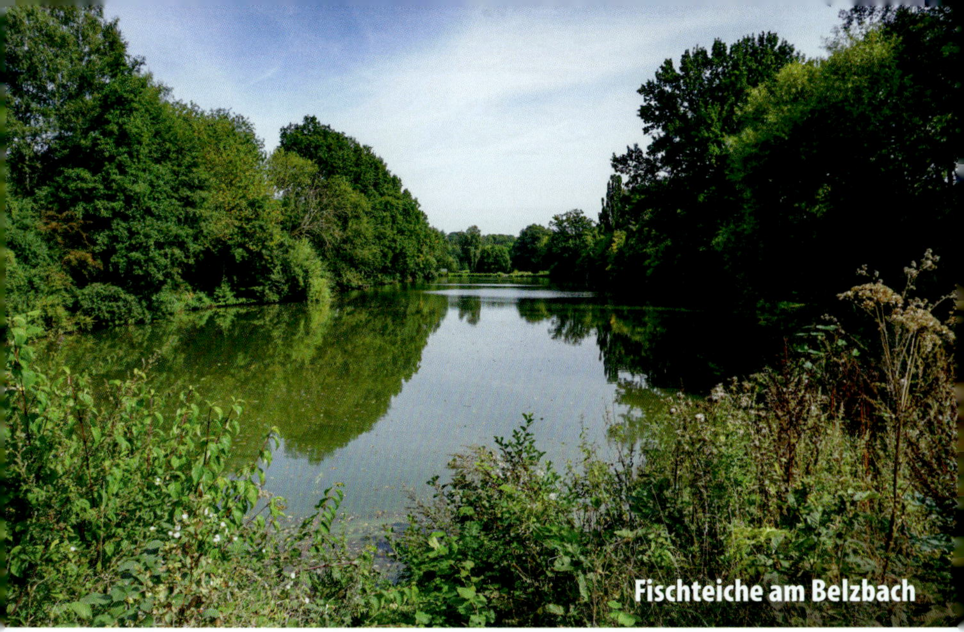

Fischteiche am Belzbach

Bald gelangen wir an eine Wegkreuzung, an der wir uns weiter geradeaus halten. Der Hasenpatt führt uns mitten durch die beiden **Fischteiche am Belzbach ⑧.** Wir halten zwischen den Teichen einen Moment inne, versuchen, die zahlreichen Seerosen auf der Wasseroberfläche zu zählen, und beobachten, wie die angrenzenden Bäume sich in den grünblauen Seen spiegeln. Weiter geht es in einer leichten Rechtskurve, an der uns im Sommer die herrlich gelben Sonnenblumen auf dem Feld entgegenstrahlen. Nach ein paar Metern sehen wir linker Hand den idyllisch gelegenen, alten **Sattelmeierhof Upmeier zu Belzen ⑨.** Wir wandern am Hof vorbei und folgen an der Gabelung dem **Twachtweg** nach rechts. Nach etwa 100 Metern gabelt sich der Weg erneut und die Beschilderung weist uns nach links. Auf dem ebenen Feldweg nähern wir uns einem Wäldchen, in dem unser Weg leicht bergan führt.

Links taucht ein altes Fachwerkhaus auf. Hier müssen wir uns kurz auf die Wegführung konzentrieren, denn der Waldweg führt geradeaus. Wir halten uns nahe dem Haus aber links in Richtung Feld und folgen dem etwas versteckten Pfad direkt an diesem entlang. Der Hasenpatt führt uns anschließend zwischen zwei

Äckern hindurch. Mehr Landgefühl kann nicht aufkommen: Ganz unscheinbar trennt unser kleiner Pfad die beiden Ackerflächen voneinander. Am Ende des Ackerwegs wartet ein leicht überwucherter Pfad auf uns. Wir schlängeln uns durch die üppige Vegetation aus Gräsern und Sträuchern, bis vor uns ein neuer **Angelteich** ⑩ auftaucht.

Am Teich vorbei folgen wir dem dicht bewachsenen Weg, der uns an einer auffälligen Blautanne leicht links in den dichten Wald führt. Hier fühlen wir uns wie kleine Abenteurer, wenn wir auf schmalen Holzbohlen balancieren, die über die Uferstellen eines kleinen Tümpels führen. Der Waldweg verläuft leicht bergan. Es dauert nicht lange und wir verlassen den Wald, um wieder durch die malerische Feldlandschaft zu laufen – geradewegs auf einen Hof zu, der auf einer Anhöhe liegt. An der folgenden Kreuzung halten wir uns weiter geradeaus auf dem Hasenpatt und nähern uns der Laarer Straße mit einem **Feuerwehrhaus.** Wir überqueren die Straße und folgen dem Verlauf des Wehmhofs, bis dieser in die Vilsendorfer Straße mündet. Hier

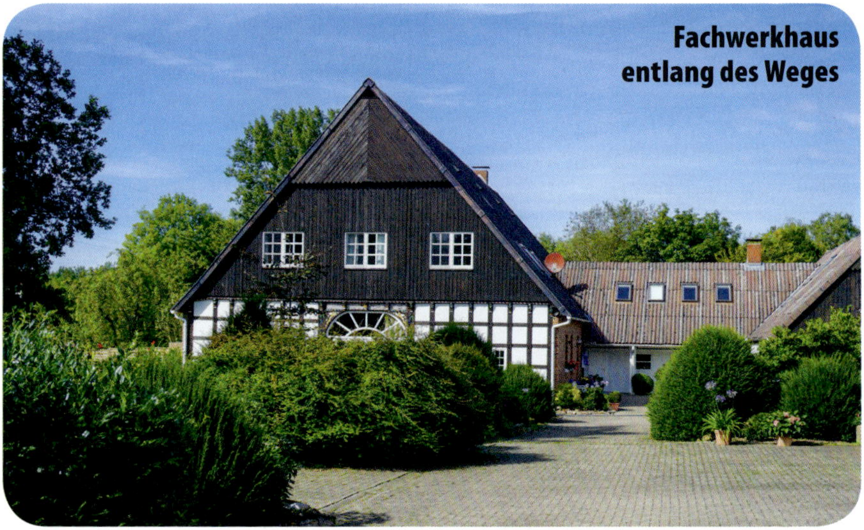

Fachwerkhaus entlang des Weges

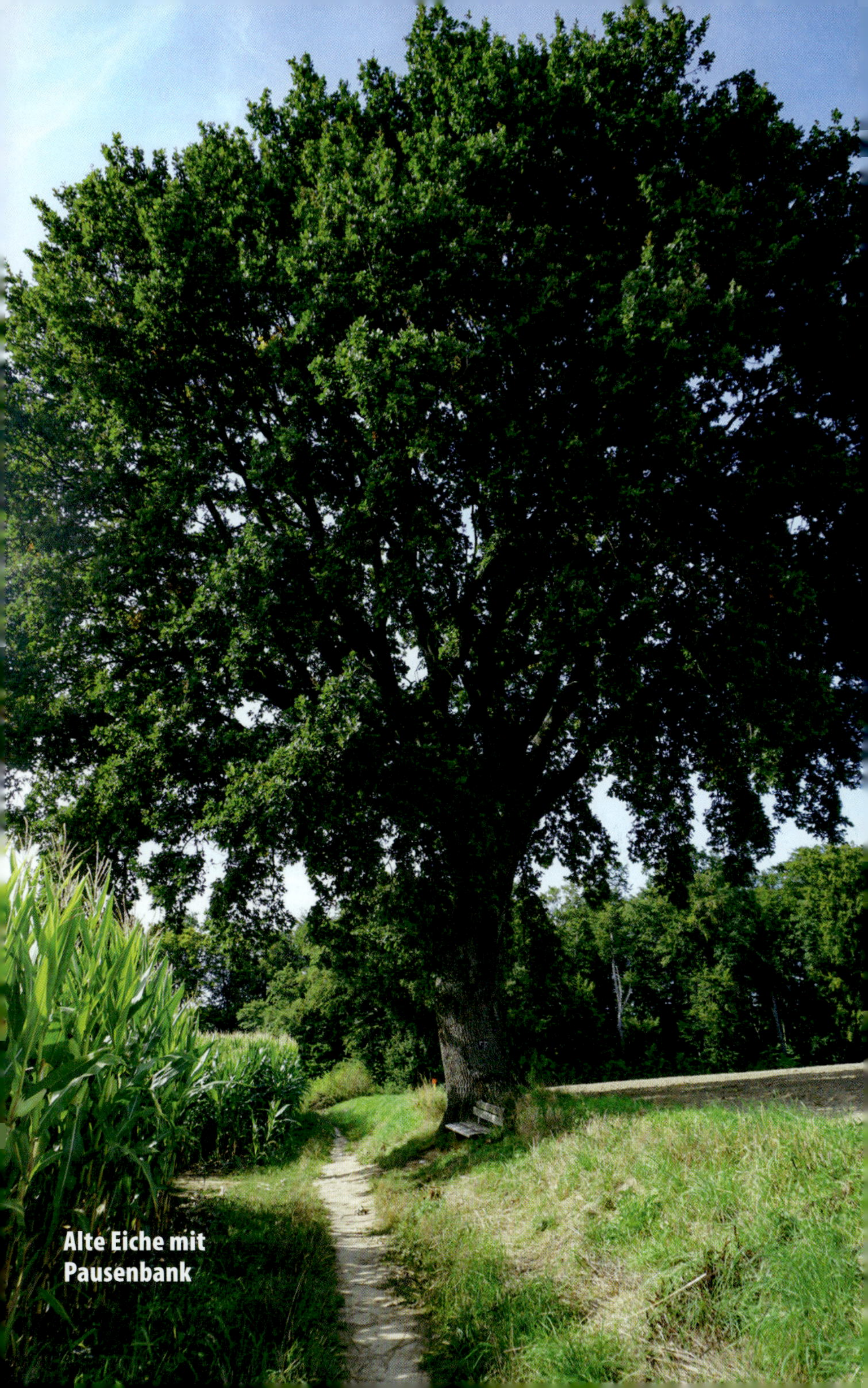

Alte Eiche mit Pausenbank

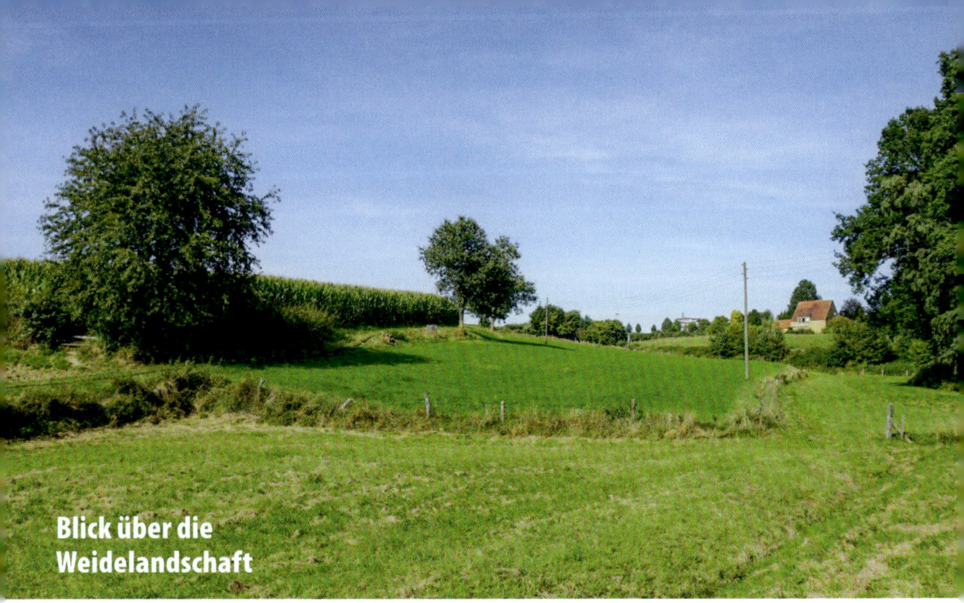

Blick über die Weidelandschaft

halten wir uns links und nach etwa 60 Metern biegen wir rechts in die Straße **Südfeld** ab.

An der folgenden Weggabelung nehmen wir den rechten Weg und entdecken zu unserer Rechten ein hübsches Fachwerkhaus. Am Ende des Südfeldes macht der Weg einen Knick nach links und führt uns in Richtung des Naturschutzgebiets **Moorbachtal ⑪.** Zunächst durchqueren wir oberhalb des Moorbachs auf weichem, fast sandartigem Boden ein Wäldchen, ehe wir zwischen einem Maisfeld und einem Acker auf eine große, dicke Eiche zusteuern. Hier lädt uns eine Bank zur Rast ein und wir lauschen dem Rascheln der Blätter im Wind. Nach unserer entspannten Pause treffen wir auf eine Feldwegkreuzung und folgen dem Hasenpatt weiter geradeaus.

Rechts hinter einer Hecke entdecken wir ein Fachwerkhaus, derweil macht unser Weg einen Links-rechts-Schlenker. Nach ein paar Metern biegen wir abermals rechts ab und haben auf unserem schmalen Pfad einen hübschen Blick auf eine kleine Senke. Gesäumt von einzelnen Bäumen versteckt sich ein Ausläufer des Moorbachs in dem schmalen Graben. Der Hasenpatt beschreibt eine Linkskurve und der Feldweg geht in einen befestigten Kieselweg über. Bald erreichen wir links von uns einen alten Hof, wo wir gegenüber einem schmalen Pfad folgen, der an einer Weide vorbeiführt.

An der nächsten Gabelung gehen wir links und nach etwa 300 Metern rechts, bis wir auf den asphaltierten Landwirtschaftsweg **Im Twelen** gelangen. Diesem folgen wir nach rechts, bis wir zu einer Hofanlage kommen. Hier schlagen wir links den schmalen Wiesenpfad oberhalb des Hauses ein. Frei laufende Hühner gackern uns vergnügt zu, während wir mit Blick auf Schildesche dem Pfad am Acker entlang folgen. Vorbei an einer Schrebergartenanlage biegen wir an der nächsten Gabelung rechts ab, wo der Hasenpatt in einen hübschen Park mündet. Hier überqueren wir den seicht dahinplätschernden **Johannisbach ⑫** und wählen den Weg nach links. Dann den ersten Weg rechts abbiegen, bis wir in eine Wohnsiedlung gelangen. Auf der Marswidisstraße halten wir uns links und haben schon die Stiftskirche von Schildesche im Blick. Wer Lust auf ein Eis hat, dem sei ein Abstecher links in die Westerfeldstraße zum **Eiscafé Roberta ⑬** empfohlen. An der **Kirche ⑭** endet unsere Tour auf dem Hasen-

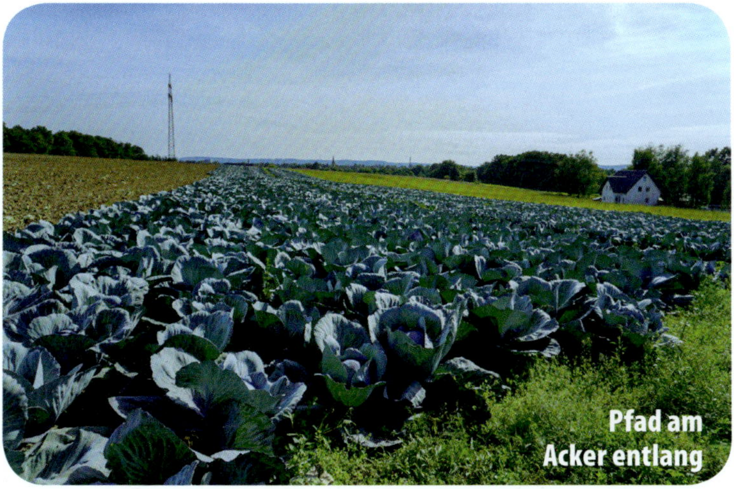

Pfad am Acker entlang

*Empfehlenswert ist eine Einkehr im **Restaurant Möpken**, das sich in einem der ältesten Gebäude Schildesches befindet. Hier lässt sich ostwestfälische Gemütlichkeit mit heimischen Gerichten genießen.*

patt. Nachdem wir das gotische Kirchengebäude näher betrachtet haben, können wir uns im Umkreis eine Lokalität für eine wohlverdiente Stärkung aussuchen. Hinter dem Gotteshaus liegt in der Johannisstraße das **Gasthaus Spökes ⑮.**

Um zur Straßenbahnstation zu kommen, folgen wir südwestlich von der Stiftskirche der Straße Im Stift. Hier kommen wir an dem **Restaurant Möpken ⑯** vorbei. Bald darauf gelangen wir auf die Straße An der Reegt, an der sich die **Straßenbahnstation** befindet. Mit öffentlichen Verkehrsmitteln gelangen wir von hier zu unserem Heimatort oder wir folgen der Straße weiter bis zum Park-and-ride-Parkplatz, wo wir zu Beginn unser Auto abgestellt haben.

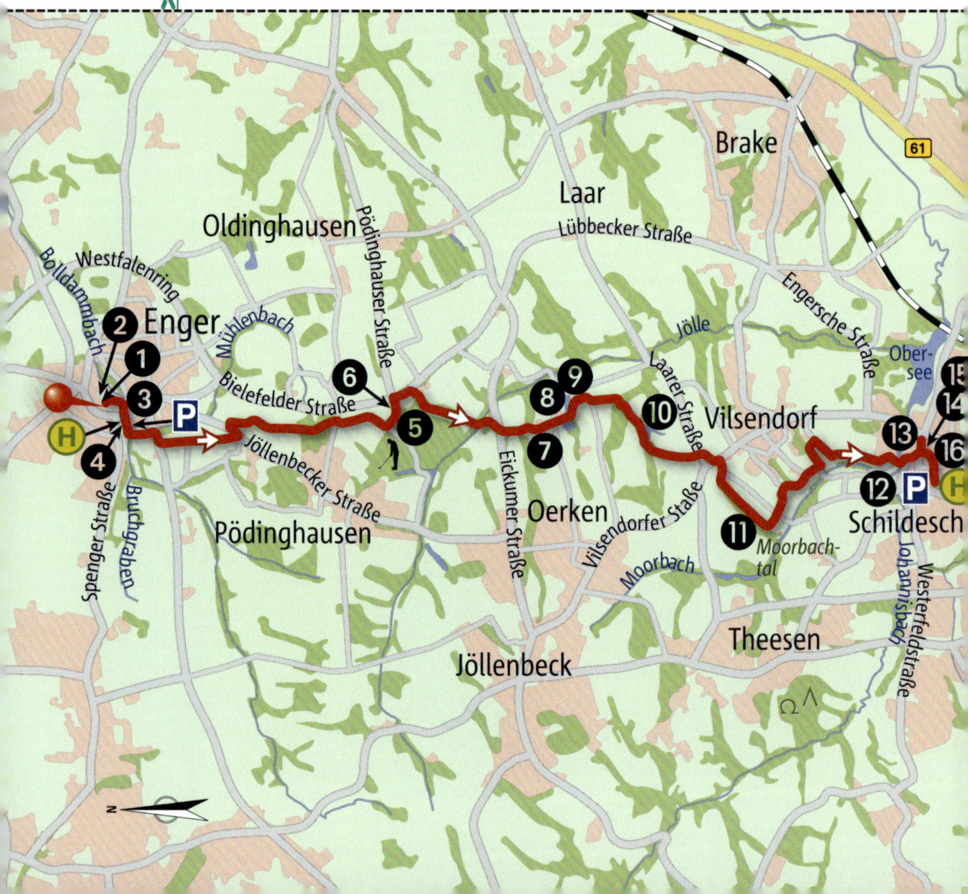

Alles auf einen Blick

WIE & WANN:

Asphaltierte Feld- und Wirtschaftswege, weiche Wiesenpfade, schattige Waldwege, befestigte Parkwege, asphaltierte Gehwege in den Ortskernen von Enger und Schildesche; ganzjährig möglich

HIN & WEG:

Auto: Park-and-ride-Parkplatz am Tour-Endpunkt in Schildesche, An der Reegt 15, 33611 Bielefeld (GPS: 52.055659, 8.543687), von hier mit ÖPNV zum Startpunkt in Enger
Alternativ: Jahnplatz Enger, Bolldammstraße/Ecke Ringstraße, 32130 Enger (GPS: 52.136586, 8.553146) oder Kleinbahnhof Enger, Bahnhofstraße 50–52, 32130 Enger (GPS: 52.137698, 8.555554), jeweils 450 bis 650 Meter zu Fuß zum Startpunkt Widukindbrunnen
ÖPNV: Bus 465 oder 466 von Herford bis zur Haltestelle Enger-Kleinbahnhof, Stadtbahnlinie 3 vom Bielefelder Hbf. nach Babenhausen-Süd, ab hier Bus 54 bis Enger-Kleinbahnhof

Entspannung ★★★★☆
Genuss ★★★★★
Romantik ★★★☆☆

Von Schildesche zum Startpunkt in Enger: Stadtbahnlinie 1 von der Haltestelle Schildesche bis Bielefeld Hbf., dann wie oben beschrieben weiter
Alternativ: von Schildesche mit Bus 155 bis zur Haltestelle Jöllenbeck-Dorf oder Bus 55 zur Haltestelle Jöllenbeck-Dorfstraße und dann mit Bus 54 bis Enger-Kleinbahnhof

ESSEN & ENTSPANNEN:

Eiscafé Roberta ⓭ Westerfeldstraße 4, 33611 Bielefeld, Tel. (05 21) 87 38 56
Gasthaus Spökes ⓯ Johannisstraße 3, 33611 Bielefeld, Tel. (05 21) 5 23 61 11, www.spoekes.eu
Restaurant Möpken ⓰ Im Stift 5, 33611 Bielefeld, Tel. (05 21) 98 24 14 14, www.moepken-bjelefeld.de

ENTDECKEN & ERLEBEN:

Widukindbrunnen ❶ Stiftskirche Enger ❷ Gerberei-Museum ❸ Kleinbahnhof Enger mit Museum ❹ Golfplatz Ravensberger Land ❺ Alter Windmühlenstumpf ❻ Ehemalige Örkenschule ❼ Fischteiche ❽ Sattelmeierhof Upmeier zu Belzen ❾ Angelteich ❿ Moorbachtal ⓫ Johannisbach ⓬ Stiftskirche Schildesche ⓮

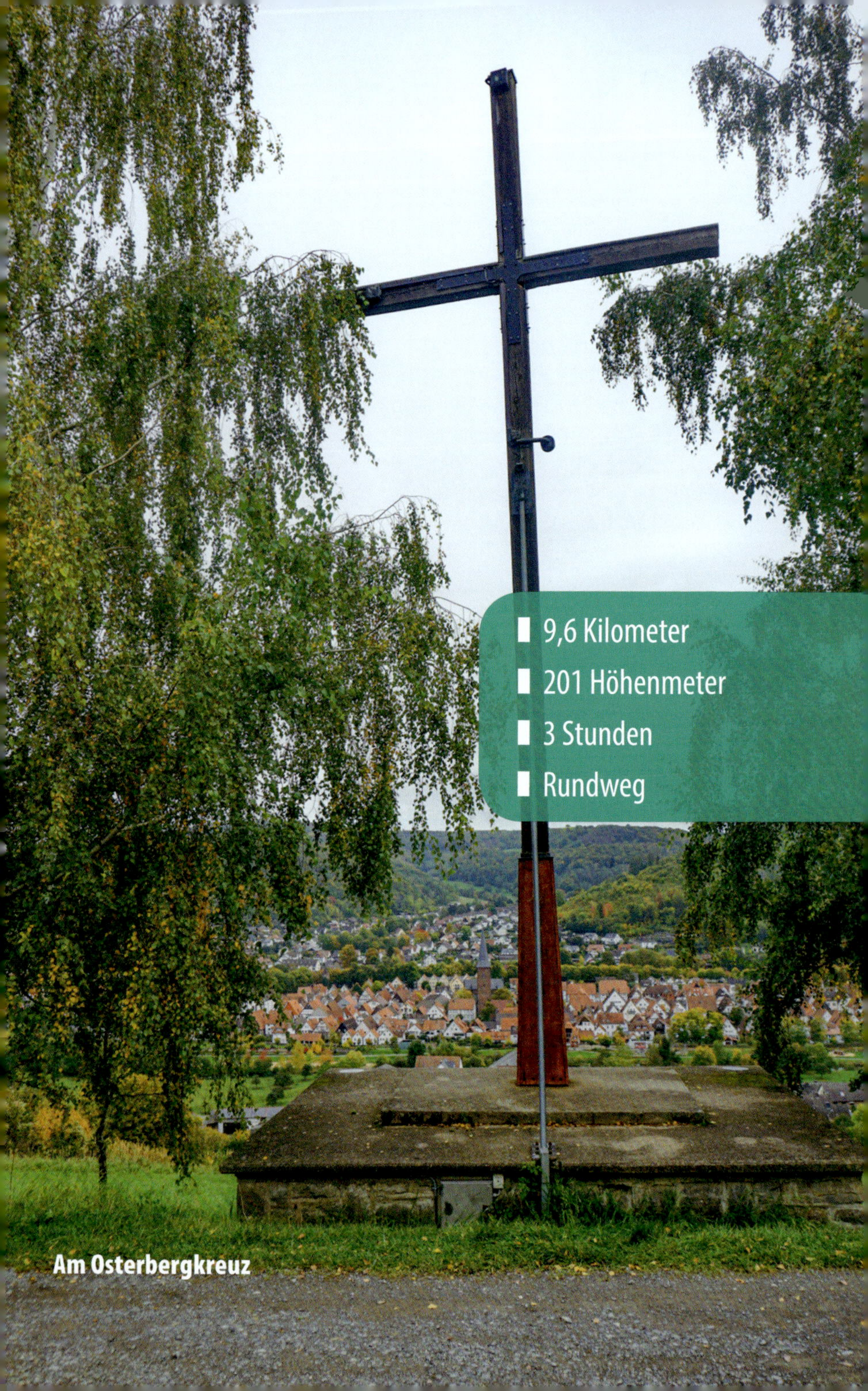

Am Osterbergkreuz

Wir starten unsere Wanderung auf dem Parkplatz an der **Sankt Kilianskirche ①,** die sich südlich vor dem alten Stadtkern von Lügde befindet. Das denkmalgeschützte Kirchengebäude aus dem 12. Jahrhundert lädt mit seiner romanischen Basilika zu einem ersten kulturellen Abstecher ein. Wir lassen die Kilianskirche rechter Hand hinter uns und folgen der Höxterstraße. Hier begegnet uns die Wegmarkierung des Osterbergwegs – ein brennendes Rad auf dunkelblauem Grund –, an der wir uns für die nächsten Wanderkilometer orientieren. Nach der Bahnunterführung erreichen wir einen Kreisel, wo wir die Straßenseite wechseln, um nach links der **Eschenbrucher Straße** zu folgen. Der Osterbergweg führt eigentlich an der Eschenbru-

__Lügde__ wird auch Stadt der Osterräder genannt, denn jedes Jahr zu Ostern wird ein wahres Spektakel veranstaltet: Zahlreiche Eichenräder mit brennendem Stroh starten ihren Weg auf 235 Metern vom Osterberg hinab ins Tal.

Durch Berg und Tal

Auf den Osterberg in Lügde

cher Straße über die Emmerbrücke. Wir aber wählen rechter Hand den südlichen Eingang des **Emmerauenparks ②,** eines Freizeit- und Erholungsparks, der sich bis zur Lügder Altstadt zieht. Wir folgen dem Weg nur für ein paar Meter, streifen kurz die Streuobstwiesen der Parklandschaft und nehmen dann links die Fußgängerbrücke, die uns über die **Emmer** führt. Am folgenden Feuerwehrgerätehaus halten wir uns links und sofort wieder rechts in die Sackgasse **An der Oelwiese.** Nachdem wir ein ruhiges Wohngebiet aus Einfamilienhäusern durchquert haben, mündet die Sackgasse in ein malerisches Naturgebiet. Hier beginnt der Osterbergweg nun seine volle Schönheit zu entwickeln: Auf dem vor uns liegenden naturbelassenen Pfad tauchen

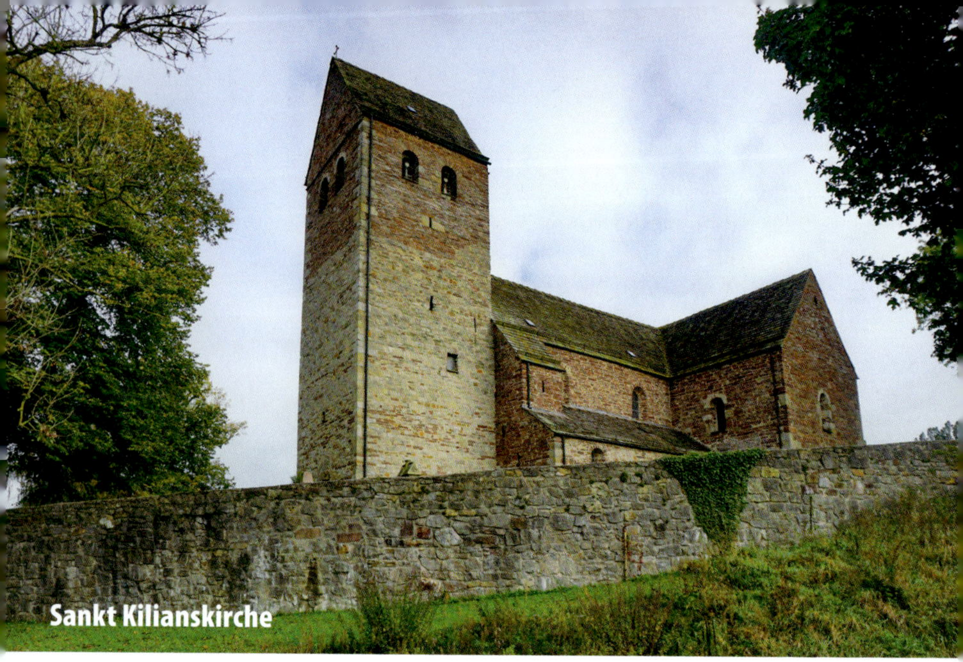

Sankt Kilianskirche

wir in das **Meintetal** ③ ein. Namensgeber für das beschauliche Tal ist der kleine Eschenbach, der auch Meinte genannt wird.

Das Meintetal begrüßt uns linker Hand mit einer offenen Weidefläche. Der Weg beschreibt eine leichte Rechtskurve und bald wird der Baumbestand links und rechts des Weges dichter. Während wir unter einem Baldachin aus Baumkronen entlangschlendern, begleiten uns links die Weideflächen mit dem in einer Senke liegenden Eschenbach. Die rechte Seite unseres Pfades wird von einem verwachsenen Mischwald mit einer üppigen Pflanzenwelt begrenzt. Eine Wegmarkierung informiert uns, dass wir uns nicht nur auf dem Osterbergweg befinden, sondern gleichzeitig auch auf dem **Niedersachsenweg,** der von Hameln in Niedersachsen bis zum Hermannsdenkmal bei Detmold führt.

Auf dem angenehm flachen, weichen Pfad fühlen wir uns der Natur ganz nah und genießen die lauschige Stimmung. Der Eschenbach verläuft stetig parallel zu unserem Wanderweg und kommt uns im Wegverlauf immer näher, bis er schließlich direkt neben uns fließt. Links entdecken wir eine kleine Brücke, die den Weg mit der gegenüberliegenden Weidefläche verbindet. Wir halten uns hier weiter geradeaus und folgen dem romantisch dahinplätschernden Bachlauf. Alsbald lädt uns direkt am Eschenbach eine **Gruppe aus Holzbänken** zu einer kleinen Rast ein. Wir lassen die Stille der Natur und das ruhig daliegende Gewässer auf uns wirken. Hinter dem Bach entdecken wir auf der Weide ein paar Ziegen, die uns mit neugierigen Blicken beobachten.

Wir setzen unseren Weg fort. Kurz darauf erreichen wir eine weitere Bank, an deren Rückenlehne wir hübsch illustriert allerhand Wissenswertes über Ameisen erfahren. Nach ein paar Metern biegt rechts

Für die Seele

Ein lauschiges Tal, der traditionsreiche Osterberg mit seinem Kreuz und das romantische Fachwerkstädtchen Lügde mit süßen Cafés verzaubern unser Wanderherz.

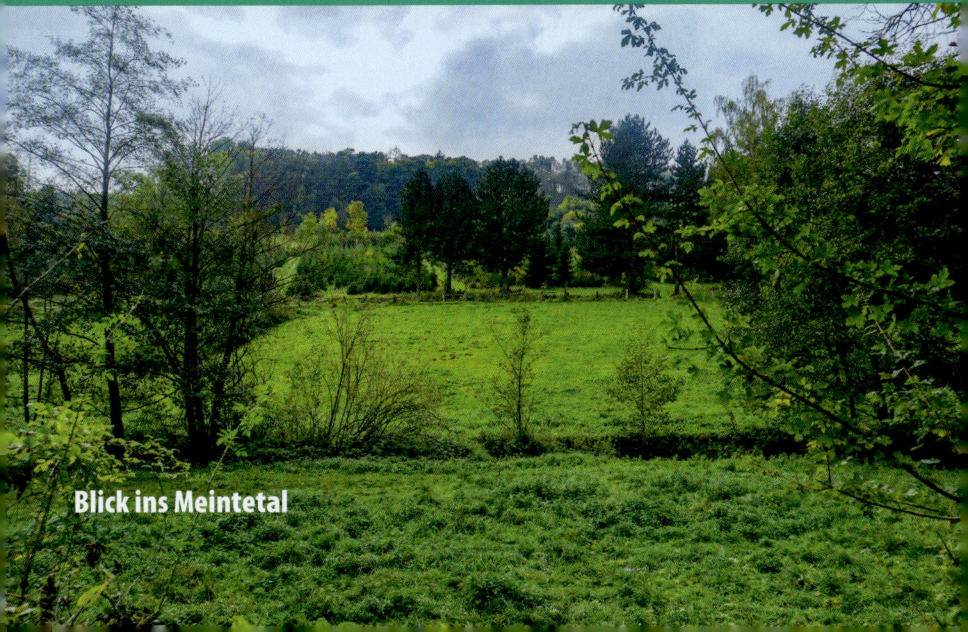

Blick ins Meintetal

von unserem Weg ein kleiner Pfad bergan ab. Wir lassen den Pfad allerdings ungeachtet und setzen unseren Hauptweg geradeaus am Bach entlang fort. An der nächsten Gabelung wartet eine alte **Steinbrücke** auf uns. Hier halten wir uns links und überqueren den Eschenbach, den wir nun hinter uns lassen. Wir folgen einem asphaltierten Forstweg, der uns linker Hand an einer weitläufigen, malerischen Wiese vorbeiführt. Uns fällt ein markanter Baum ins Auge, der ganz für sich alleine mittig in der Wiesenfläche steht. Ein paar Meter weiter entdecken wir eine Bank, die nicht nur zum Verweilen dient, sondern auf ihrer Rückenlehne die alte Lügder Legende von Schwester Irmgard und dem Müllersmann erzählt. Kurz darauf treffen wir auf eine Kreuzung und folgen hier der Beschilderung des Osterbergwegs nach rechts. Auf einem befestigten, mit Kies durchsetzten Forstweg wandern wir an Sträuchern, Büschen und Bäumen vorbei, bis wir die **Siebenquellen** 4 erreichen.

Im Lügder-Pyrmonter Tal gibt es zahlreiche Quellen, um die sich geheimnisvolle Märchen ranken. Einer Sage nach soll das Wasser der ***Siebenquellen*** *beim Trinken eine verjüngende Wirkung auf Menschen haben.*

Gegenüber der Bank liegt ein kleiner Zugang zu den Quellen, den wir allerdings nur recht versteckt im Wald entdecken. Wir setzen unsere Tour fort und hätten fast das nächste Wanderschild übersehen: Nur ein paar Meter nach der Quelle biegen wir rechts in einen etwas zugewucherten, schmalen Pfad ein. Am Ende des verwunschenen Weges treffen wir auf eine kleine Holzbrücke, die uns über den lauschigen **Eschenbach** und seinen angrenzenden Pestwurz-Bestand führt. Die dichte Pflanzenwelt rund um den Bach lässt uns fast wie in einem

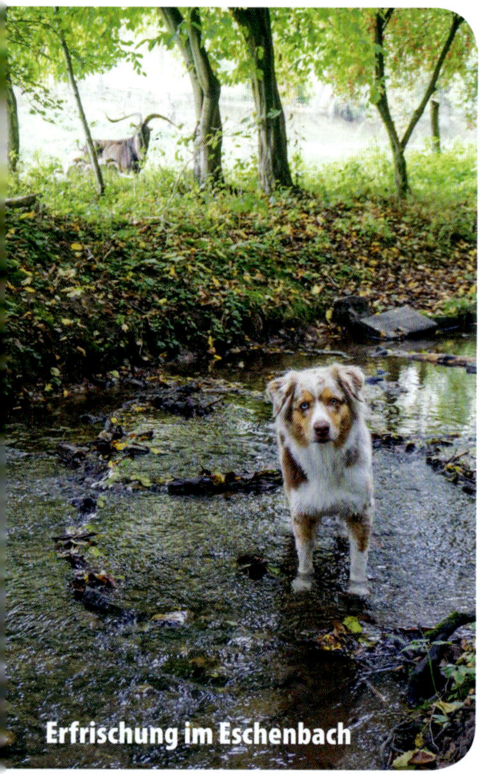
Erfrischung im Eschenbach

kleinen ostwestfälischen Dschungel fühlen.

Nach der Bachüberquerung gelangen wir auf einen asphaltierten Forstweg mit offenem Blick über Acker und Wiesen. Hier halten wir uns rechts, lassen die erste Gabelung links liegen, biegen dann an der folgenden Kreuzung nach links ab. Zwischen zwei Äckern hindurch führt uns der Weg bergauf durch den Twielengrund in Richtung **Hamberg.** An der nächsten Gabelung bleiben wir geradeaus und schlängeln uns in angenehmen Serpentinen den Weg hoch. Als wir die Anhöhe erreichen, bietet sich an einer Bank ein herrlicher **Panoramablick 5** über die Lügder Landschaft mit ihren Wiesen und Wäldern.

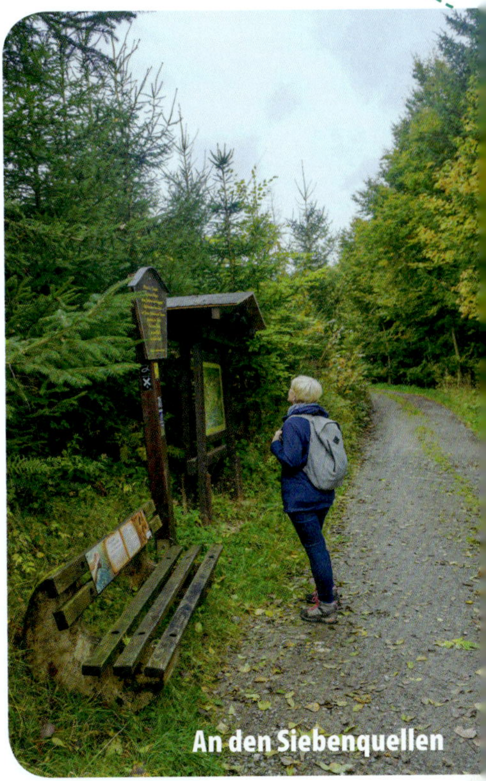

An den Siebenquellen

Nach etwa 500 Metern lichtet sich der Wald und wir gelangen auf das Gelände des **Golfclubs von Bad Pyrmont 6.** Nachdem wir uns vergewissert haben, dass kein Golfer seinen Schläger schwingt, durchqueren wir fix den Platz. Wir folgen dem Weg weiterhin geradeaus, bis wir das Hotel **Kempenhof 7** mit Minigolfplatz passieren. Das Café/Restaurant des Hotels bietet sich für eine gemütliche Einkehr mit hausgemachten Kuchen und saisonalen Speisen an. Anschließend folgen wir dem Weg nach rechts, der uns bald linker Hand Ausblicke über die Stadt Lügde und das Bad Pyrmonter Tal freigibt. Es folgt eine Kreuzung, wo uns abermals eine Bank mit informativ illustriertem Bankrücken erwartet und uns die Gesteinsgeschichte der Umgebung näherbringt. Weiter geradeaus nähern wir uns einem Highlight der Tour: dem **Osterbergkreuz 8** auf dem Osterberg. Hier

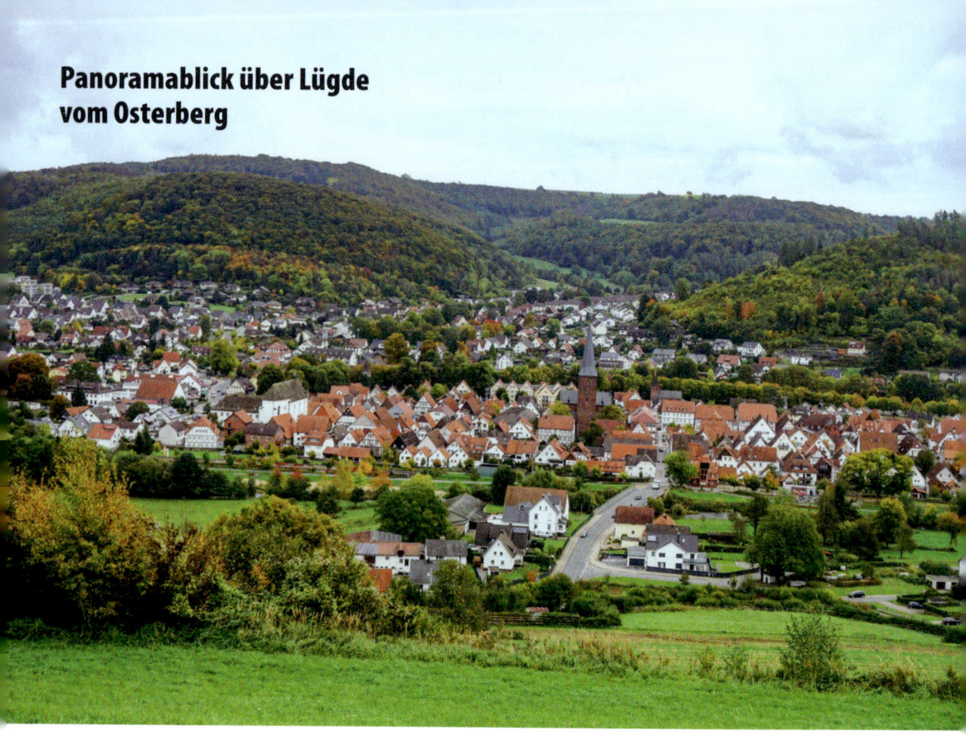

haben wir einen herrlichen Panoramablick über den Talkessel mit Lügde und seiner Fachwerkaltstadt sowie der Pfarrkirche St. Marien. Wir bewundern das 10 Meter hohe Kreuz, das alljährlich als Startpunkt des traditionellen Osterräderlaufs dient.

Nachdem wir an der Schutzhütte mit Panoramabank den lohnenswerten Ausblick ausgiebig genossen haben, setzen wir unseren Weg fort. Es geht leicht bergab und nach einer leichten Kurve folgen wir linker Hand dem versteckten, unmarkierten Waldpfad hinab. Am Ende des schmalen Pfads biegen wir links auf einen Wirtschaftsweg ein. Die Kirche im Blick gehen wir geradeaus und an der nächsten Gabelung links. Wenn wir den Blick nach links oben richten, können wir nun aus anderer Perspektive das Osterbergkreuz betrachten. Nach ein paar Metern entdecken wir an einem Holzzaun einen schmalen Durchgang, der uns rechts in Richtung Stadt hinunterführt.

Wir passieren einen Garten mit Apfelbäumen und gelangen bald auf die Hohenborner Straße, wo wir uns rechts halten. Wir folgen dem Straßenverlauf und überqueren die **Emmer** über eine Brücke, die uns einen schönen Blick auf den Emmerauenpark bietet. Wir wollen der Altstadt von Lügde noch einen Besuch abstatten und halten uns daher nach der Brücke links an der Stadtmauer entlang. Wir folgen dem Parkweg parallel zur Häuserfassade an der Mühlenstraße und kommen an einer überdimensional großen **Holzbank mit Teutoburger-Wald-Aufschrift** **9** vorbei. An der Riesenbank halten wir uns rechts in Richtung des malerischen Fachwerkhauses an der **Mühlenstraße.** Von hier aus können wir nun die abzweigenden Pflastersträßchen mit ihren romantischen Fachwerkfassaden erkunden.

In Lügde fielen seit seiner Gründung 1245 zahlreiche ***Fachwerkhäuser*** *mehreren Stadtbränden zum Opfer. Doch dank der Wiederaufbauarbeiten Ende des 18. Jahrhunderts wurden ca. 200 Fachwerkhäuser wiedererrichtet und prägen bis heute das Lügder Stadtbild.*

Wir können uns gar nicht sattsehen an den denkmalgeschützten Gebäuden mit ihren Inschriften und hübschen Giebeln. Mehrere niedliche Cafés wie das **Café Kinkerlitzken** **10** oder das **Café Berlage** **11** an der

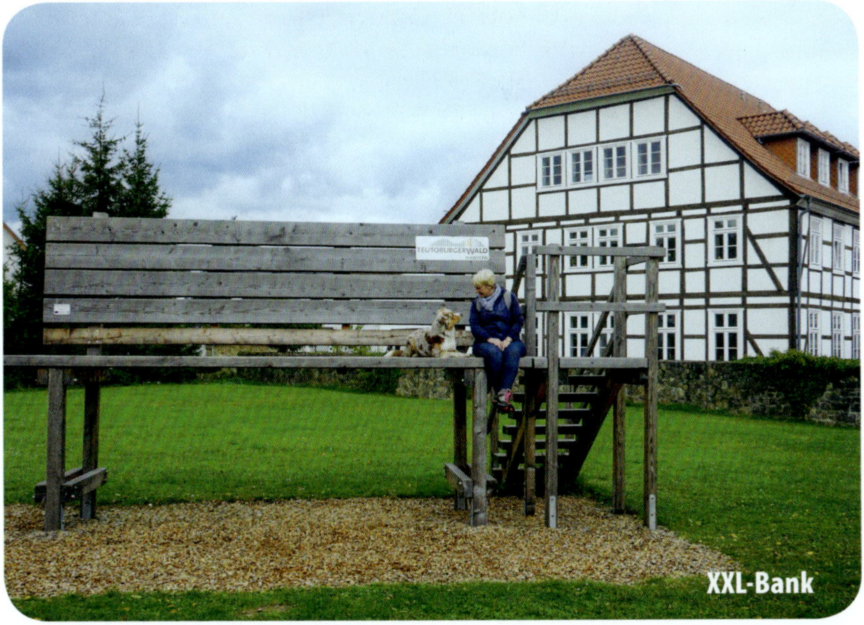

XXL-Bank

Verwöhntour 12

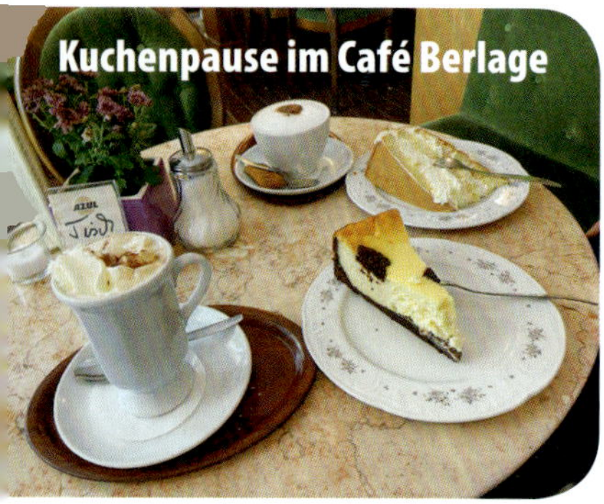
Kuchenpause im Café Berlage

Bahnhofstraße bieten sich für eine süße Stärkung an. Von der Bahnhofstraße aus biegen wir rechts zum Stadtwall ein und nehmen dann wieder rechts die Seilerstraße vorbei an der **St.-Johannis-Kirche** ⑫ in Richtung des Fachwerkzentrums. Südlich des Stadtkerns verabschieden wir uns von der pittoresken Altstadt und verlassen sie durch die beiden symbolischen Türme, die das **ehemalige Stadttor** markieren. Geradeaus folgen wir der Höxterstraße, bis wir an den schon bekannten Kreisel vom Hinweg gelangen und die Ausfahrt in Richtung Sankt Kilianskirche nehmen bis zu unserem Ausgangspunkt.

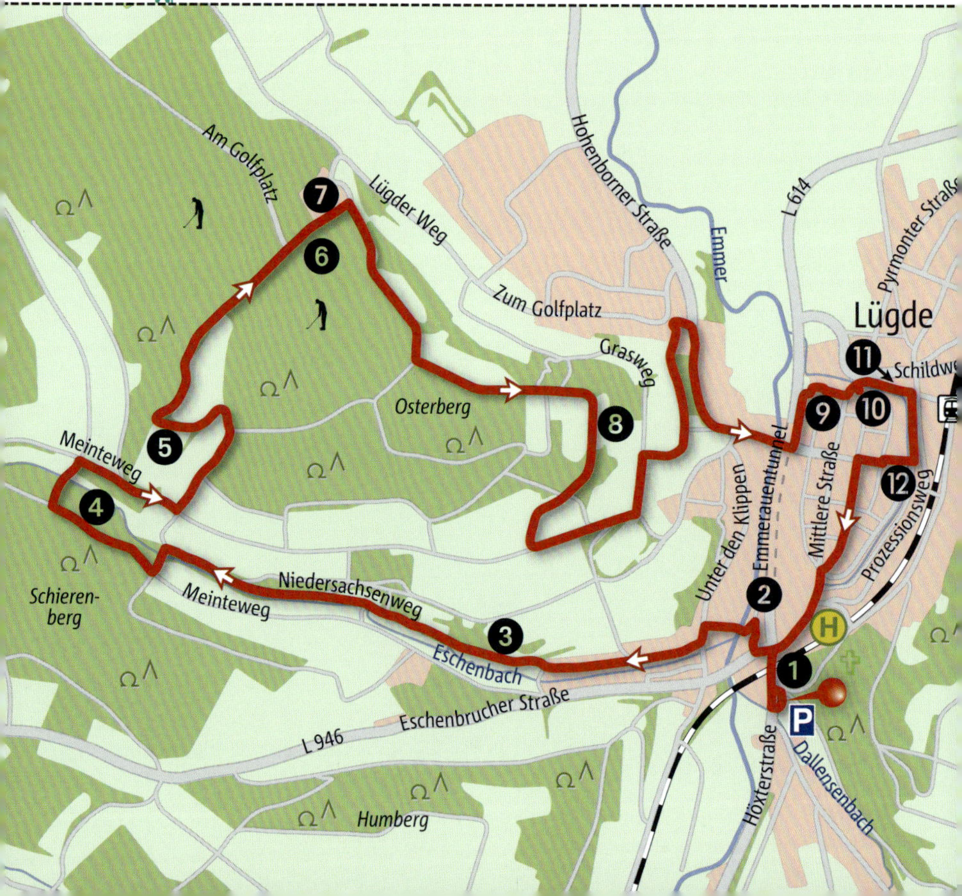

Alles auf einen Blick

WIE & WANN:

Naturnahe Waldpfade, befestigte Forst- und Feldwege, gepflasterte Gassen in der Fachwerkstadt Lügde; ganzjährig möglich, beste Wanderzeit von April bis Oktober

HIN & WEG:

Auto: Parkplatz an der Sankt Kilianskirche, Höxterstraße 20,32676 Lügde (GPS: 51.951672, 9.243523)

ÖPNV: S5 von Paderborn, Hannover und Bad Pyrmont zum Lügder Bahnhof, von hier 1 km zur Höxterstraße, um im Kreisel in die Tour einzusteigen; Bus 732 von Lemgo bis zur Haltestelle Lügde, Zu den zwei Linden und dann ebenfalls zum Kreisel

Entspannung ★★★★☆

Genuss ★★★★☆

Romantik ★★★★★

ESSEN & ENTSPANNEN:

Kempenhof 7 Am Golfplatz 1, 32676 Lügde, Tel. (0 52 81) 86 47, kempenhof.de

Café Kinkerlitzken 10 Vordere Straße 1, 32676 Lügde, Tel. (01 76) 83 29 05 60

Café Berlage 11 Bahnhofstraße 5, 32676 Lügde, Tel. (0 52 81) 71 71

ENTDECKEN & ERLEBEN:

Katholische Pfarrkirche St. Kilian 1

Emmerauenpark 2

Meintetal 3

Siebenquellen 4

Panoramablick 5

Golfclub Bad Pyrmont e. V. 6

Osterbergkreuz 8

XXL-Holzbank mit Teutoburger-Wald-Schriftzug 9

St.-Johannis-Kirche 12

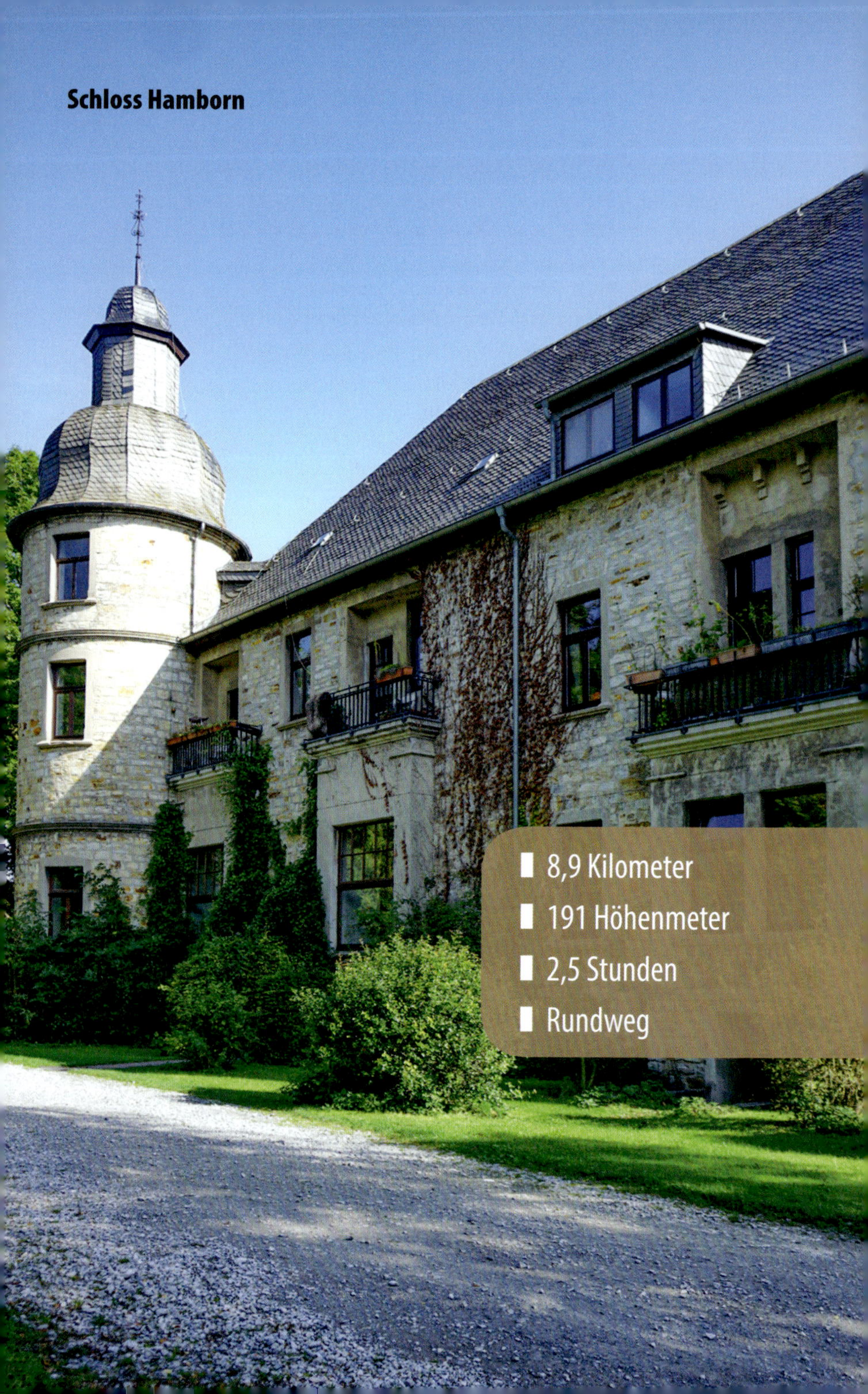

Schloss Hamborn

- 8,9 Kilometer
- 191 Höhenmeter
- 2,5 Stunden
- Rundweg

Auf Pilgers Spuren

Besinnliche Tour bei Paderborn

Auf der besinnlichen Tour südlich von Paderborn sind wir nicht nur Wanderer, sondern auch Pilger. Denn Teile unserer Strecke verlaufen auf dem Alten Pilgerweg. Ausgangspunkt ist der Parkplatz am **Schloss Hamborn** **1**. Direkt gegenüber begrüßt uns das hübsche Schloss aus Naturstein und Elementen der Weserrenaissance. Überhaupt macht die umliegende kleine Siedlung mit ihrer gepflasterten, von Bäumen gesäumten Straße einen pittoresken Eindruck auf uns.

Wir passieren das Schloss, entdecken gegenüber die Rudolf-Steiner-Schule und biegen links vor dem Fachwerkhaus der Käserei in einen kleinen Pfad ab. Der Weg trifft auf eine Waldböschung und wir folgen den Treppen durch die verwilderte Pflanzenwelt bergab. Unten angelangt, präsentiert sich vor uns eine malerische, von sanften Hügelchen durchzogene Wiesenlandschaft mit angrenzendem Waldbestand. Auf dem sogenannten Dornröschenpfad führt uns eine Brücke über den Ellerbach. Dichte Blätter ranken am Wegrand über uns und wir folgen dem verträumten Pfad, bis wir auf ein Haus mit einem kleinen Lädchen stoßen. Hier bietet sich eine Bank neben ein paar Sonnenblumen für eine erste Rast an.

Schloss Hamborn besteht aus der 300 Hektar großen Schlossanlage und der gleichnamigen Ortschaft, die auf einen Gutshof aus dem 19. Jahrhundert zurückgeht. Heute gehört das Areal einem gemeinnützigen Verein, der unter anderem eine Schule, ein Altenheim und Hofgut betreibt.

Weiter geradeaus passieren wir zwei Häuser und folgen dann rechts vor einem Parkplatz der leichten Rechtskurve. Wir stoßen auf eine Straße, die wir überqueren, um dann über einen Treppenaufstieg in den

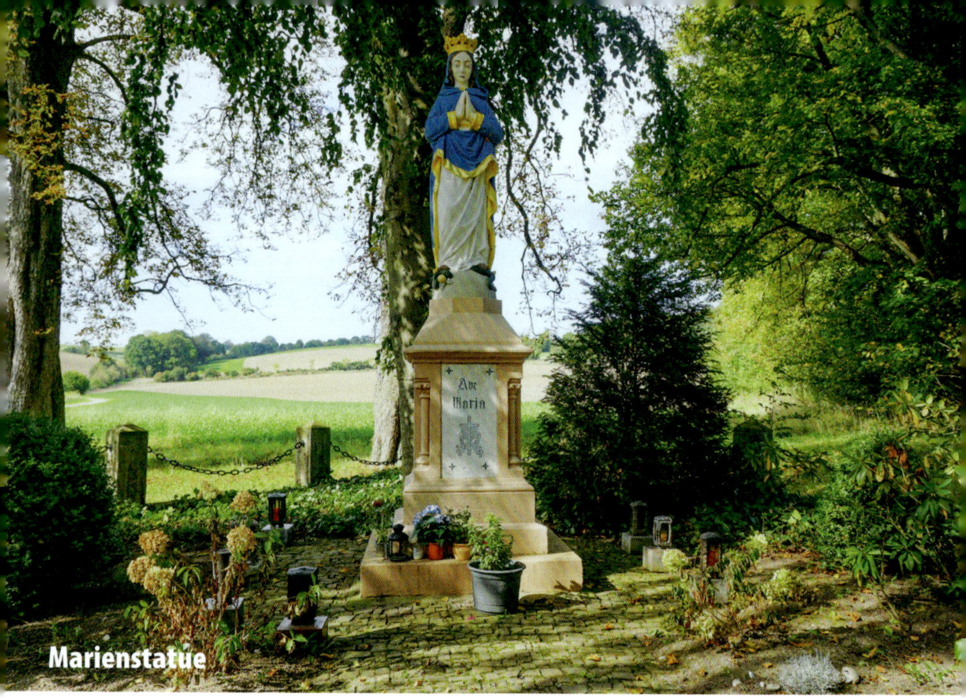

Marienstatue

Wald einzutauchen. Es folgt eine Wegkreuzung, an der wir uns rechts halten. Abermals treffen wir auf die Straße, überqueren den dortigen Parkplatz und nehmen hier linker Hand einen schmalen Waldpfad. Der naturnahe Pfad hält einen etwa 500 Meter langen Anstieg für uns bereit. Nachdem wir die Anhöhe erreicht haben, halten wir uns rechts und treffen auf eine schmale Straße. Dieser folgen wir ebenfalls nach rechts und erspähen hinter dem von Büschen bewachsenen Zaun die weitläufigen Obstwiesen des **Obsthofs von Schloss Hamborn.** In der Ferne sehen wir, wie zahlreiche Windräder über den Baumwipfeln hervorlugen. Leicht bergab gehen wir an einer Tannenschonung vorbei und wählen an der folgenden Gabelung die linke Wegabzweigung. An einem Maisfeld vorbei haben wir linker Hand einen prächtigen Blick auf die sanften Felderhügel und den angrenzenden Wald des Haxtergrunds. An der nächsten Gabelung gehen wir nach rechts leicht bergab und haben abermals eine traumhafte Aussicht. Über die Weiten der Wiesenfelder erkennen wir eine Baumallee, die ein besonders

*Der **Haxtergrund** ist ein 160 Hektar großer Waldpark, der ein beliebtes Naherholungsgebiet bei Paderborn ist. Neben zahlreichen Wanderwegen vermittelt ein Lehrpfad allerhand Wissenswertes und ein Geocaching-Lehrpfad gibt Anfängern einen guten Einstieg.*

malerischer Anblick ist. Dank des unverbauten Blicks können wir uns ganz frei fühlen.

Auf dem befestigten Pfad durch die Felder begleiten uns knorrige Bäume, Sträucher und hohe Gräser. Herrlicher kann es in der Natur nicht sein. Schließlich erreichen wir einen asphaltierten Feldweg und befinden uns nun auf dem **Alten Pilgerweg.** Insgesamt ist dieser Weg gut 20 Kilometer lang und lässt sich in eine Nord- und eine Südrunde unterteilen. Unsere Wegstrecke führt uns über Teile der Nordrunde. Auf dem Pilgerweg angekommen halten wir uns geradeaus und können schon von Weitem die erste Gedenkstätte im Schatten des Waldrandes erahnen. Nach wenigen Metern erreichen wir die **Marienstatue am Stern ②,** die 1882 erbaut wurde. Unter großen Buchenbäumen thront die heilige Maria auf einem hübschen Sockel. Andächtig neh-

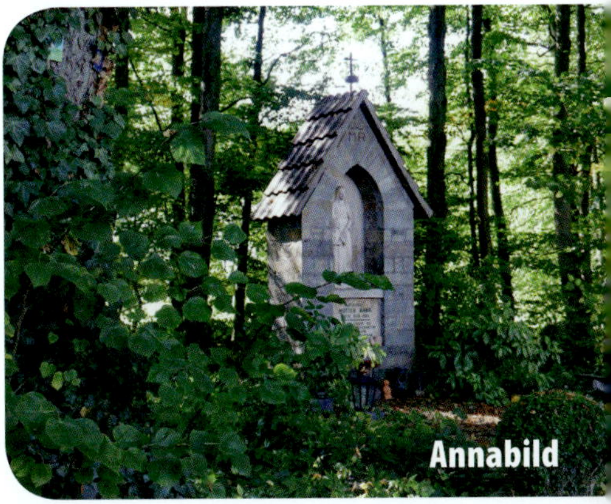
Annabild

Für die Seele

Auf alten Pilgerwegen finden wir unsere kleine Flucht aus dem Alltag: Inmitten von Wiesen, Feldern und erholsamer Waldlandschaft kommen unsere Gedanken zur Ruhe.

men wir Platz auf der einladenden Bank und genießen den Moment der Ruhe. Wir lassen die Madonna hinter uns und folgen vorerst nicht mehr der Markierung des Alten Pilgerwegs. Stattdessen nehmen wir an der Kreuzung bei den zwei flachen Gedenksteinen den Weg nach links. Unser Weg führt nun durch den **Waldpark Haxtergrund ③.**

Für etwa 300 Meter gehen wir auf dem asphaltierten Weg, ehe wir rechts abbiegen und bald Waldboden unter den Füßen spüren. Stetig geradeaus atmen wir die frische Waldluft ein. Wir treffen schließlich auf eine Schutzhütte und nehmen an der Wegkreuzung die Abzweigung nach rechts. Damit befinden wir uns wieder auf dem Alten Pilgerweg. Angenehm bergab folgen wir der Beschilderung, durchqueren eine Schranke und landen auf einem Landwirtschaftsweg, wo wir uns rechts halten. An einer verwitterten, alten Scheune führt uns der Alte Pilgerweg nach links, weg vom Waldgebiet Haxtergrund auf den Kapellen-Patt. Durch eine Allee von hohen Buchenbäumen führt uns der Weg bergan und beschreibt eine Linkskurve. Durch eine Wegmarkierung erfahren wir, dass wir uns sowohl auf dem **Diemel-Ems-Weg** befinden als auch auf dem bekannten **Jakobsweg** mit seiner gelben Muschel auf blauem Grund.

*Der **Jakobsweg** ist eine Sammlung von mehreren Pilgerwegen in Europa. Alle besitzen als gemeinsames Ziel Santiago de Compostela in Spanien mit dem angeblichen Grab des Apostels Jakobus.*

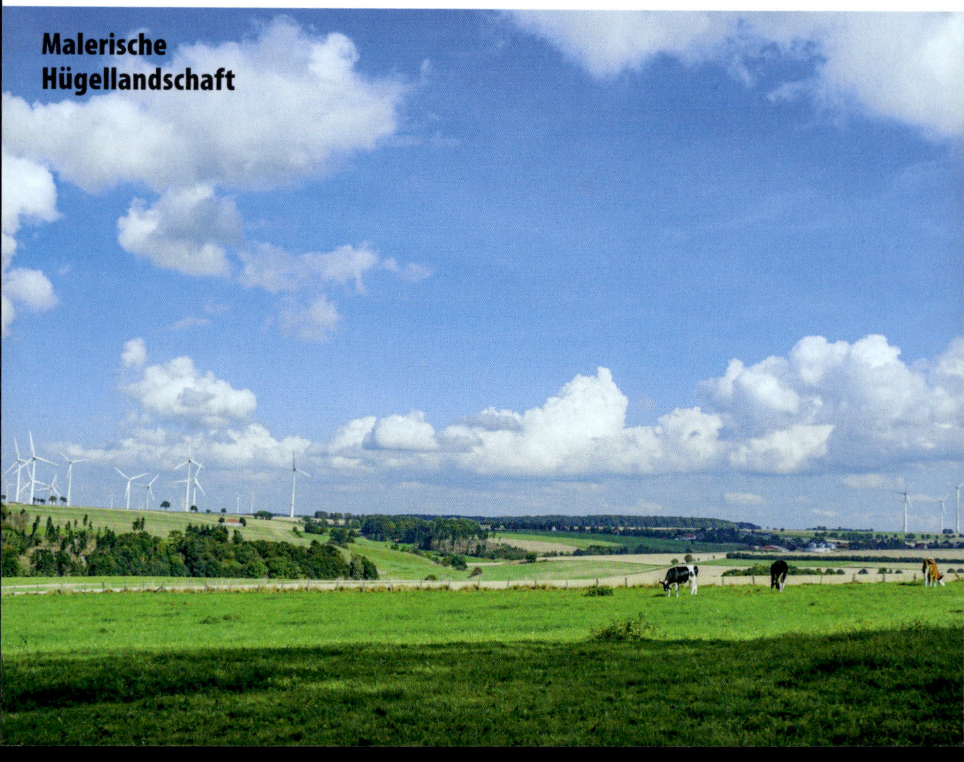

Malerische Hügellandschaft

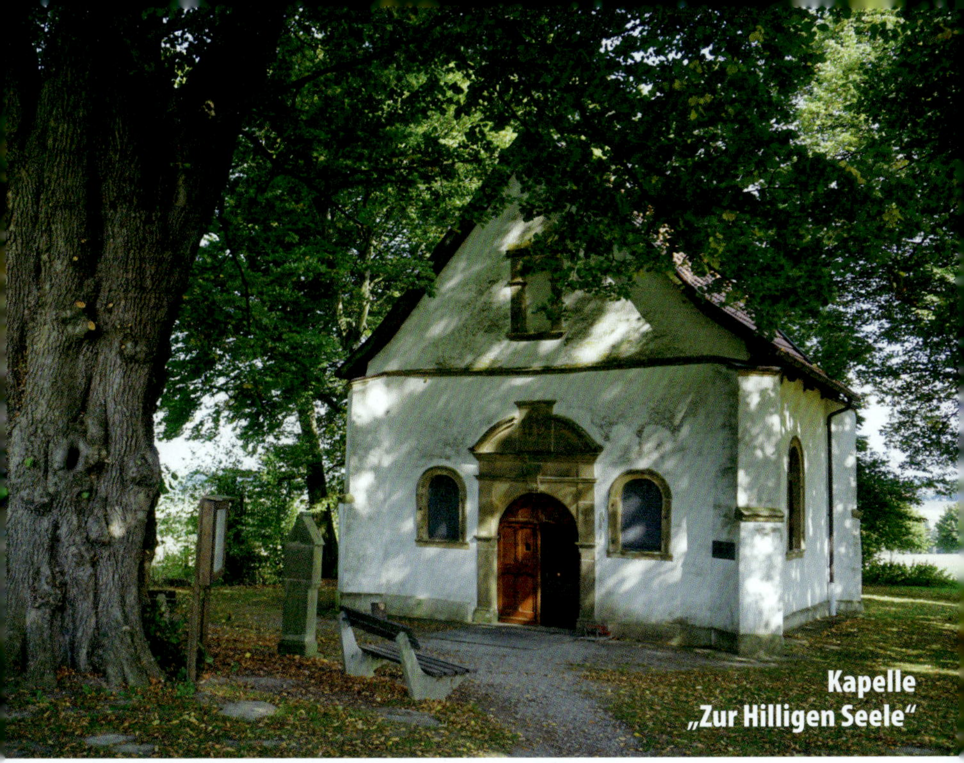

Kapelle „Zur Hilligen Seele"

An einer Gabelung halten wir uns geradeaus und genießen links von uns die scheinbar endlosen Weiden mit Kühen, Wälder und grünen Hügel mit zahlreichen Windrädern. Rechts von uns entdecken wir ein **Annabild** ④ mit der heiligen Anna und der heiligen Maria im Kindesalter. Idyllisch bettet es sich in den dichten Laubwald ein. Auch hier lädt eine Bank zum Verweilen ein. Doch die nächste Sehenswürdigkeit des Alten Pilgerwegs ist nicht weit und wir setzen unseren Weg fort. Wir treffen auf eine Wegkreuzung, den sogenannten **Karlsplatz** ⑤, wo uns abermals ein traumhafter Weitblick über das Paderborner Land beeindruckt. An der Kreuzung wählen wir den linken Weg, um einen lohnenden Abstecher zu der **Kapelle „Zur Hilligen Seele"** ⑥ zu machen, die früher bereits das Ziel zahlreicher Wallfahrer war.

*Die kleine **Kapelle** mit ihren romanischen Bauteilen aus dem 12. Jahrhundert gehört zu den ältesten Kreuzheiligtümern Westfalens. Jahrhundertelang verehrten Wallfahrer ihr heiliges Kreuz, das 1972 jedoch gestohlen wurde. Das neue Kreuz ist eine Nachbildung.*

Malerisch versteckt sich die kleine weiße Kapelle unter den großen, dichten Buchenbäumen. Wir werfen einen Blick durch die hölzerne Kapellentür und verweilen für einen Augenblick in der heiligen Stätte. Danach gehen wir zurück zur Wegkreuzung am Karlsplatz. Hier verlassen wir nun die Hauptroute des Alten Pilgerwegs und folgen der Querverbindung zum Schloss Hamborn. Rechts neben der Pausenbank führt der lauschige Pfad – auch Kapellenweg genannt – in den Wald hinein. Für knapp 2 Kilometer wandern wir immer geradeaus durch den Wald und an Weiden vorbei, bis wir schließlich auf den Ortskern treffen. Nach unserer fleißigen Pilgertour gönnen wir uns ein leckeres Stück Kuchen im **Café Alte Schule** 7 und lassen bei schönem Wetter auf dem Café-Balkon die Seele baumeln. Von hier sind es nur noch ein paar Meter zum Parkplatz.

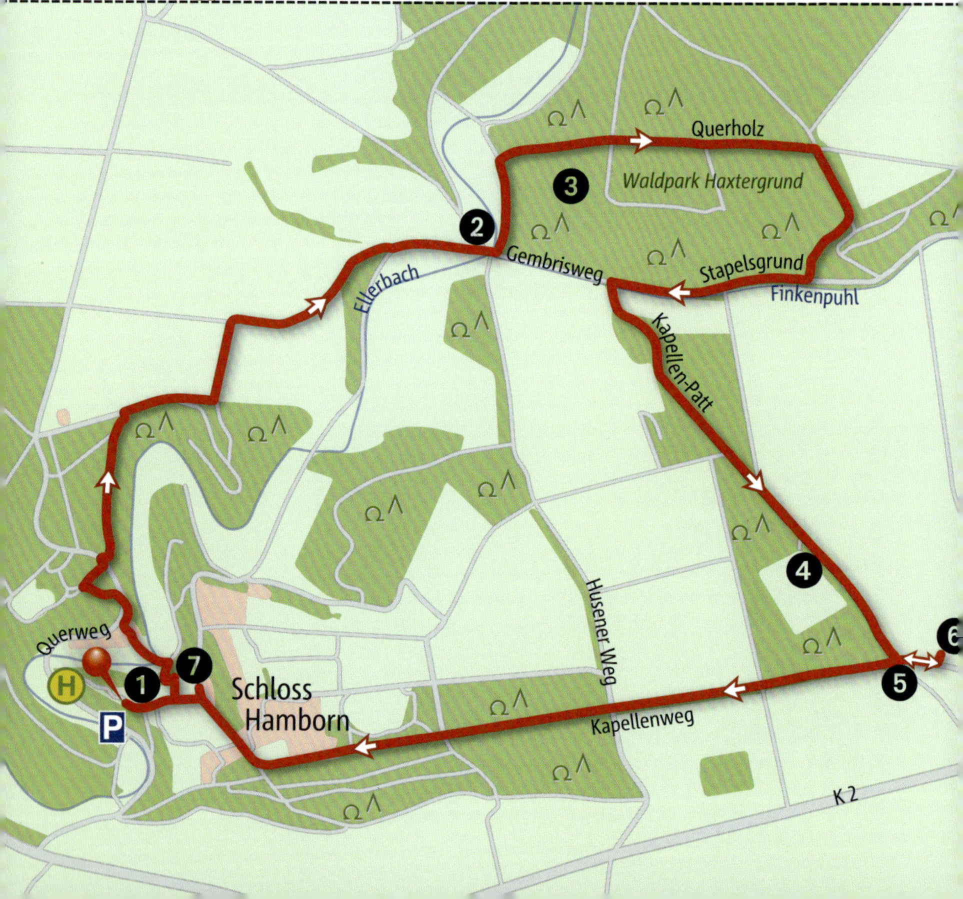

Alles auf einen Blick

WIE & WANN:
Schmale Wiesenpfade, befestigte Wirtschaftswege, asphaltierte Feldwege, Forstwege, gepflasterte Straßen bei Schloss Hamborn; ganzjährig möglich, beste Wanderzeit zwischen April und Oktober

HIN & WEG:
Auto: Parkplatz am Schloss Hamborn, Schloss Hamborn 2, 33178 Borchen (GPS: 51.661994, 8.770699)
ÖPNV: Bus 479 oder R71 von Paderborn zur Haltestelle Borchen-Schloß Hamborn, von hier der Straße Richtung Schloss folgen

ESSEN & ENTSPANNEN:
Café Alte Schule Schloss Hamborn ❼ Schloss Hamborn 15, 33178 Borchen, Tel. (0 52 51) 38 94 56, www.cafe-schloss-hamborn.de

ENTDECKEN & ERLEBEN:
Schloss Hamborn ❶
Marienstatue am Stern ❷
Waldpark Haxtergrund ❸
Annabild ❹

Entspannung ✹✹✹✹✹
Genuss ✹✹✹✹✹
Romantik ✹✹✹✹✹

Karlsplatz ❺
Kapelle „Zur Hilligen Seele" ❻

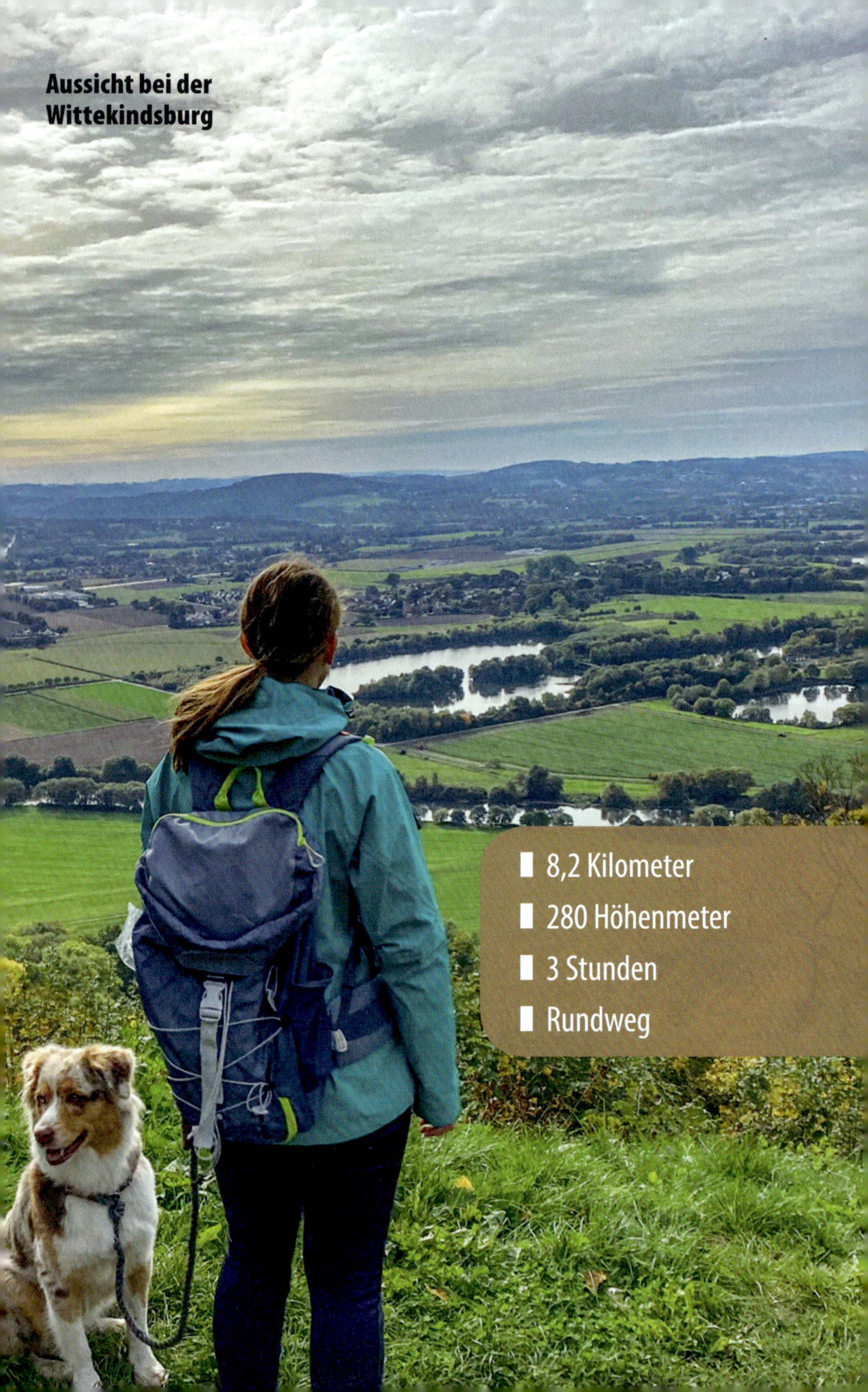

Aussicht bei der Wittekindsburg

- 8,2 Kilometer
- 280 Höhenmeter
- 3 Stunden
- Rundweg

Unsere Tour startet in Porta Westfalica im Ortsteil Barkhausen auf dem Parkplatz am ehemaligen **Hotel Kaiserhof.** Vom Parkplatz aus halten wir uns links in Richtung Wald und wählen an der Gabelung den linken Weg, der auch als **Königsweg** bekannt ist. Ein Schild erklärt uns, dass wir in einem Wildnisentwicklungsgebiet wandern. Hier ist die Natur mit ihren vielfältigen Baumarten wie Buche, Eiche, Ahorn und Esche sich selbst überlassen: Das Totholz am Wegrand ist Lebensraum für zahlreiche Tiere. Gemütlich schlendern wir auf dem breiten Waldweg stetig geradeaus. Vom Rauschen der nahe liegenden Bundesstraße lassen wir uns nicht stören.

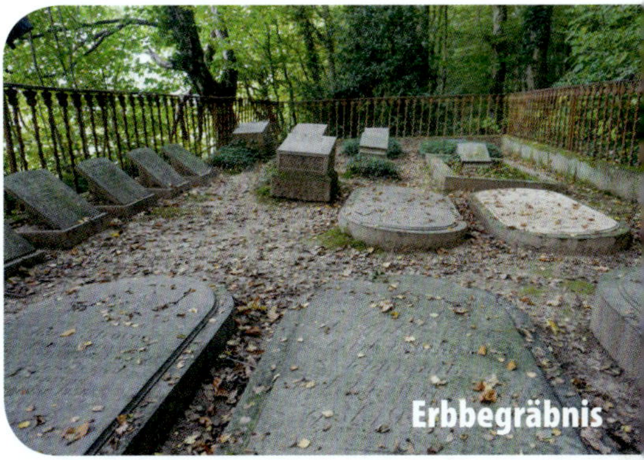
Erbbegräbnis

Bald treffen wir auf eine Weggabelung und folgen hier der **Wegmarkierung A1** nach links. Nach etwa 600 Metern verläuft unser Weg nach rechts und von nun an geht es stetig

Kaiserlich wandern

Beim Kaiser in Porta Westfalica

bergan. Auf dem befestigen, schmalen Waldweg genießen wir es, einfach mitten im Grünen zu sein. Nach etwa 700 Metern treffen wir linker Hand auf das **Erbbegräbnis Ströver-Wedigenstein** ❶. Leicht versteckt liegt der kleine Friedhof ein wenig abseits unseres Weges. Begrenzt von einem schmiedeeisernen Zaun beherbergt das Erbbegräbnis zahlreiche Grabsteine, die meist zu ehemaligen Besitzern des Guts Wedigenstein gehören.

Wir setzen unseren Weg auf dem breiten Waldweg fort, ehe wir uns nach ca. 700 Metern an einer Gabelung rechts halten. Jetzt wird es durchaus etwas sportlicher, denn nun es geht gleichmäßig bergan. Unser Weg beschreibt eine Rechtskurve und wird laut Karte zum **Hindenburgweg.** Wir nähern uns stetig dem Plateau des Wittekindbergs. Vom Hindenburgweg geht schließlich eine scharfe Kehre nach links ab, der wir folgen. Naturbelassener geht es kaum, als wir uns über Steine und Wurzeln den hohlwegartigen Pfad weiter voranschlängeln. Dicke Baumwurzeln verankern sich wie lange Arme in den Boden und an der einen oder anderen Stelle ragen kleine, moosbewachsene Sandstein-Blöcke hervor. Nach einer Rechtskehre erreichen wir bald passenderweise ein versiegeltes **Stollenmundloch ❷,** an dem eine Infotafel uns die Stollengeschichte und den Portasandstein näherbringt. Kurz darauf gelangen wir zur mittlerweile versiegten **Wittekindsquelle ❸.** Früher besaß die Quelle eine aufwendig gebaute, tempelartige Steinfassung, von der wir heute nur noch die Reste erahnen können.

Weiter geradeaus erreichen wir kurz darauf eine weitere historische Stätte: die spätromanische **Margarethenkapelle ❹.** Sie kann nicht betreten werden, wir nutzen aber gerne die Sitzbank vor dem Eingang, um an dem schlichten Sandsteinbau einen Moment zu verweilen. Wir setzen unseren Weg geradeaus fort und gelangen auf den **Wittekindsweg,** der Teil des europäischen Fernwanderweges E11 ist (blaue Wegmarkierung mit gelber E11 und Sternen).

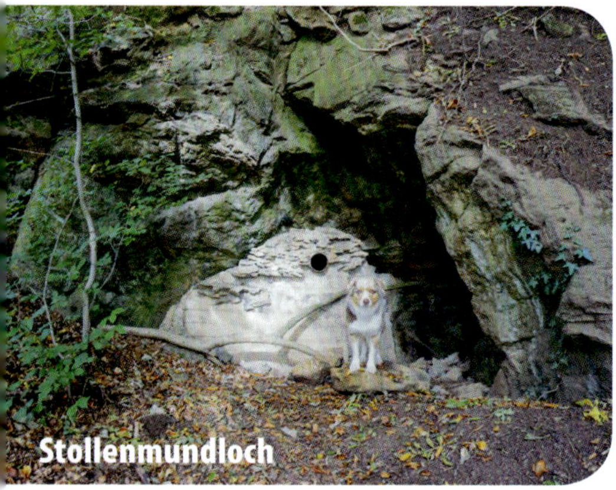
Stollenmundloch

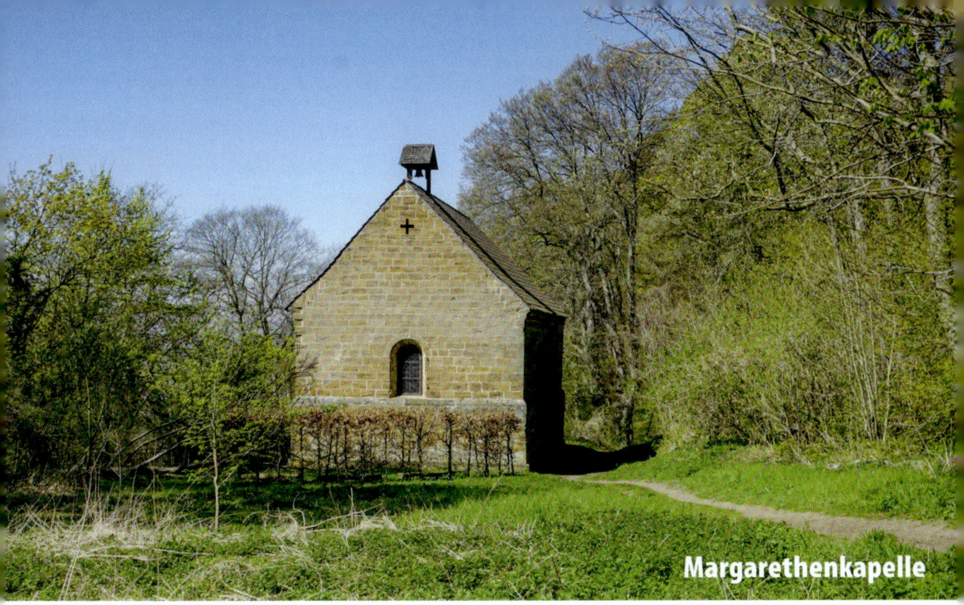

Margarethenkapelle

Bevor unsere Tour uns auf dem Wittekindsweg gleich nach rechts in Richtung Wittekindsburg führen wird, wollen wir noch eine archäologische Entdeckung aus dem Jahr 1996 anschauen. Wir halten uns auf dem Wittekindsweg daher erst links und treffen nach wenigen Metern rechter Hand auf die Stufen zur **Kreuzkirche Wittekindsberg ⑤.** Ehrfürchtig steigen wir hinauf zu dieser baugeschichtlichen Rarität, um einen Blick auf den sogenannten Zentralbau zu werfen.

Für die Seele

Das Kaiser-Wilhelm-Denkmal und die herrlichen Blicke auf die Weser, das norddeutsche Tiefland und das Ravensberger Hügelland machen diese Tour zum Erlebnis.

Zum Schutz der Anlage wurde ein Glaspavillon errichtet. Fasziniert werfen wir einen Blick durch die Scheiben auf den kreuzförmigen Grundriss mit 14 Metern Breite und Länge. Nach diesem archäologischen Höhepunkt halten wir uns an der Info-Tafel zur Kreuz-

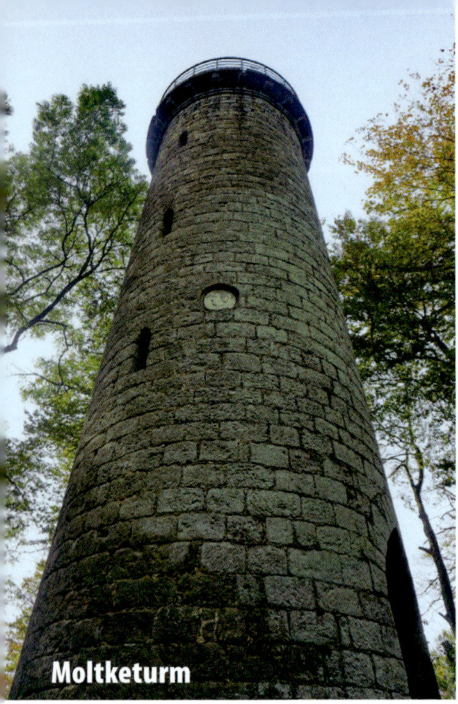

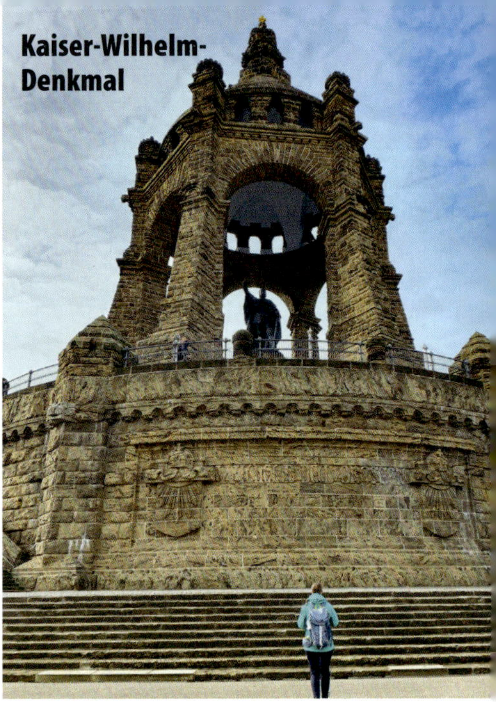

kirche oberhalb auf einem Kammweg, parallel zum Wittekindsweg. Nach etwa 200 Metern treffen wir auf den Wittekindsweg und stoßen auf das burgähnliche Hauptgebäude der **Wittekindsburg** ⑥, das früher ein Café und eine Gaststätte beherbergte. Die gesamte Befestigungsanlage stammt aus der Eisenzeit vor über 2000 Jahren und umfasst die von uns schon besuchte Kreuzkirche, die Margarethenkapelle und die Wittekindsquelle. Auf dem Platz des Hauptgebäudes mit seinem Fachwerkturm haben wir eine traumhafte Aussicht auf die Weser, ihre angrenzenden Seen und das sanfte Ravensberger Hügelland. Von den knapp 250 Metern Höhe haben Gleitschirme eine gute Startbasis – vielleicht gleiten ein paar bunte Schirme hinab ins Tal.

Wir lösen unsere Blicke von diesem malerischen Panorama und setzen unsere Wanderung auf dem Wittekindsweg fort. Nach wenigen Schritten erreichen wir eine Gabelung und folgen weiterhin dem Wittekindsweg – dem mittleren, mit **A2** markierten Pfad. Angenehm flach wandern wir stetig auf dem Kammweg, der uns nach etwa 300 Metern zum 14 Meter hohen **Moltketurm** 7 führt. Wenn er nicht gerade geschlossen ist, führen 77 Stufen zur Aussichtsplattform – doch die Sicht auf das Wesertal ist durch die hohen Bäume leider eingeschränkt. Also können wir uns den Aufstieg getrost sparen.

Unser Weg führt nun etwa 1 Kilometer seicht bergab gemütlich durch den Wald, dann stehen wir an unserem nächsten Tour-Highlight, dem **Kaiser-Wilhelm-Denkmal** 8. Der Weg führt uns hinab zum Denkmalsockel, wo uns das Ausmaß des Bauwerks erst richtig bewusst wird. Eindrucksvoll thront das Abbild des Kaisers unter dem mächtigen Kuppelbau.

Weitere Stufen bringen uns hinab zur Ringterrasse, von der wir das einzigartige Panorama auf uns wirken lassen: gegenüber der Jakobsberg mit seinem markanten Fernsehturm, das Weserbergland und die Weser. Ein Besucherzentrum lädt dazu ein, noch mehr über das Nationaldenkmal und seine Geschichte zu erfahren. Und im **Panoramarestaurant Wilhelm 1896** 9 lassen wir uns bei Kuchen oder westfälischen Speisen verwöhnen.

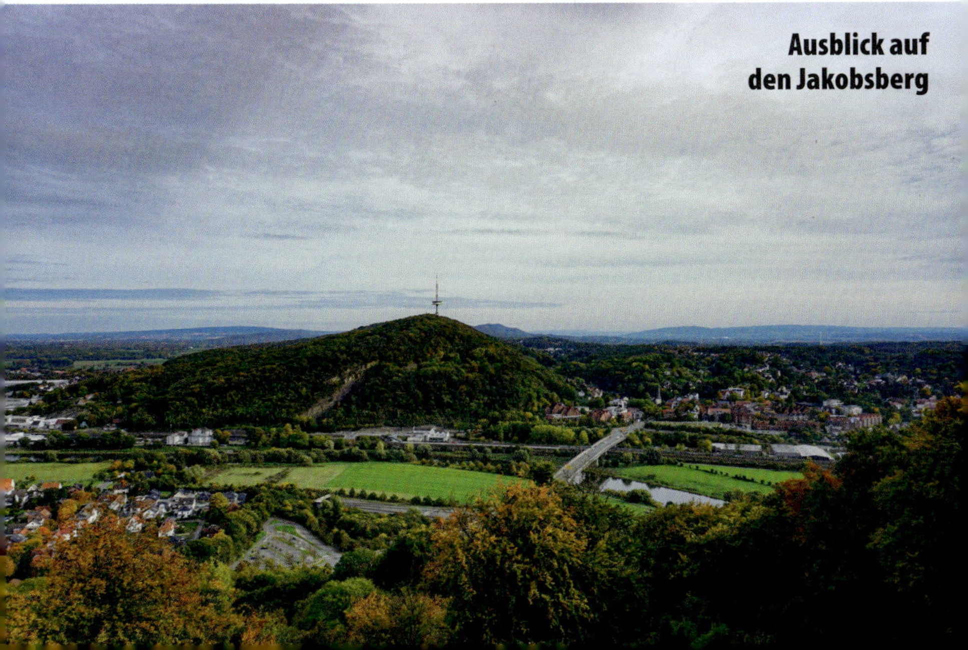

Ausblick auf den Jakobsberg

Entschleunigungstour 14

Wir nehmen von der Plattform weiterhin den Weg A2 in Richtung Besucherparkplatz. Auch am **Kiosk Willem, Snack & Go** ⑩ ist an den Wochenenden eine kleine Stärkung möglich. Am Parkplatz überqueren wir die Kaiserstraße und nehmen den schmalen Pfad hinab in den Wald. An der folgenden Gabelung halten wir uns rechts, queren abermals die Kaiserstraße und halten uns bergab stetig geradeaus. Wir passieren die **Freilichtbühne Porta,** die in einem ehemaligen Steinbruch liegt, und gelangen schließlich auf eine Straße. Hier führt rechts ein schmaler, etwas versteckter Pfad wieder in den Wald und bringt uns an einem Reitplatz vorbei zurück zu unserem Parkplatz am alten Kaiserhof.

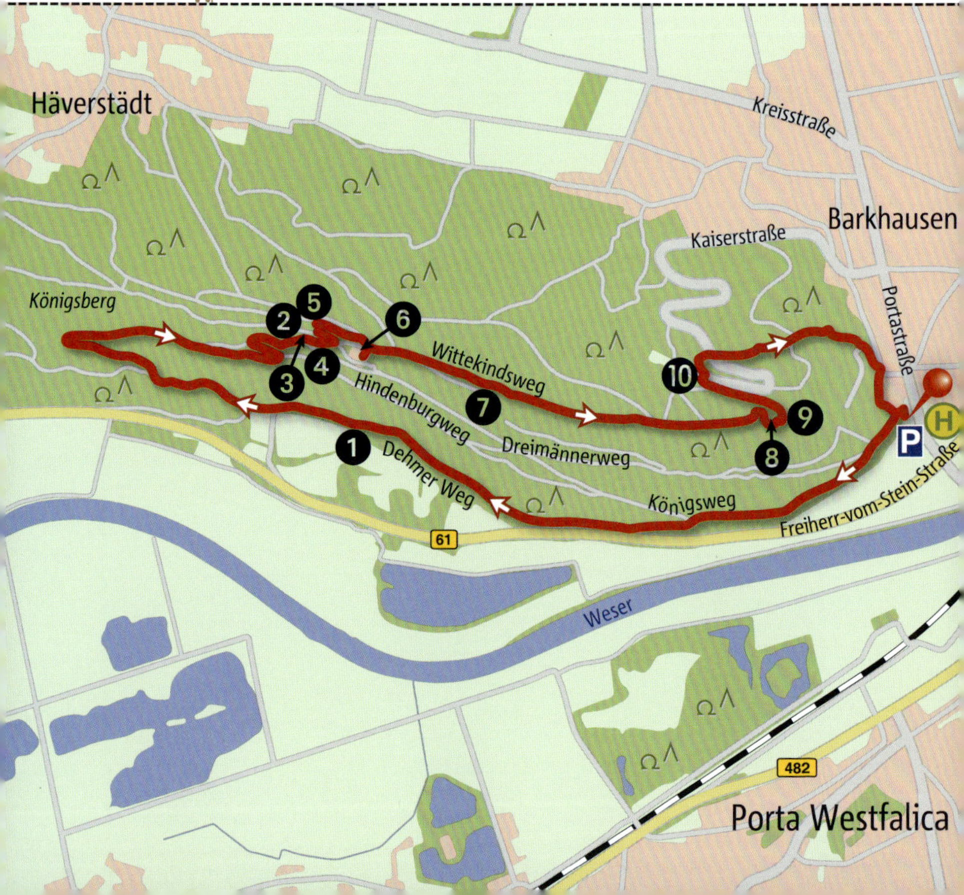

Alles auf einen Blick

WIE & WANN:
Breite, befestigte Forstwege, schmale, bergan führende Waldpfade, schattiger Kammweg; beste Wanderzeit von April bis Oktober

HIN & WEG:
Auto: Parkplatz Kaiserhof, Portastraße, 32457 Porta Westfalica (GPS: 52.245297, 8.912553); Tagesticket 1 Euro
ÖPNV: Mit dem Zug zum Bahnhof Porta Westfalica, von hier fährt an den Wochenenden der Shuttlebus 518 zur Haltestelle PW-Barkhausen, Unterm Willem; alternativ: Bus 461 von Bad Oeynhausen zur Haltestelle PW-Barkhausen, Unterm Willem,
Bus 461 von Minden zur Haltestelle PW-Barkhausen, Porta

ESSEN & ENTSPANNEN:
Restaurant „Wilhelm 1896" am Kaiser-Wilhelm-Denkmal ❾ 32457 Porta Westfalica, Tel. (05 71) 77 98 78 84, www.wilhelm1896.de
Kiosk Willem, Snack & Go ❿ Kaiserstraße 15, 32457 Porta Westfalica, Tel. (05 71) 50 50 30

ENTDECKEN & ERLEBEN:
Erbbegräbnis Ströver-Wedigenstein ❶
Stollenmund ❷
Wittekindsquelle ❸

Entspannung ✱✱✱✱ (4 von 5)
Genuss ✱✱✱ (3 von 5)
Romantik ✱✱✱ (3 von 5)

Margarethenkapelle ❹
Kreuzkirche Wittekindsberg ❺
Wittekindsburg ❻
Moltketurm ❼
Kaiser-Wilhelm-Denkmal ❽

Historisches Fachwerk

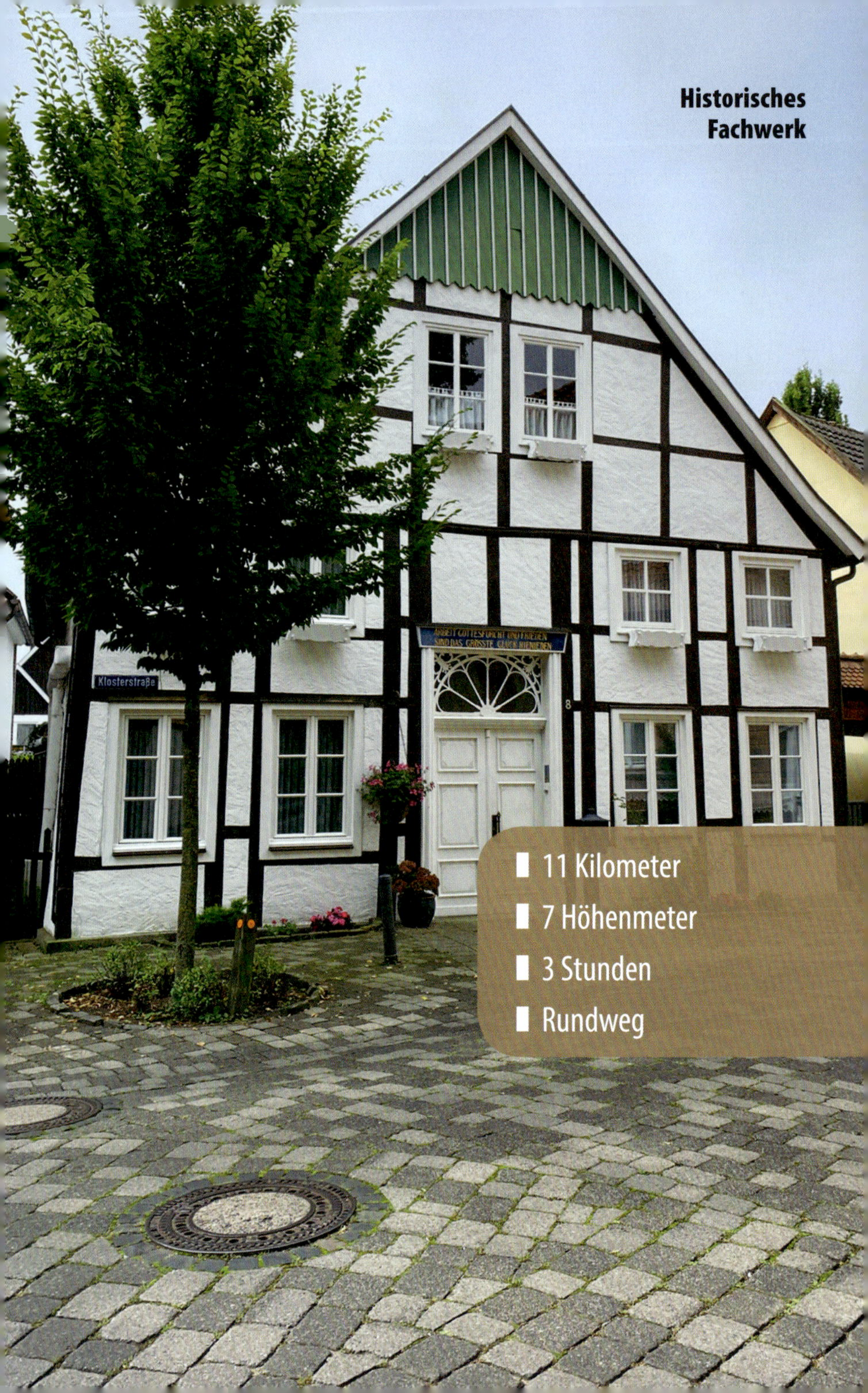

- 11 Kilometer
- 7 Höhenmeter
- 3 Stunden
- Rundweg

Wir starten unsere Tour am Parkplatz des **Gartenschauparks** am ZOB in Rietberg. Direkt gegenüber liegt das Gelände der Landesgartenschau von 2008, das heute mit seiner 40 Hektar großen Fläche weiterhin herrlich angelegte Blumenbeete und weitere Freizeitmöglichkeiten bietet. Wir lassen den Park hinter uns und folgen der schmalen Brücke in den **Klostergarten** ❶. Ein kleiner Weiher mit üppigen Seerosen begrüßt uns direkt am Eingang. Für die nächsten Kilometer folgen wir der hellgrünen Beschilderung mit der weißen Bezeichnung „Grafenschritte", die uns den Weg zwischen den beiden Teichen hindurchweist. Nach einem Blick auf die Skulpturen im Park verlassen wir den Klostergarten und überqueren die Ems, um auf die **Klosterstraße** zu gelangen.

Wir halten uns rechts und können schon den historischen Ortskern erahnen. Statt geradeaus ins Zentrum zu laufen, wenden wir uns nach rechts, um der Klosterstraße weiter zu folgen. Rechter Hand taucht die **Klosterkirche St. Katharina** ❷ mit dem angrenzenden ehemaligen Franziskanerkloster auf. Das friedliche Läuten der Kirchenglocken begleitet uns. Links zwischen den Gassen können wir die ersten schmucken Fachwerkhäuser entdecken. Direkt gegenüber dem Kloster entdecken wir die hübsche gelbe Fassade des **Rietberger Standesamts** ❸.

*Als ehemalige Grafschaftsresidenz und Landeshauptstadt gibt es in **Rietberg** allerhand Historisches zu entdecken. Innerhalb der Wallanlagen ist der gesamte Stadtkern mit seinen sorgfältig restaurierten Fachwerkhäusern denkmalgeschützt.*

Gräfliche Spuren

Fachwerkflair in Rietberg

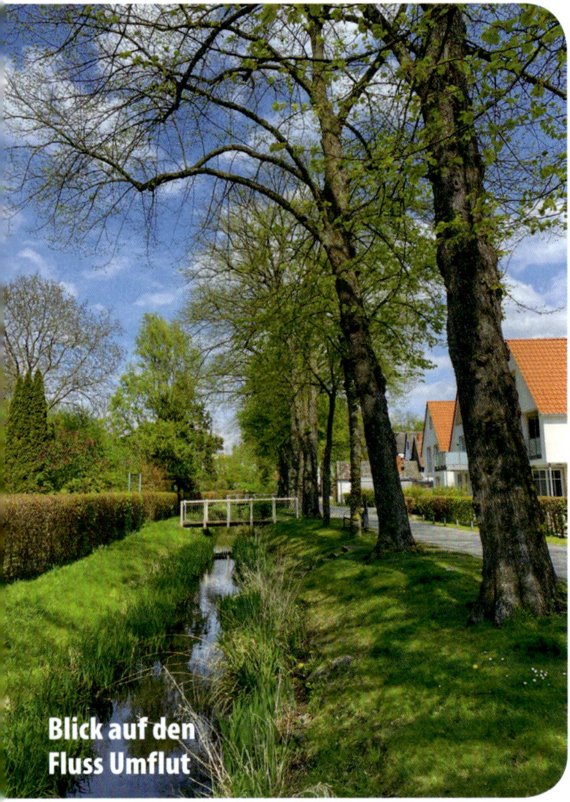
Blick auf den Fluss Umflut

Wir folgen nun der Emsstraße und überqueren auf einer Brücke den Fluss. Wir halten uns links und genießen den idyllischen Weg am Oberlauf der Ems. Dem Gewässer folgend sehen wir, wie die langen Äste der beeindruckenden Weiden das Emsufer sacht berühren. Etwas neidisch blicken wir auf die direkt am Wasser liegenden Häuser mit ihren kleinen, privaten Stegterrassen, auf denen es sich bestimmt herrlich entspannen lässt. An der nun vor uns liegenden Rathausstraße überqueren wir die Ampel und gehen noch ein Stück geradeaus, bis wir auf der **Mühlenkolkbrücke** erneut die Ems überqueren. Dem Westwall folgend gelangen wir zu einer **Gedenkstätte für die Gefallenen 4.** Der steinerne Pavillon mit der Inschrift „Wenn Menschen schweigen, werden Steine reden“ erinnert an die Opfer der beiden Weltkriege. Ein paar Schritte weiter erfahren wir auf den aufgestellten Infotafeln Wissenswertes über die ehemaligen Befestigungsanlagen von Rietberg.

Nachdem wir die in die Ems mündende Umflut überquert haben, verlassen wir die offizielle Beschilderung „Grafenschritte“ und folgen stattdessen weiter dem **Westwall.** An der nächsten Weggabelung treffen wir auf die Krumme Straße, in die wir links abbiegen. Von nun an begleitet uns auch wieder die Wegmarkierung des Themenweges „Grafenschritte“. Wir passie-

*Seit 1289 sind in Rietberg bereits Stadtrechte nachweisbar, wozu unter anderem das **Recht auf Befestigung** gehörte. Statt einer Stadtmauer schützten ein angelegter Erdwall und der vorgelagerte Stadtgraben mit der Ems die Stadt.*

ren rechter Hand die im Fachwerkstil gehaltene **Kirche** der evangelischen Kirchengemeinde Rietberg und entziffern die schmückende Inschrift. Gegenüber gehen wir für ein paar Schritte in die **Mühlenstraße 5**, denn hier ranken im Sommer und Frühherbst prächtige Rosenblüten an den historischen Fachwerkfassaden. Deshalb ist sie auch als Rosenmeile von Rietberg bekannt. Wieder zurück, gehen wir weiter auf der Krummen Straße, die nun in die **Müntestraße** übergeht. Mit ihrem Kopfsteinpflaster und den pittoresken Fachwerkhäusern steht sie beispielhaft für den Charme der Rietberger Altstadt, die nicht umsonst auch „Stadt der schönen Giebel“ genannt wird. In der Müntestraße steht auch das älteste Wohnhaus Rietbergs aus dem Jahr 1553.

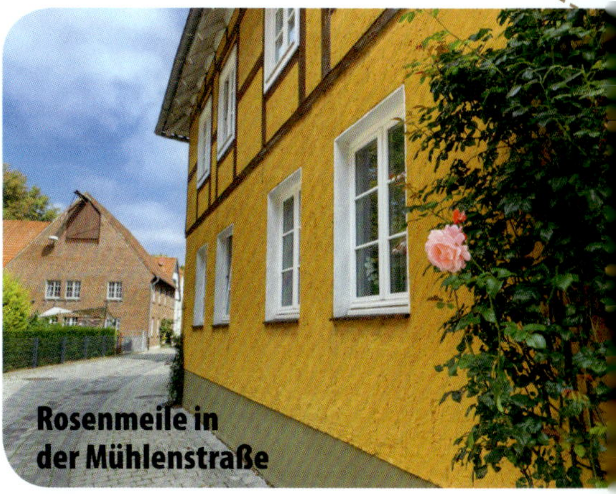
Rosenmeile in der Mühlenstraße

Für die Seele

Die vielseitige Stadtwanderung verbindet Rietbergs historischen Fachwerkkern mit ruhigen Wegen an der Ems und lauschiger Natur bei den Rietberger Fischteichen.

Wir schlendern auf dem alten Pflaster direkt auf das **historische Rathaus 6** zu. Es gilt als eines der schönsten Rathäuser in Westfalen: Besonders ins Auge fallen die beiden Treppenaufgänge, die in der Mitte zusammenlaufen. Der darüber thronende kleine Zwiebelturm komplettiert den herrlichen Anblick. Wir entschließen uns zu einer kulinarischen Rast in

Rathaus von Rietberg

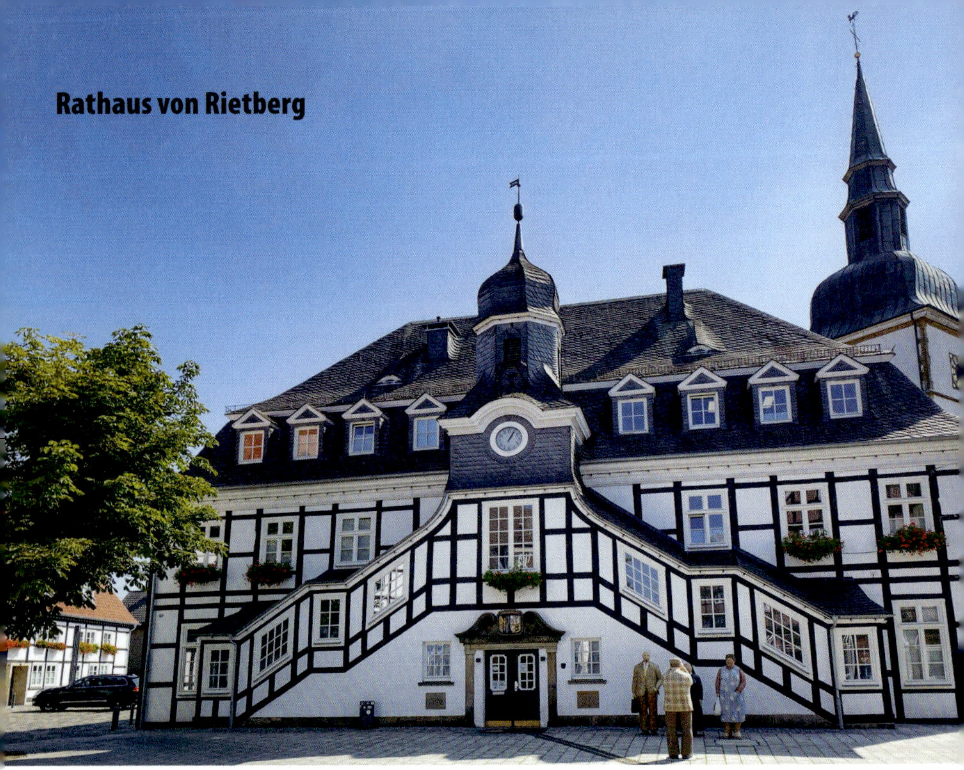

einer der zur Auswahl stehenden Lokalitäten. Ein Stück rechts vom Rathaus liegt das Lifestyle-Wirtshaus **„1643"** 7 und für eine kühle Stärkung bietet sich das Eiscafé **Venezia bei Beppo** 8 an.

Nach der Rast biegen wir hinter dem „1643" in die Gasse Im Sack ein. Das verwinkelte Gässchen führt uns zu zwei versteckten Naturoasen: Während rechts von uns das historische Patrizierhaus **Drostenhaus** 9 liegt, entdecken wir links das kleine, hübsche **Bürgergärtchen** 10 mit liebevoll angelegten Pflanzen und Zierobstbäumen, einen wahren Erholungs- und Ruheort. Wir folgen der Gasse weiter und treffen auf die nächste, etwas größere Gartenoase: Der **Drostengarten** 11 wurde nach barockem Vorbild angelegt und wartet mit geometrisch angelegten Rabatten, Hecken, Kieswegen und einer Skulptur auf uns.

Vom Garten stoßen wir auf die Straße **Klingenhagen** mit ihren entzückenden Fachwerkfassaden, biegen rechts ab und an einem kleinen Haus sofort wieder links in einen schmalen Gassenweg. Am Ende der Gasse halten wir uns rechts und folgen ein kleines Stückchen dem Umflut-Bach. An der nächsten Wegkreuzung treffen wir wieder auf die Rathausstraße, an der wir nach links abbiegen. Am Kreisel nehmen wir die erste Ausfahrt und folgen der Mastholter Straße am besten auf dem linken Bürgersteig für etwa 200 Meter, bis wir an den **Rietberger Friedhof** gelangen. Hier biegen wir links in den Johannesweg ein. Am Friedhof vorbei passieren wir auf der rechten Seite Tennisplätze und bald mündet die Straße in einen Pilgerweg, dessen parkähnliche Wegführung uns, vorbei an Bildstöcken mit Inschriften, zur denkmalgeschützten **St.-Johannes-Nepomuk-Kapelle** ⑫ bringt. Wir verweilen kurz an der hübschen spätbarocken Kapelle und nehmen dann den gleichen Weg zurück bis zum Anfang des Parks.

Hier folgen wir der „Grafenschritt"-Beschilderung nach rechts und überqueren die Delbrücker Straße. Der Weg geradeaus führt in eine Grünanlage, die bald in eine Weggabelung mündet, an der wir den rechten

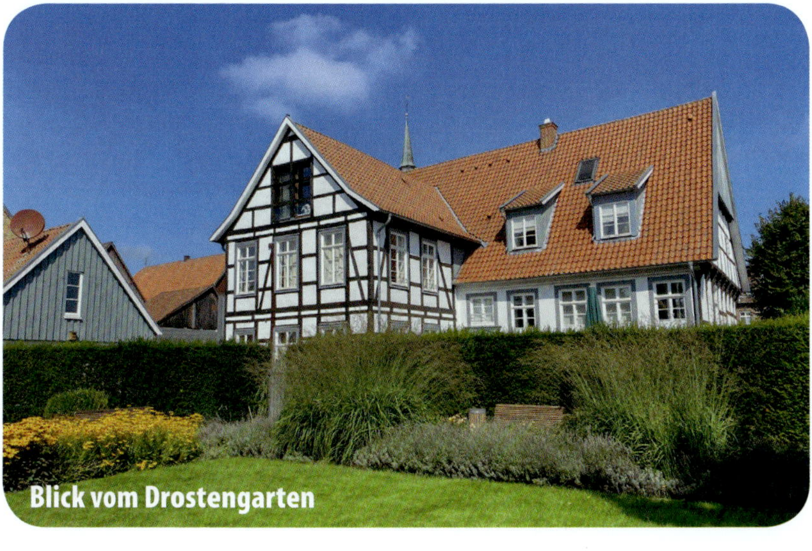

Blick vom Drostengarten

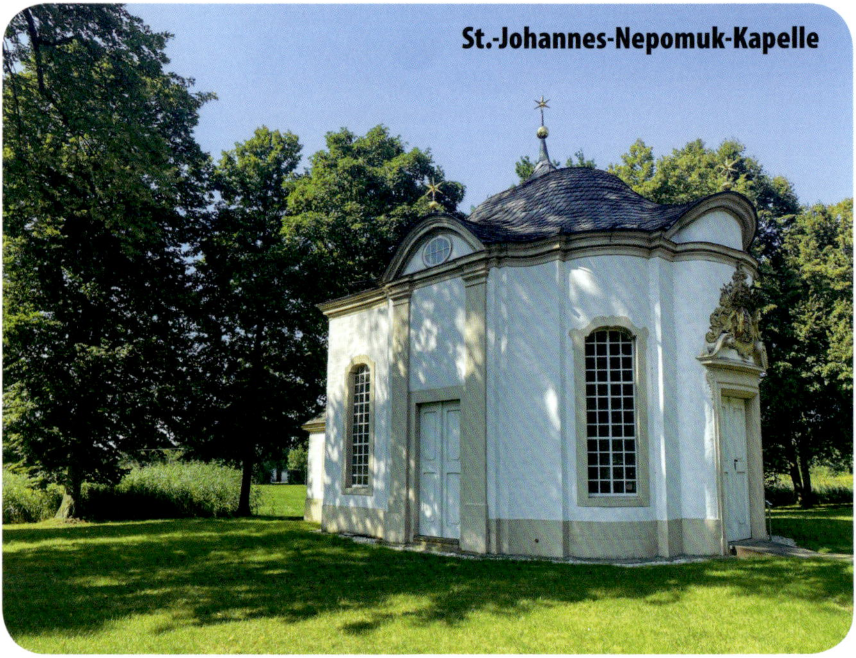

Weg wählen. Es dauert nicht lange und wir treffen auf die Ems, die sich hier in das **Naturschutzgebiet der Rietberger Fischteiche** einbettet. Eine kleine Treppe hinab zum Ufer lädt uns ein, uns kurz ans Wasser zu setzen. Das hinter der Ems liegende Schilf trennt den Fluss von den Fischteichen, auf denen majestätische Schwäne ihre Kreise ziehen. Nach der kurzen Rast folgen wir dem Weg nach links und lassen es uns nicht nehmen, auf die **Aussichtskanzel** ⑬ links des Weges zu steigen. Von hier oben bekommen wir einen guten Überblick über das Areal der insgesamt 26 Fischteiche, die insbesondere für Wasservögel ein bedeutsames Biotop darstellen. Anschließend nähern wir uns, immer der Ems folgend, langsam dem Gelände des Gartenschauparks. Wir queren über eine Brücke noch einmal die Ems und entdecken auf der linken Seite das **Freibad** von Rietberg.

Nun haben wir die Wahl: Entweder folgen wir dem Weg links zum Eingang des Gartenschauparks und zu unserem Ausgangspunkt oder wir verlängern unsere Tour um etwa 6 Kilometer und machen noch einen Abstecher in die artenreiche **Rietberger Emsniederung ⑭.**

Hierfür wählen wir am Freibad den rechten Weg, umrunden durch einen Zaun getrennt den Untersee des Gartenschauparks und treffen auf die Straße **An den Teichwiesen.** Hier folgen wir der kaum befahrenen Straße nach rechts, passieren einen Fußballplatz und befinden uns bald mitten in dem großflächigen Feuchtwiesengebiet. Den Blick über die weiten, flachen Feuchtwiesen gerichtet, fühlen wir uns fast ein bisschen wie in Nordfriesland. Statt Schafen begegnen uns hier allerdings zahlreiche, teils gefährdete Wiesenvögel wie die Uferschnepfe oder der Kiebitz. An der nächsten Weggabelung biegen wir nach rechts auf die

*Die Feuchtwiesen im Naturschutzgebiet **Rietberger Emsniederung** sind als europäisches Vogelschutzgebiet ausgewiesen und besitzen eine besondere Bedeutung als Rast- und Brutgebiet. Seltene Wiesenvögel und gefährdete Pflanzen haben hier optimale Lebensbedingungen.*

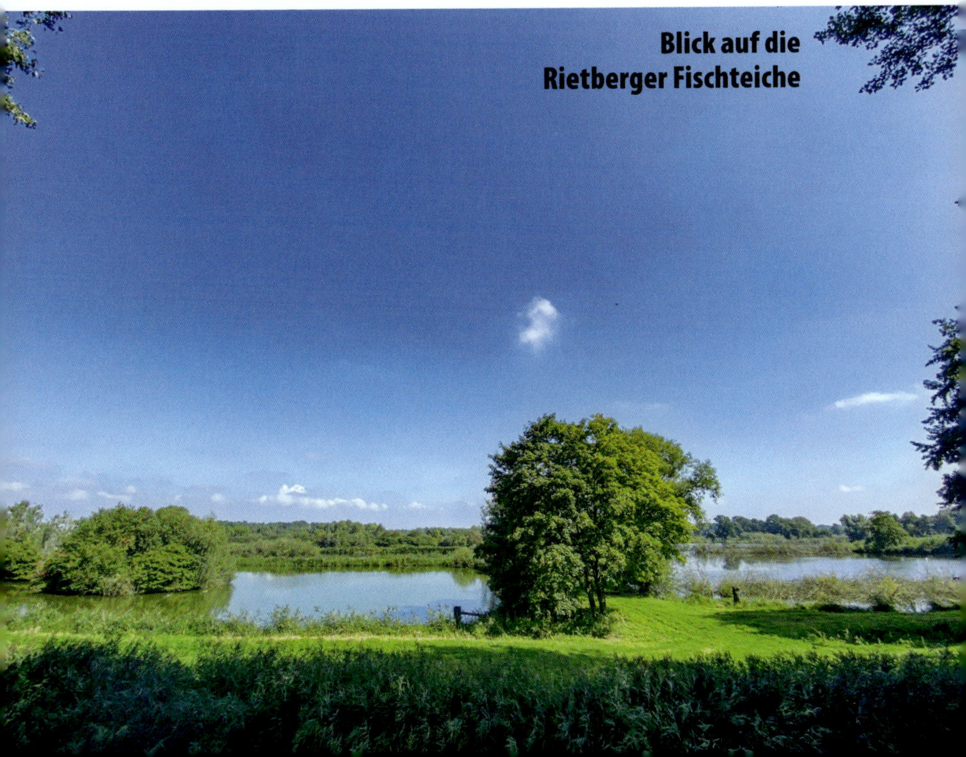

Blick auf die Rietberger Fischteiche

Markenstraße und nach ein paar Metern sofort wieder links in einen schmalen Feldpfad. Am Ende des Pfades treffen wir auf den Landwirtschaftsweg Zur Antfängers Mühle. Hier halten wir uns links und folgen dem asphaltierten Weg, bis wir links in die Feldstraße **In den Marken** abbiegen. Wir folgen dem Straßenverlauf, bis wir wieder auf den bekannten Weg treffen, und beenden damit unsere kleine Rundtour durch das Natur- und Vogelparadies.

Wir gehen denselben Weg zurück, kommen wieder am Sportplatz vorbei und folgen der Straße, bis wir am Torfweg unseren Parkplatz am ZOB erreichen. Wer jetzt noch nicht genug hat, gönnt sich eine Runde im **Gartenschaupark ⑮.**

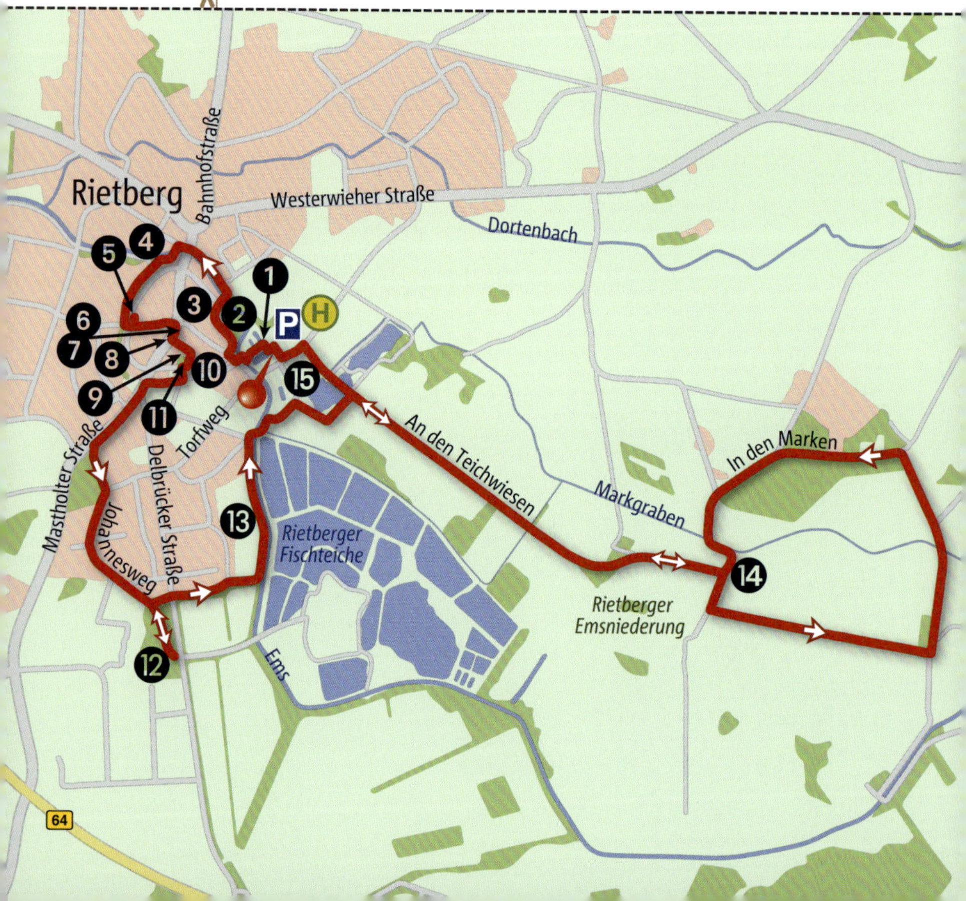

Alles auf einen Blick

WIE & WANN:
Asphaltierte Stadtwege, gepflasterte Gassen, befestigte Parkwege, asphaltierte Wirtschaftswege im Naturschutzgebiet; ganzjährig möglich

HIN & WEG:
Auto: Parkplatz am ZOB Rietberg, Torfweg 53, 33397 Rietberg (GPS: 51.807636, 8.432798)
ÖPNV: Bus 77 vom ZOB Gütersloh, Bus 80.1 vom Bahnhof Lippstadt oder Bus 76 vom Bahnhof Rheda-Wiedenbrück jeweils bis zur Haltestelle Rietberg, ZOB

ESSEN & ENTSPANNEN:
Restaurant „1643" ❼ Rathausstraße 35, 33397 Rietberg, Tel. (0 52 44) 9 75 93 97, www.1643-rietberg.de
Eiscafé Venezia bei Beppo ❽ Rathausstraße 34, 33397 Rietberg, Tel. (0 52 44) 76 84, www.eiscafe-venezia-rietberg.de

ENTDECKEN & ERLEBEN:
Klostergarten ❶
Klosterkirche St. Katharina ❷
Standesamt Rietberg ❸
Gedenkstätte für die Gefallenen ❹
Rosenmeile in der Mühlenstraße ❺

Entspannung ★★★★☆
Genuss ★★★★☆
Romantik ★★★★★

Rathaus Rietberg ❻
Historisches Drostenhaus ❾
Bürgergärtchen ❿
Drostengarten ⓫
St.-Johannes-Nepomuk-Kapelle ⓬
Aussichtskanzel Rietberger Fischteiche ⓭
Rietberger Emsniederung ⓮
Gartenschaupark Rietberg ⓯

Fachwerkhäuser in der Kuhstraße

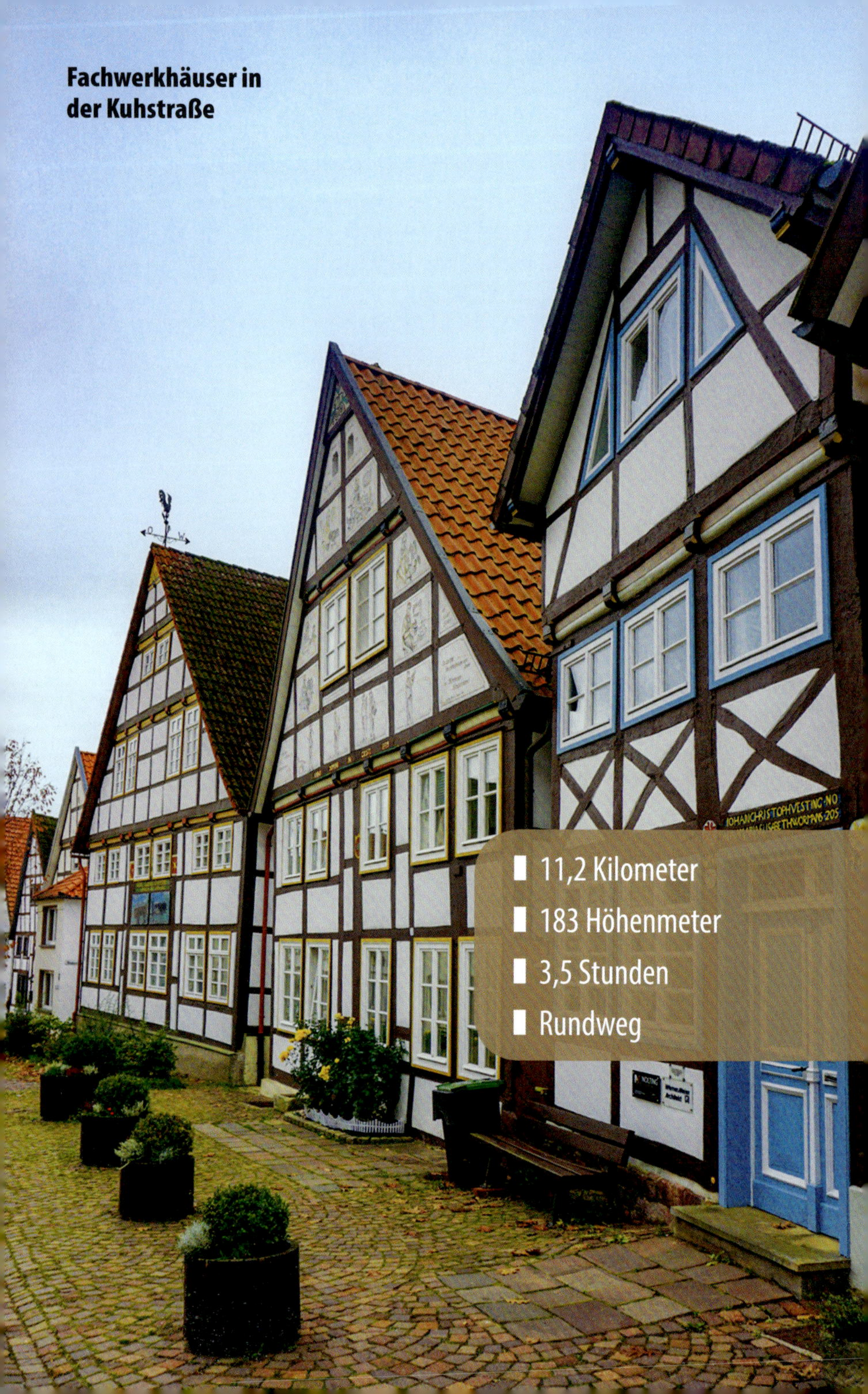

Los geht es vor den Toren der Blomberger Altstadt am großen **Wohnmobilstellplatz** Blomberg/Lippe. Von hier aus halten wir uns rechts über den Ostring und die Heutorstraße in Richtung Altstadt. Nachdem wir eine Straßenkreuzung passiert haben, sehen wir schon von Weitem die schmucken Fachwerkfassaden. Nach 500 Metern biegen wir links in die gepflasterte Kuhstraße ab, wo sich ein hübsch verziertes Fachwerkhaus an das nächste reiht. Unsere Stadttour fühlt sich fast wie eine kleine Zeitreise an, denn Blombergs Fachwerkhäuser stammen aus den Jahren 1569 bis 1910 – fast vier Jahrhunderte. Die Kuhstraße geht schließlich leicht nach links in den Langen Steinweg über. Hier erwartet uns bald mit dem **Niederntor** ❶ ein mittelalterliches Bauwerk.

Vor dem Stadttor biegen wir nach rechts in die Weinberggasse ab. Wir folgen dem schmalen, romantisch anmutenden Gässchen etwas hinauf und halten uns an der folgenden Gabelung rechts in Richtung des Kulturhauses Alte Meierei. Wir überqueren den Parkplatz und lassen uns von dem Schild „Stadtrund-

*Gegründet zwischen 1231 und 1255 gehört **Blomberg** zur mittleren Generation der lippischen Städte. In der Altstadt zeugen zahlreiche historische Bauwerke von ihrer langen Geschichte. Bekannt ist die Stadt für ihre Nelkenzucht, die ihr den Namen „Nelkenstadt" einbrachte.*

*Das **Niederntor** wurde zwischen 1520 und 1530 erbaut und ist das letzte erhaltene Mittelalter-Stadttor im Kreis Lippe. Als südlicher Zugang führte ein alter Handelsweg durch das Tor in die Stadt Blomberg.*

Zeitreise

Mittelalterromantik in Blomberg

gang" den Weg nach links weisen. Eine offen stehende Holztür ermöglicht uns den Durchgang durch die alte Stadtmauer. Rechts begleiten uns weiterhin die dicken Steine der Stadtmauer, die die dahinterliegende Burg Blomberg schützen. Wir folgen dem schmalen Kiesweg zu einem **Aussichtspunkt** ❷ mit einer alten Linde.

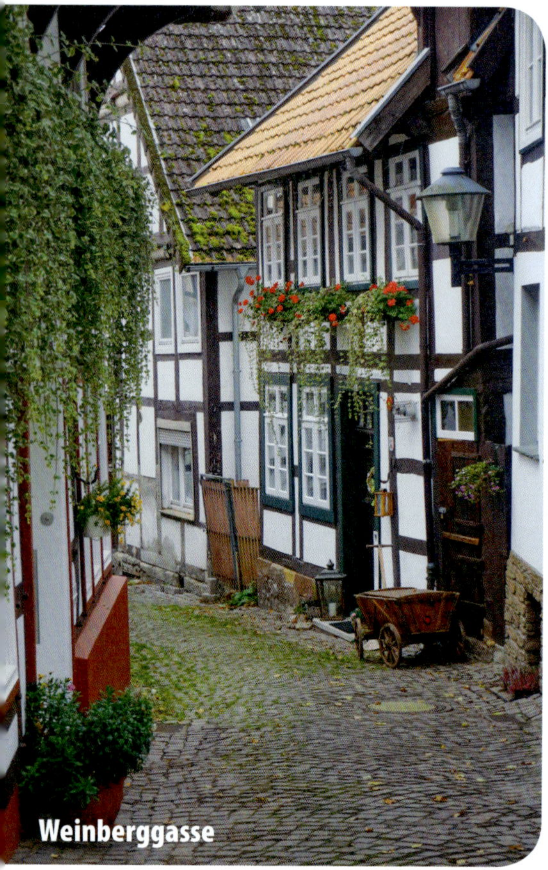

Von hier aus haben wir einen herrlichen Blick auf das Gut Blomberg, das sich idyllisch in die umliegenden Felder und die bewaldete Hügellandschaft einbettet. Rechts von der Linde führt ein Rundbogen durch die Stadtmauer. Wir heben uns das Burggelände allerdings für den Rückweg auf und gehen stattdessen unseren Weg ein Stück zurück, um den begrünten Pfad bergab in Richtung Gutshof zu nehmen. Den Blick auf den Acker und den dahinterliegenden Wald gerichtet, passieren wir rechter Hand eine Bank und überqueren auf einer kleinen Brücke den ruhigen Diestelbach.

Nachdem wir das **Gut Blomberg** ③ mit seiner Pferdekoppel passiert haben, stoßen wir auf eine Landstraße. Hier halten wir uns links, um nach nur ein paar Metern rechts in einen asphaltierten Feldweg abzubiegen. Der von Bäumen, Sträuchern und Farn gesäumte Weg führt uns zunächst in einer leichten Linkskurve etwas bergan. Kurz darauf befinden wir uns auf offenem Feld. Mitten zwischen zwei bewirtschafteten Äckern haben wir freien Blick auf Blomberg mit seiner Burg und dem emporragenden Martiniturm. Auf der anderen Seite genießen wir die weite Aussicht über das hügelige Lipperland. Vor uns den Wald und zwei Windräder im Blick, schlendern wir stetig geradeaus. Links des Weges entdecken wir mit etwas Glück feuerrote Fliegenpilze und glauben

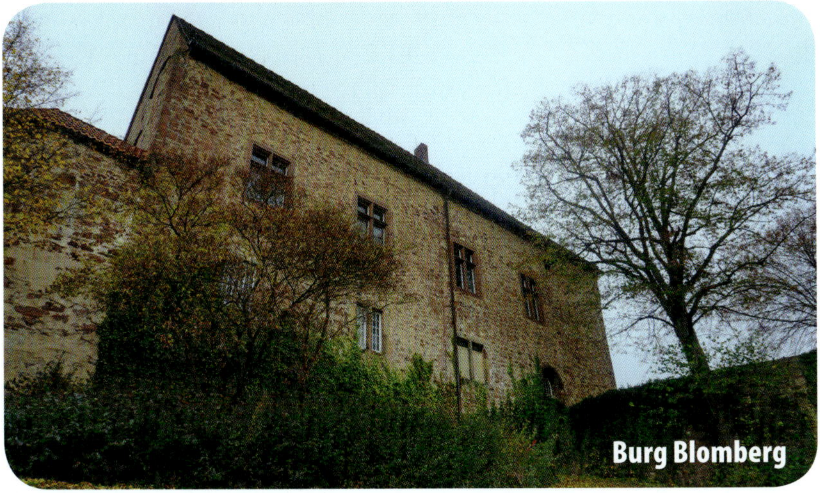

Burg Blomberg

fest daran, dass sie uns für unsere Wandertour Glück bringen.

Durch die angenehme Wegführung merken wir kaum, dass wir etwa 60 Höhenmeter gemeistert haben, als wir an der Waldkante ankommen. Kurz bevor

Für die Seele

Fachwerkromantik trifft auf weitläufige Wälder: Wir schlendern durch die mittelalterliche Altstadt mit Burg Blomberg und genießen ruhige Naturmomente.

wir den Steinberg mit seinen 243 Metern erreicht haben, lädt uns eine schöne Aussichtsbank auf ein kurzes Päuschen ein und wir genießen den weiten Blick über die unverbaute Landschaft. Wir passieren das Wasserwerk Blomberg und werden links vom angrenzenden Wald begleitet. Wir nähern uns weiter den beiden Windrädern und biegen bei ihnen links in den Waldweg mit den Markierungen 1 und A2 ab. Auf dem befestigten, angenehmen Forstweg lernen wir nun den Mischwald des Naturschutzgebietes Hurn kennen. Es folgt eine Weggabelung, an der wir uns rechts halten. An Buchen und Nadelbäumen vorbei laufen wir gleichmäßig geradeaus und genießen die entschleunigende Waldatmosphäre. Wir stoßen erneut auf eine Gabelung und nehmen die rechte Abzweigung. Nach etwa 300 Metern treffen wir links des Weges auf die **Schutzhütte des Heimatvereins Istrup** 4 und nutzen den Schutz der Holzhütte für eine Trinkpause.

Kurz hinter der Hütte biegen wir rechts ab und folgen der Markierung A2. Für etwa 400 Meter befinden wir uns gleichzeitig auf dem **Nelkenweg,** einer 42 Kilometer langen Rundwanderung durch die Landschaft um Blomberg. Sanfte Gräser streifen uns am Weg und wir folgen dem leichten Anstieg des Forstwegs. Während der Nelkenweg nach links abzweigt, halten wir uns weiter geradeaus und gehen bald leicht bergab, ehe unser Weg in eine Gabelung mündet. Wir verlassen

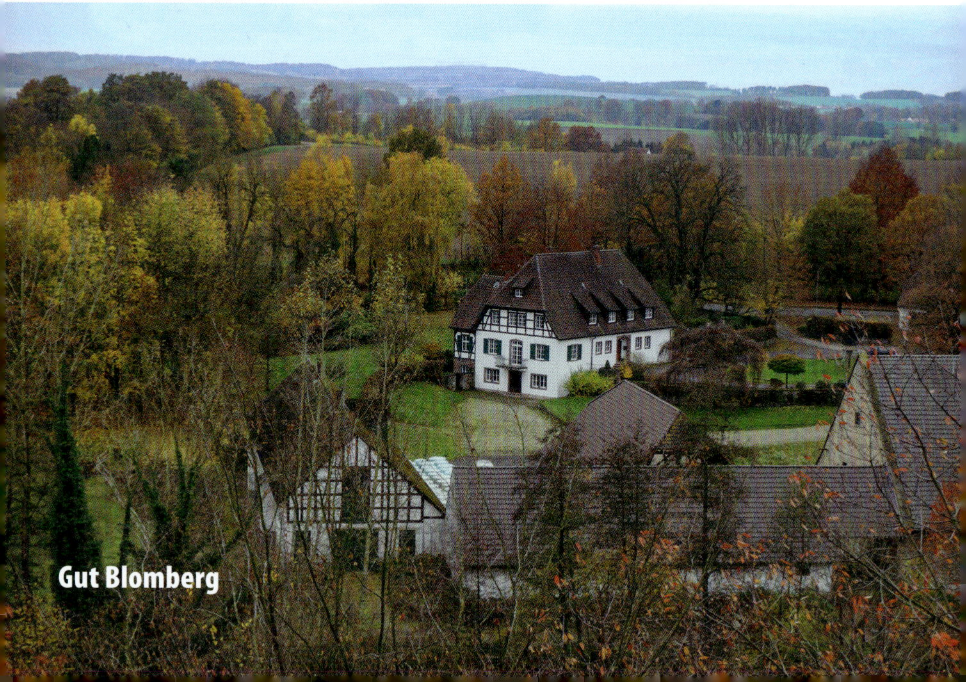

Gut Blomberg

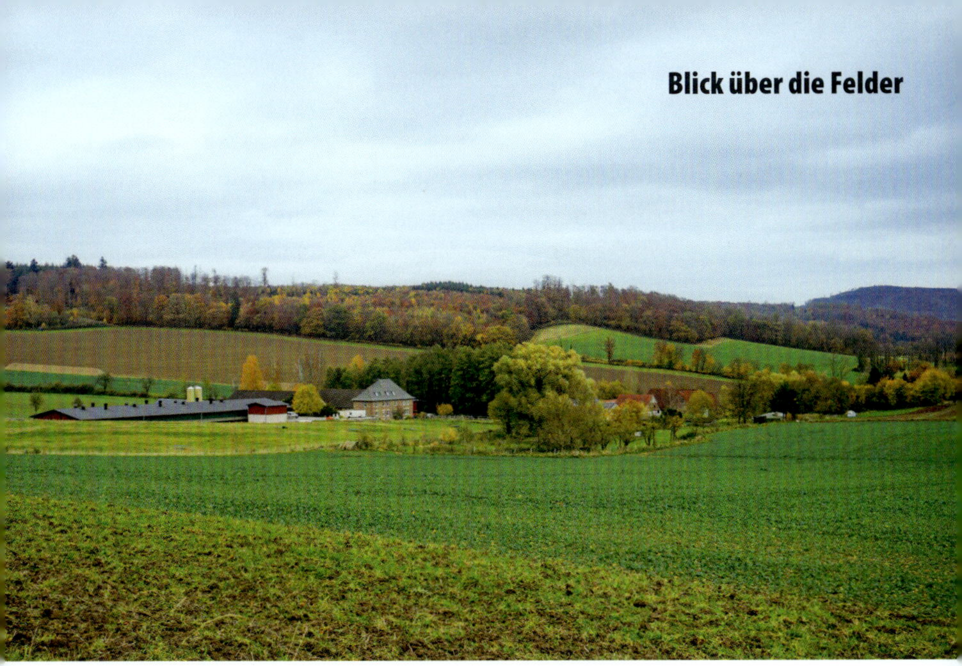

Blick über die Felder

den Wald und nehmen den von Feldern eingebetteten Wirtschaftsweg zur Landstraße. Hier halten wir uns rechts und kommen an einem großen Hühnerhof vorbei. Frei laufende Hühner begrüßen uns gackernd am Zaun des weitläufigen Geländes. Nach dem Areal folgen wir der Straße für weitere 300 Meter und biegen dann links in einen etwas unscheinbaren Weg in Richtung Feld ab, rechts von uns liegt ein Teich. Der schmale, unscheinbare Trampelpfad verläuft direkt am Feld und bringt uns zum **Gut Nassengrund 5**.

Wir biegen nach rechts in Richtung Hofgebäude ab und nehmen sofort links die erste Abzweigung, um uns vom Hof zu entfernen. Der Weg führt uns auf den Dingelstedtpfad, wo wir uns rechts halten. Wir folgen der Wegmarkierung Lipperlandweg bzw. der 2 und nehmen den schmalen Pfad rechts von einem Wohnhaus. Der Wiesenpfad führt uns leicht bergab an einem Feld vorbei und mündet auf einen asphaltierten Feldweg. Hier gehen wir links und gelangen bald in einen bewaldeten Hohlweg. Am Ende des lauschigen Hohlwegs nähern wir uns langsam wieder dem Stadtgebiet von Blomberg.

Wir folgen weiterhin der Markierung des Lipperlandwegs, kreuzen die Bextenstraße und durchqueren eine kleine, parkähnliche Fläche. Links von uns fließt der Diestelbach und wir landen schließlich auf der Straße **Walkenmühle,** an der wir rechts gehen. Vorbei an einer Minigolfanlage und Tennisplätzen geht der Weg in den Philosophenweg über. Auf dem Fußweg wandern wir entspannt an Weiden vorbei, lassen einen Teich hinter uns und überqueren den ruhig dahinplätschernden Diestelbach, der nun links von uns verläuft. Wir treffen auf das **alte Waschhaus** ❻ von Blomberg. Durch das unter Denkmalschutz stehende Gebäude fließt das Flüsschen und wir stellen uns vor, wie hier früher die Wäsche von Hand gewaschen wurde.

Nach dem Waschhaus gehen wir rechts und gelangen auf die **Holstenhöfener Straße,** der wir nach links folgen, um nach etwa 200 Metern rechts in einen schmalen, asphaltierten Pfad abzubiegen. Bergab

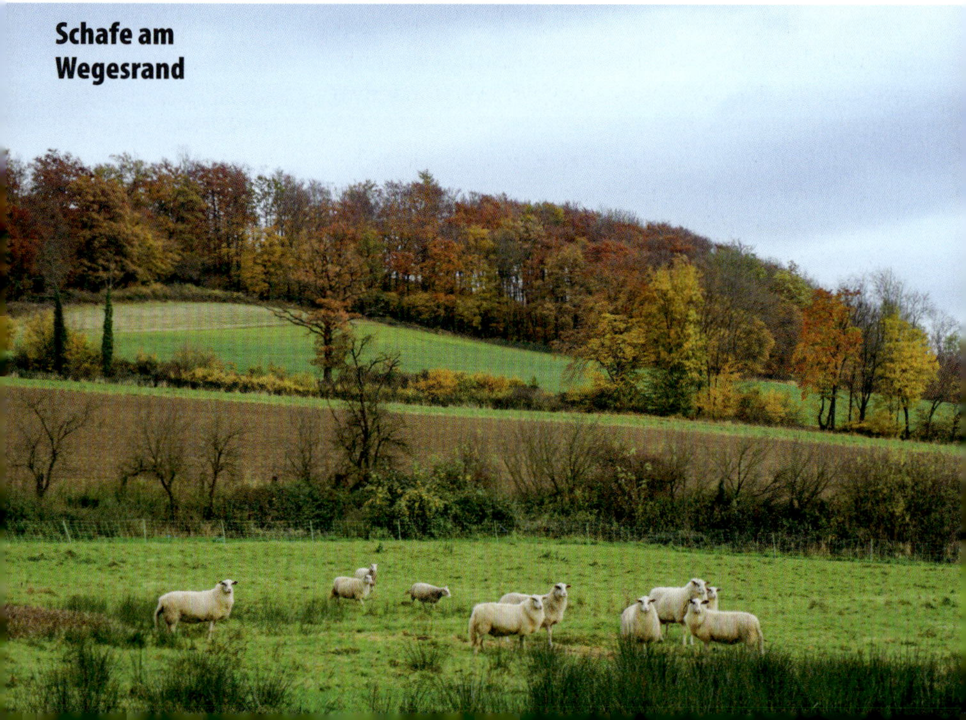

Schafe am Wegesrand

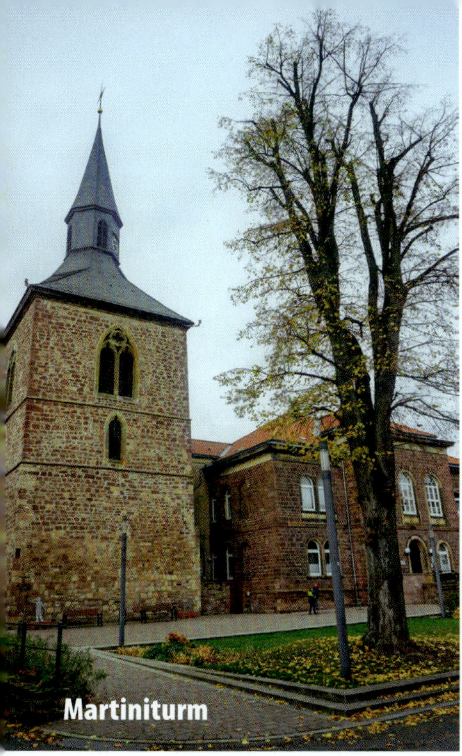

Martiniturm

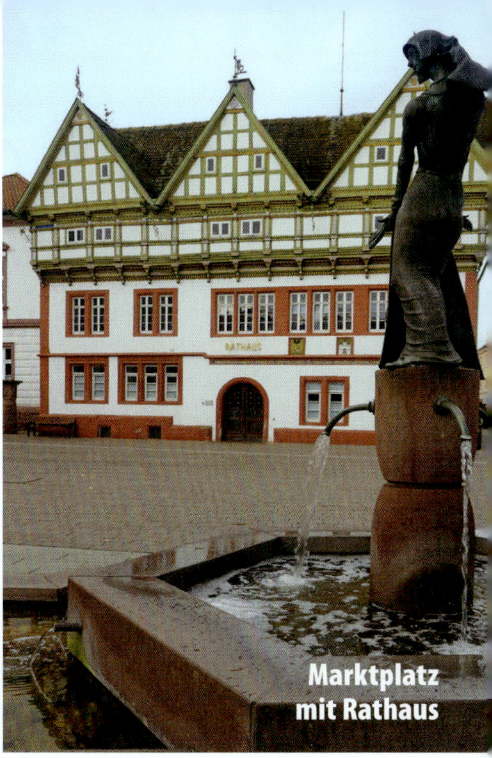

Marktplatz mit Rathaus

führt uns der von Bäumen gesäumte Weg zu einer Gabelung. Wir halten uns links in Richtung der Stadtmauer von Blomberg, wo wir hinter der Mauer eine Grundschule ausmachen können. Rechts von uns hinter dem Zaun entdecken wir noch eine Besonderheit: den **Blomberger Weinberg** 7.

Wir lösen unseren Blick vom Weinberg und gehen links durch das Tor der Stadtmauer, denn es wartet noch die eine oder andere Sehenswürdigkeit auf uns. Als Erstes passieren wir die schmucke **Klosterkirche** 8, die keinen Glockenturm besitzt, dafür aber einen anderen nutzt: Nicht weit entfernt, wir folgen einfach der Straße, treffen wir auf den **Martiniturm** 9, das älteste Bauwerk Blombergs, samt Kriegerdenkmal. An der nächsten Kreuzung halten wir uns rechts in Richtung Pideritplatz, wo wir noch einmal einen lohnenswerten Fernblick von einer **Aussichtsplattform** 10 bekommen. Kleine Täfelchen klären uns auf, welche Orte in der Ferne liegen, zum Beispiel das Hermannsdenkmal oder die Externsteine. Von der Aussichts-

Schon eine Karte aus dem 18. Jahrhundert belegt, dass in Blomberg ein ***Weinberg*** *existierte. 2005 wurde der Weinberg wiederbelebt und eine Fläche von 100 Quadratmetern beheimatet heute 99 Reben.*

__Burg Blomberg__ wurde vermutlich von den beiden Machthabern, den Edelherren zur Lippe und den Grafen von Schwalenberg und Sternberg, im 13. Jahrhundert erbaut. Mauern, Wälle, Gräben und Verteidigungstürme sorgten für den Schutz von Burg und Stadt.

plattform folgen wir dem Weg zur **Burganlage ⑪**, die wir nun von der bisher noch unbekannten nordwestlichen Seite bewundern können.

Anschließend biegen wir in die Burgstraße ein, die uns zum Kurzen Steinweg mit angrenzendem **Marktplatz** und seinem denkmalgeschützten Rathaus führt. Wir verweilen einen Augenblick auf dem Platz und entdecken links hinter dem Rathaus den Martiniturm. Für eine Einkehr mit italienischen Köstlichkeiten lockt am Marktplatz **La Piazza Ristorante ⑫**. Über den Kurzen Steinweg verabschieden wir uns von der pittoresken Altstadt. Immer geradeaus und auf der bekannten Heutorstraße kommen wir schließlich zu unserem Ausgangspunkt am Wohnmobilstellplatz.

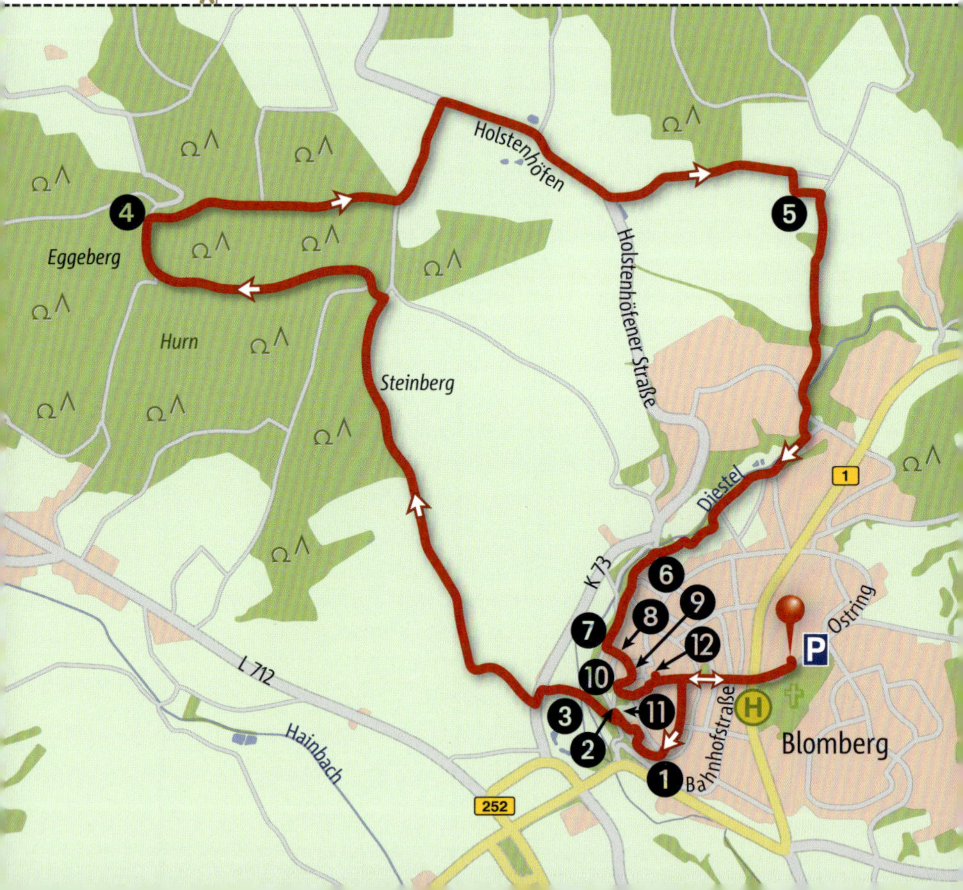

Alles auf einen Blick

WIE & WANN:
Gepflasterte Gassen in der Altstadt, asphaltierte Geh- und Feldwege, befestigte Forstwege, kurze Straßenabschnitte, weiche Wiesenpfade; ganzjährig möglich

HIN & WEG:
Auto: Wohnmobilstellplatz Blomberg/Lippe, Ostring, 32825 Blomberg (GPS: 51.944207, 9.099008)
ÖPNV: Bus 777 von Detmold oder Bus 732 von Lemgo zur Haltestelle Blomberg, Bahnhofstraße, von hier der Bahnhofstraße nach Norden folgen, bis diese auf die Heutorstraße trifft, nach links in die Tour einsteigen

ESSEN & ENTSPANNEN:
La Piazza Ristorante ⓬ Neue Torstraße 3, 32825 Blomberg, Tel. (0 52 35) 4 50 93 29, www.lapiazza-blomberg.de

ENTDECKEN & ERLEBEN:
Niederntor ❶
Aussichtspunkt ❷
Gut Blomberg ❸
Schutzhütte Heimatverein Istrup ❹
Gut Nassengrund ❺
Altes Waschhaus ❻

Entspannung ★★★★☆
Genuss ★★★★☆
Romantik ★★★★★

Weinberg ❼
Klosterkirche ❽
Martiniturm ❾
Aussichtspunkt am Pideritplatz ❿
Burg Blomberg ⓫

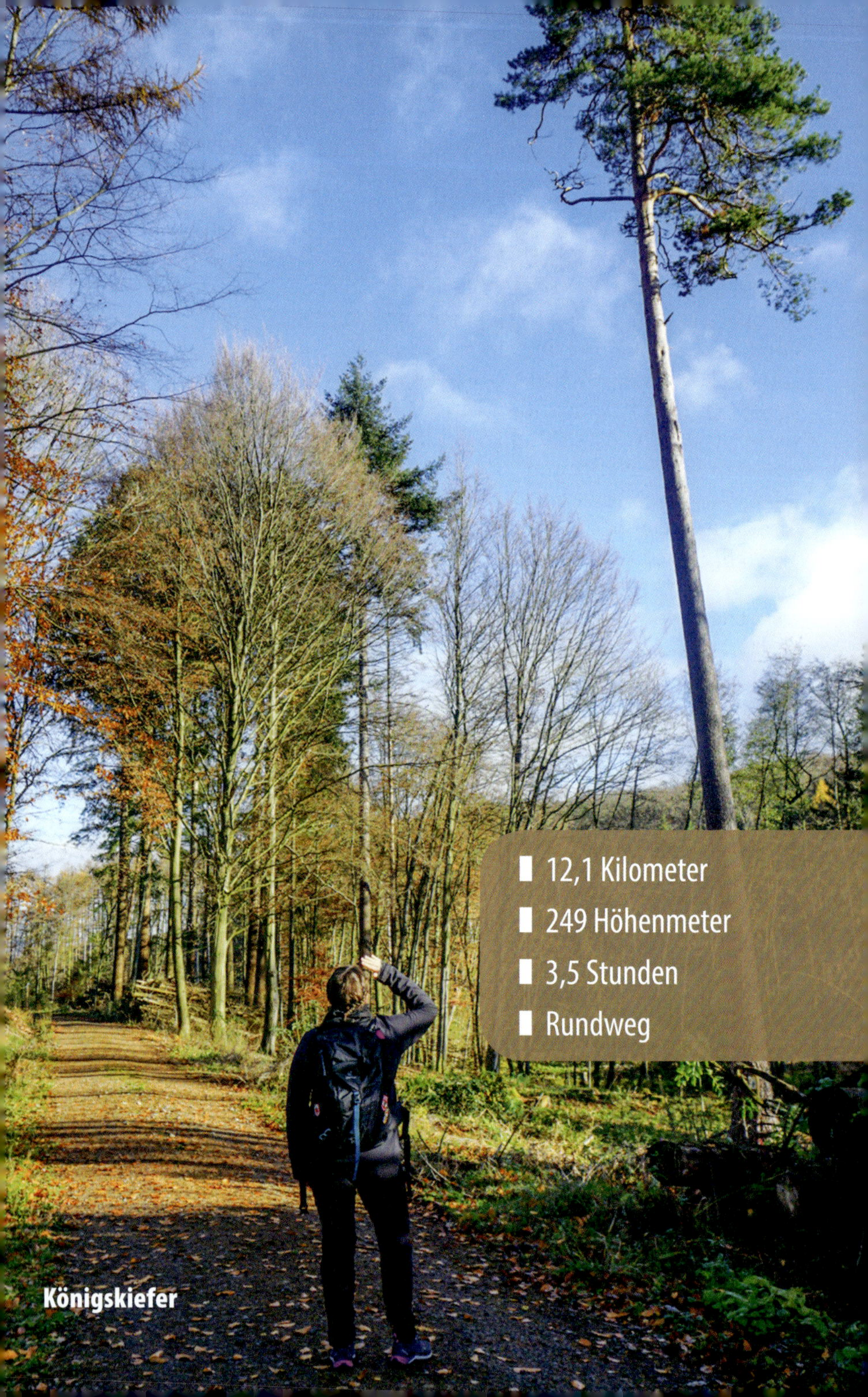

- 12,1 Kilometer
- 249 Höhenmeter
- 3,5 Stunden
- Rundweg

Königskiefer

In dem beschaulichen Örtchen Silixen im lippischen Extertal wandeln wir auf den Spuren von Wilddieben und Holzfrevlern, die in den dortigen Wäldern früher ihr Unwesen trieben. Wir starten die abwechslungsreiche Tour an der sogenannten **Bauernstelle** ❶, die sich an der Straßenkreuzung Heidelbecker Straße / Im Graben befindet.

Silixen liegt im Norden des Extertals, das sich aus zwölf ehemals selbstständigen Gemeinden zusammensetzt. Namensgeber für das ***Extertal*** *ist der Fluss Exter, der sich durch das Tal schlängelt und das Lipperland mit dem Weserbergland verbindet.*

Fast die gesamte Wanderung wird uns die Wandermarkierung mit einem illustrierten Wilddieb den Weg weisen. Am Holzhäuschen der Bushaltestelle biegen wir in die Nüllerholzstraße ein. Ein hübsches Holzschild mit der Aufschrift **„Wilddiebsroute"** prangt an der Wand eines Backsteinhauses und zeigt uns unverkennbar, welche Richtung wir einschlagen sollen. Nach ein paar Schritten treffen wir auf das denkmalgeschützte **Gerätehaus der Feuerwehr** ❷. Hier folgen wir der Beschilderung nach rechts in den Bülter Weg. Vorbei an den gepflegten Häusern des Dorfkerns passieren wir eine Kreuzung, an der wir uns weiter geradeaus halten. Alsbald geht die Straße in einen Fußweg über, der auch **Schweinedrift** ❸ genannt wird. Während der Schweinehirte hier früher seine Schweine trieb, schlendern wir gemütlich auf dem schmalen Pfad vorbei an kleinen Fischteichen mit dem plätschernden **Silixer Bach.**

Auf Diebes Spuren

Durch Wald und Feld im Extertal

Am Ende des Weges treffen wir auf einen asphaltierten Landwirtschaftsweg, dem wir nach rechts in

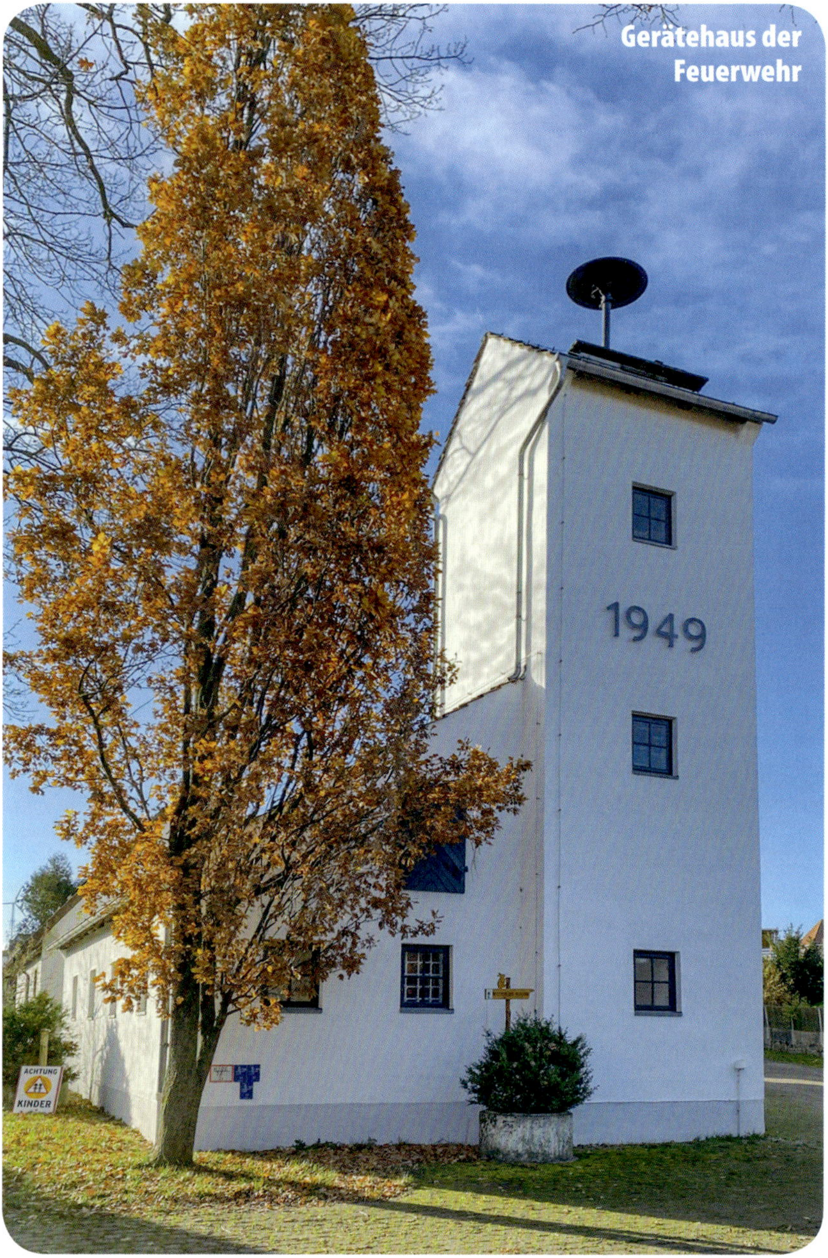

Gerätehaus der Feuerwehr

Richtung des hügeligen Extertals folgen. Herrlich entspannt wandern wir der Natur entgegen, die anfänglichen Häuser ziehen vorbei. Wir genießen die Aussicht auf die vor uns liegende Weide mit friedlich grasenden Pferden. Nach den ersten 2 Kilometern erreichen wir den Wald, wo uns eine Bank zu einer Rast einlädt. Eine Tafel informiert über den Holzdiebstahl und die Wilddieberei vor etwa 100 Jahren. Auf unserer Route treffen wir auf über 20 Tafeln, die uns die Geschichte der Region näherbringen.

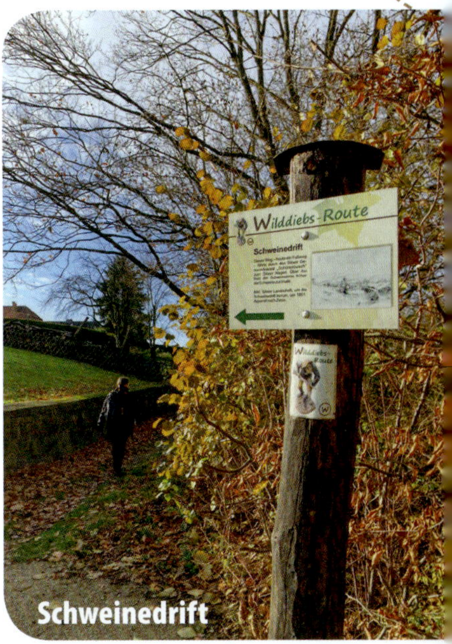

Schweinedrift

An der Bank halten wir uns rechts und nehmen den schmalen Hohlweg, der uns durch ein gerodetes Waldgebiet führt. Obgleich der Wald hier früher sicherlich dichter und baumreicher war, erfreuen wir uns an den zarten Gräsern und verschiedensten Waldpflanzen, zwischen denen ein kleiner, halbhoher Nadelbaum hindurchblitzt. Eine

Für die Seele

In den friedlichen Wäldern des Extertals kommt unser Geist zur Ruhe und malerische Aussichten gepaart mit gemütlichen Feldwegen verzaubern unser Wanderherz.

Wegmarkierung klärt uns auf, dass wir uns nicht nur auf der Wilddiebsroute befinden, sondern gleichzeitig auf dem **„Weg der Blicke“**, dem wir auf mehreren unserer Touren in Ostwestfalen-Lippe begegnen. Auf dem federnden, mit Nadeln bedeckten Boden schlängeln wir uns gemütlich durch den Wald. Wir treffen auf eine Senke mit einem kleinen Bachlauf, den wir über-

Die **Königskiefer** im Heidelbecker Forst ist die wohl eindrucksvollste ihrer Art in den lippischen Wäldern. Mit ihren 200 Jahren ist sie ca. 35 Meter hoch und hat einen Umfang von etwa 2,1 Metern.

queren, und gelangen an einen Rastplatz mit niedlichen Baumstumpfhockern. Was für ein lauschiges Plätzchen; wir lassen das durch die Baumkronen glitzernde Sonnenlicht unsere Wanderherzen wärmen.

Vom Bach wandern wir eine leichte Anhöhe hoch, wo wir auf einen Forstweg treffen. Hier halten wir uns links und entdecken nach ein paar Metern ein Hinweisschild zur sogenannten **Königskiefer 4.**

Wir lösen den Blick von diesem Naturhighlight und folgen dem angenehmen Forstweg. Nach etwa 600 Metern erreichen wir den idyllischen **Rehteich 5,** der als Feuerlöschteich angelegt wurde. Wir machen einen kurzen Abstecher zu der direkt am Teich liegenden Holzbank und genießen den friedlichen Moment, völlig im Einklang mit der Natur zu sein. Anschließend folgen wir stetig dem Forstweg und passieren die ehemalige **Steinkuhle,** aus deren Steinen unser Weg gebaut wurde. Es folgt ein eingezäuntes Aufforstungsgebiet, an dessen Wegrand erneut eine Holzbank zu einem kleinen Päuschen einlädt. Rastmöglichkeiten haben

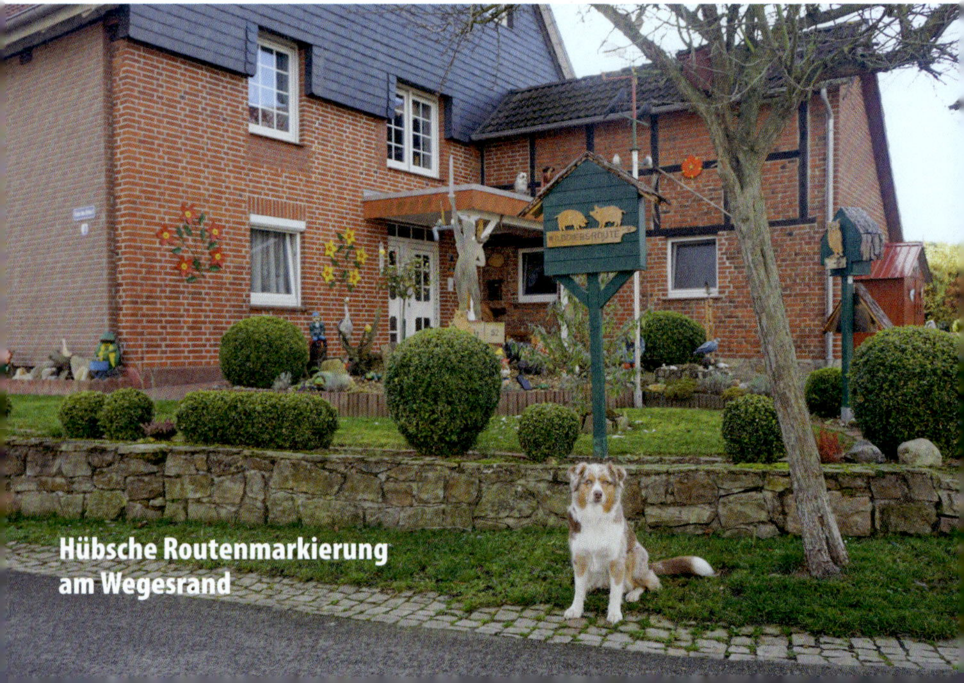

Hübsche Routenmarkierung am Wegesrand

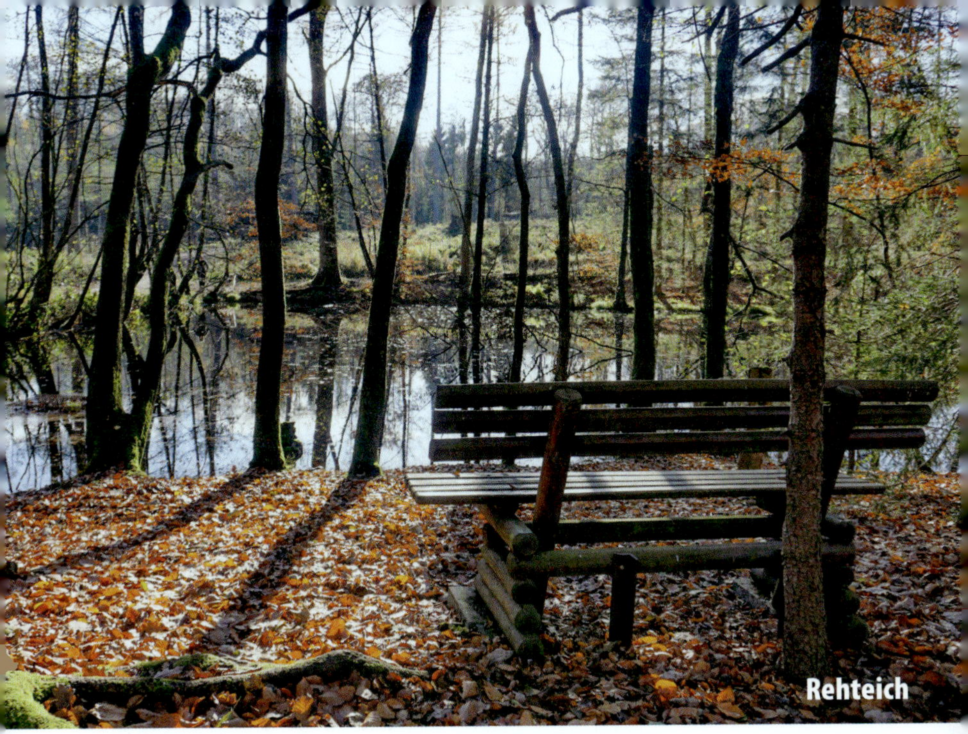

Rehteich

wir tatsächlich viele, denn alsbald gelangen wir zur nächsten: dem **Potsdamer Platz** ❻.

Wir nehmen weiter den Hauptweg der Wilddiebsroute in Richtung der Ausschilderung „Familienplatz“ und biegen kurz hinter dem Potsdamer Platz rechts ab. Auf dem Waldweg geht es für uns nun gemütlich leicht bergab. Links durch die Bäume können wir auf dem gegenüberliegenden Hügel mehrere Windräder ausmachen. An der nächsten Wegkreuzung halten wir uns rechts und begeben uns für etwa 600 Meter auf einen behaglichen Pfad mitten durch die dichten Bäume. Zur Herbstzeit ist der Weg von dickem Laub bedeckt, sodass wir herrlich durch dicke Laubschichten rascheln können. Alsbald überqueren wir die **Heidelbecker Straße,** folgen nach rechts der Forststraße, um gleich darauf links in einen Pfad einzubiegen. Der bergab führende Waldsteig bringt uns auf einen asphaltierten Weg, an dem wir einen herrlichen Blick auf satte Felder und das hügelige Waldgebiet haben.

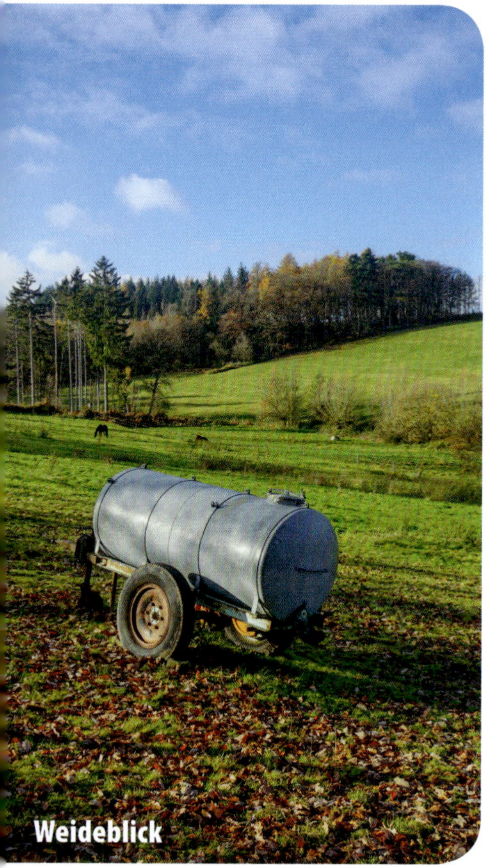

Weideblick

Wir lösen unseren Blick und folgen sofort rechts der ausgeschilderten Wilddiebsroute steil den Wald hinauf. In Serpentinen schlängeln wir uns hoch, erreichen schließlich das Plateau und gehen um den Waldkessel. Am Ende des Weges treffen wir auf einen asphaltierten Landwirtschaftsweg, dem wir nach links folgen. Nachdem wir ein Fachwerkhaus passiert haben, weist uns die **Ausschilderung „Familienplatz"** den Weg rechts hoch durch die Felder. Wir meistern einige Höhenmeter und werden nach dem Anstieg mit einer Bank und einer idyllischen Aussicht über das sanfte Hügelland belohnt. An der Bank halten wir uns links und folgen dem Weg am Waldrand zum **Familienplatz 7**, einem malerischen Rastplatz. Von den massiven Holzbänken haben wir erneut einen prächtigen Blick über die nordlippische Landschaft und hinab ins Tal der Osterkalle.

Nach einer ausgiebigen Rast geht unsere Wilddiebsroute hinter dem Familienplatz wieder in den Wald hinein. Wir erreichen eine **Weggabelung mit Beschilderung** und verlassen kurzzeitig die Wilddiebsroute: Statt ihr nach links zu folgen, begeben wir uns auf den Forstweg nach rechts. Nach etwa 250 Metern nehmen wir den nicht ausgeschilderten Pfad linker Hand, verlassen den Forstweg und folgen der Schneise in den Wald hinein. Sanft bergab treffen wir nun auf eine Beschilderung der Wilddiebsroute, die nach links zeigt. Dieser Weg würde uns allerdings wieder in Richtung Familienplatz führen, weshalb wir uns geradeaus halten, um dem Rückweg der Wilddiebsroute zu folgen. Für etwa 1,3 Kilometer bleiben wir auf dem Waldpfad, passieren rechts eine **kleine Hütte,** die an ein Hexenhäuschen erinnert. Der dichte Laubwald geht in einen lichten Nadelwald über und wir nehmen den unverwechselbaren Duft von Tannennadeln wahr.

Schließlich treffen wir auf einen asphaltierten Feldweg, dem wir nach links folgen. Unseren Blick auf offene Felder gerichtet, lassen wir uns von der Sonne wärmen. Wir passieren einzelne Häuser und lassen uns von einem Pfad nach rechts durch das Heidelbecker Holz und das Waldstück „Schwarzer Placken" führen. An der nächsten Gabelung folgen wir der Beschilderung nach links und gelangen auf eine **Landstraße,** an der wir ein kurzes Stück rechts gehen, ehe wir erneut rechts in einen Feldweg einbiegen.

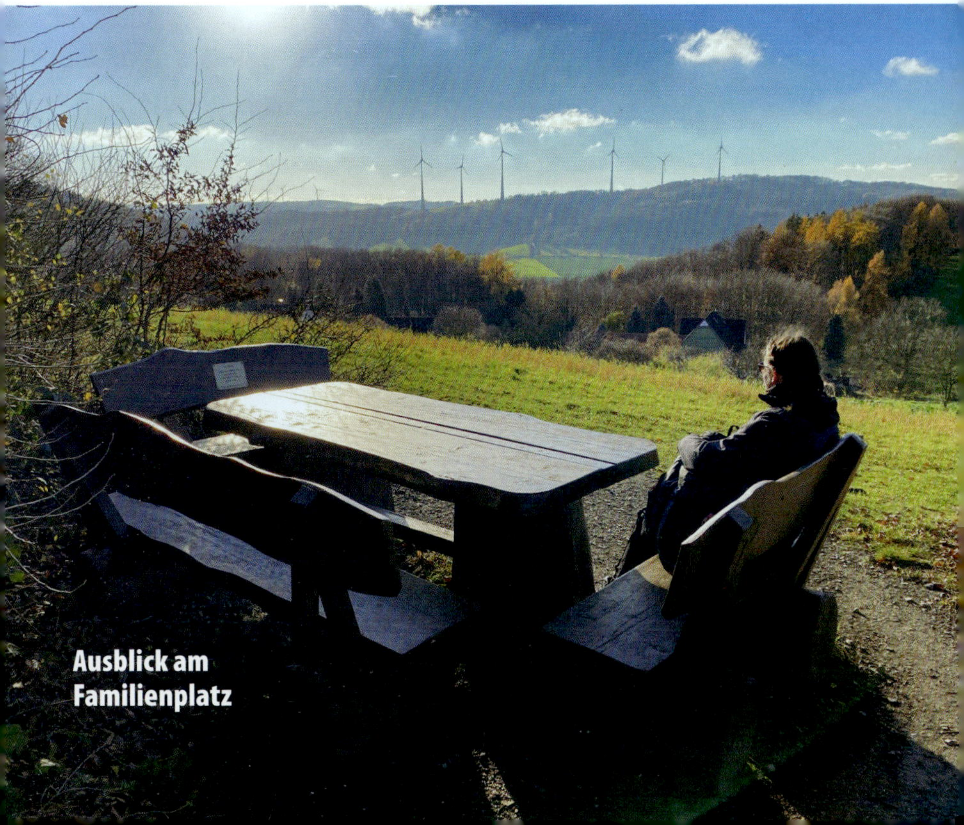

Ausblick am Familienplatz

Entschleunigungstour 17

Geradeaus führt uns die Route auf dem Wiesenpfad direkt am Rande eines Maisfeldes entlang. Langsam nähern wir uns dem Ort und genießen auf unseren letzten Kilometern noch einmal die malerischen Fernblicke auf die weite Landschaft des Nordlippischen Berglandes. Über eine kleine Brücke queren wir den schmalen **Wemke-Bach,** der lauschige Pfad führt uns durch das sogenannte Friedenstal und anschließende Wiesental. In der Ferne erkennen wir schon die Hausdächer von Silixen. An der folgenden Gabelung gehen wir links. Anschließend immer geradeaus stoßen wir nach den ersten Häusern auf die **Heidelbecker Straße,** der wir links in den Ortskern bis zu unserem Ausgangspunkt an der Bauernstelle folgen.

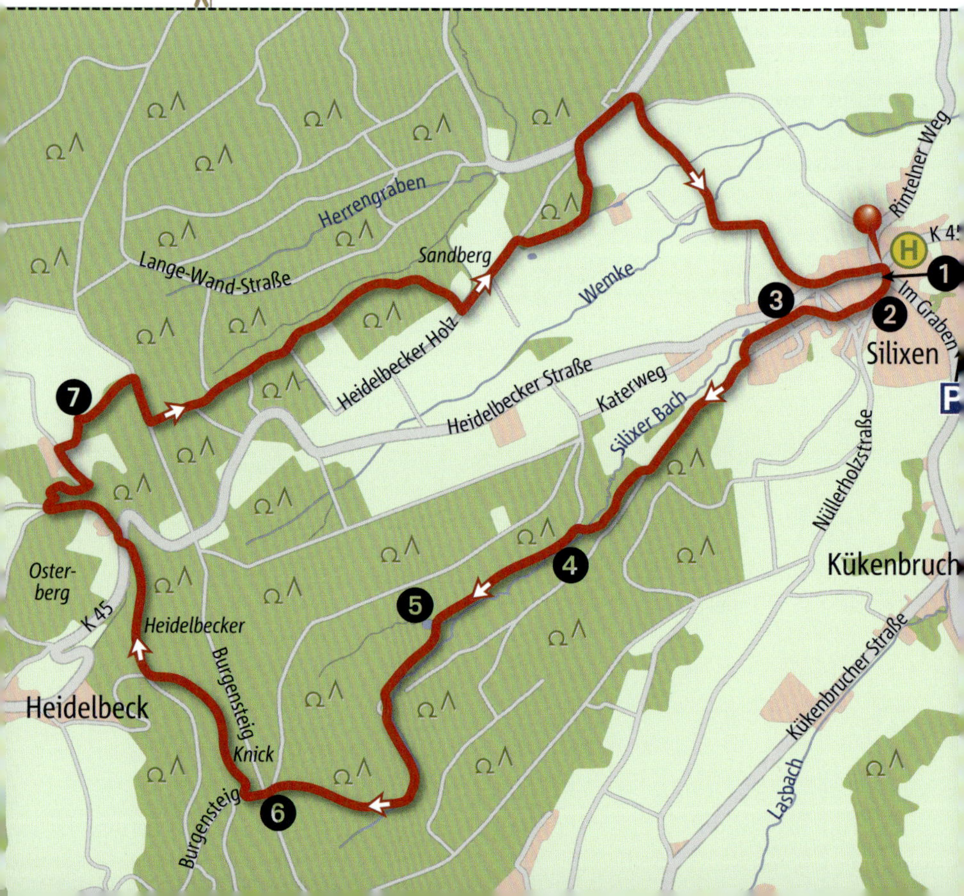

Alles auf einen Blick

WIE & WANN:
Befestigte Forstwege, weiche Wald- und Wiesenpfade, Pattwege an Feldern entlang, asphaltierte Wirtschaftswege, kurze Passagen durch ruhige Wohnsiedlungen; beste Wanderzeit von April bis Oktober

HIN & WEG:
Auto: Parkmöglichkeiten in der Nähe der Kreuzung Heidelbecker Straße / Im Graben, 32699 Extertal (GPS: 52.137653, 9.061889) oder Parkplatz am Friedhof, Im Graben, 32699 Extertal (GPS: 52.134618, 9.067570)
ÖPNV: Bus 801 von Bösingfeld oder Rinteln zur Haltestelle Extertal-Silixen, Bauernstelle

ESSEN & ENTSPANNEN:
Bitte an Rucksackverpflegung denken.

ENTDECKEN & ERLEBEN:
Bauernstelle ❶
Altes Gerätehaus der Feuerwehr ❷
Fußweg „Schweinedrift" ❸
Königskiefer ❹
Rehteich ❺

Entspannung ★★★★★
Genuss ★★★☆☆
Romantik ★★★★☆

Rastplatz Potsdamer Platz ❻
Aussichtspunkt Familienplatz ❼

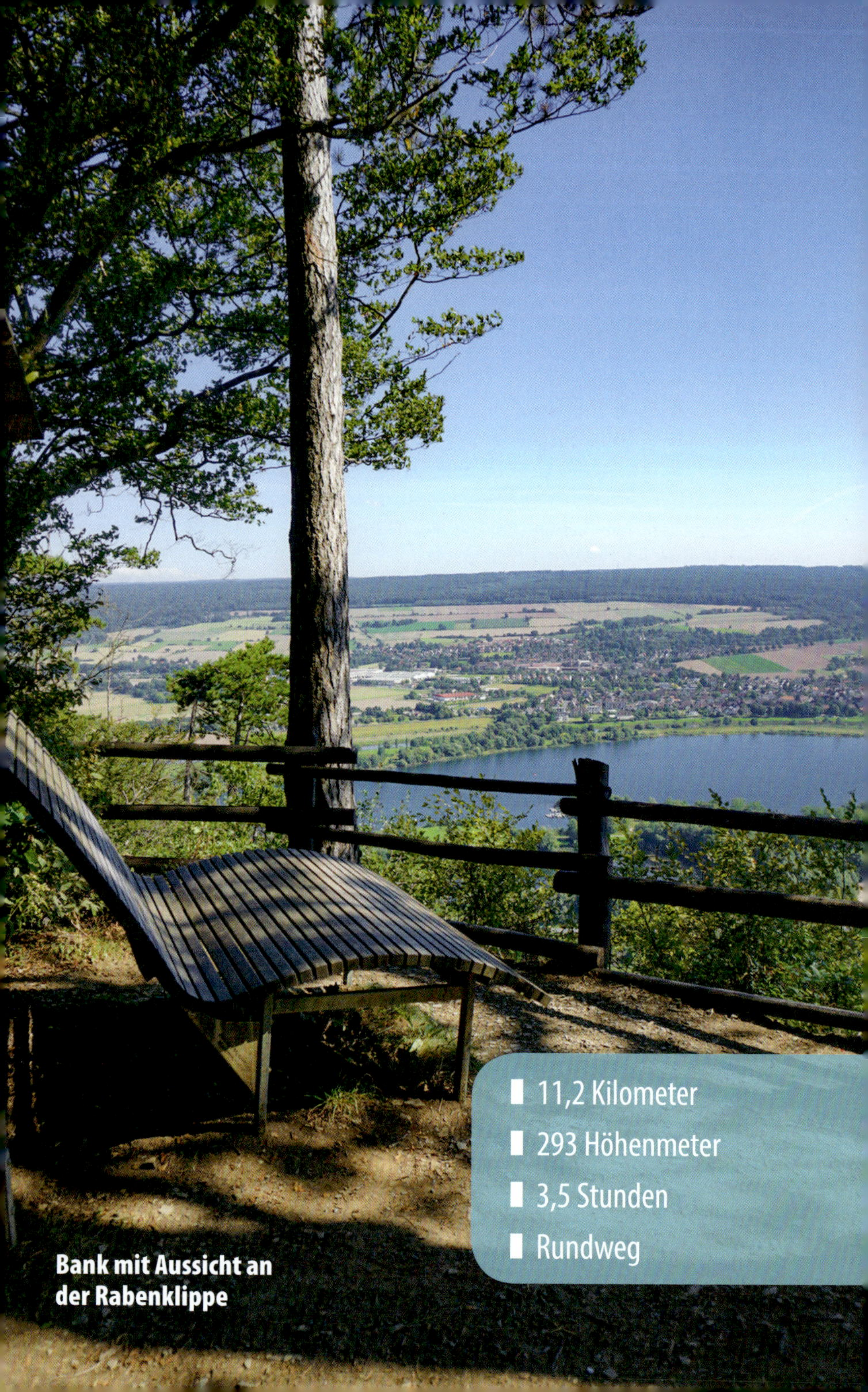

Bank mit Aussicht an der Rabenklippe

Traumhafter könnte eine ostwestfälische Wandertour kaum sein: An den Weserhängen bei Höxter erwartet uns ein herrlicher Mix aus Wasser, Wald und fantastischen Aussichten. Voller Vorfreude starten wir am **Wanderparkplatz Höxter-Godelheim** in der Straße Maygadessen. Über die gesamte Tour begleitet uns der Wegweiser mit einem kleinen Kammmolch, Zeichen des Qualitätswanderwegs „Dem Wasserdrachen auf der Spur“. Der Kammmolch ist an den Steilhängen des Brunsbergs und des Ziegenbergs beheimatet und laicht in den Gewässern des angrenzenden Naturschutzgebiets Grundlose-Taubenborn. Sein Aussehen erinnert an einen Minidrachen, was den Namen der Route erklärt.

*Der **Kammmolch** ist die größte heimische Molchart: Er kann bis zu 18 Zentimeter lang werden. Die Männchen tragen in der Wassertracht einen hohen, stark gezackten Rückenkamm und besitzen ein perlmutt-silbriges Band an den Schwanzseiten.*

Vom Parkplatz folgen wir der ruhigen Straße an alten Hofgebäuden vorbei und halten uns an der Gabelung links. Vorbei an einzelnen Wohnhäusern öffnet sich vor uns der Blick auf die bewaldeten Berghügel. Linker Hand fällt uns ein prächtiger, alter Baum mit Gedenkkreuz und Bank auf. Hier schlagen wir den Weg nach rechts ein, der uns hinauf in Richtung des dicht bewaldeten Brunsbergs bringt. Auf dem schmalen Pfad durch die Felder in Richtung Wald ist etwas Kondition gefragt. Bei kleinen Verschnaufpausen können wir einen Blick über die Schulter auf die hügelige Höxteraner Landschaft werfen.

Im Wald angekommen, folgen wir der Markierung nach rechts. Auf dem nun flacheren, schattigen Weg schlendern wir entspannt durch die Buchenmisch-

Im Drachenreich

Weserblicke bei Höxter-Godelheim

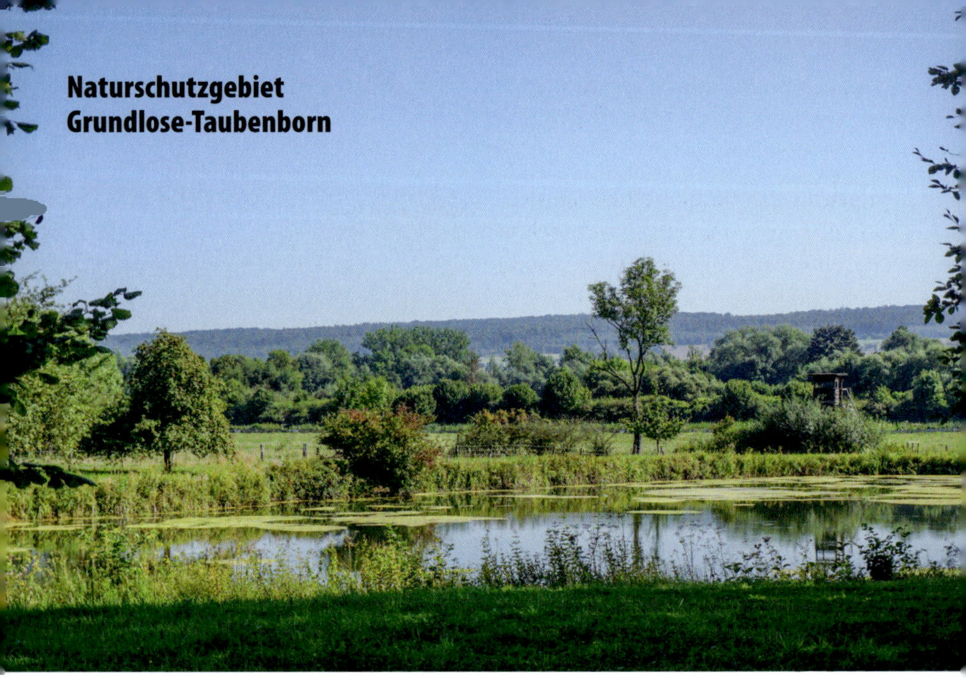

*Zum Schutz errichtete die Höxteraner Bevölkerung Mitte des 14. Jahrhunderts einen vorgelagerten Verteidigungsring, die sogenannte Landwehr. Ursprünglich bestand die **Landwehr** aus einem Wall-Graben-System. Reste der Anlage sind bis heute im Wald zu erkennen.*

*Das **Naturschutzgebiet Grundlose-Taubenborn** ist mit seinen zahlreichen Biotopen die Heimat von etwa 50.000 Amphibien und besitzt damit wahrscheinlich das größte Amphibienvorkommen in den nördlichen Mittelgebirgen.*

wälder der Weserhänge. Es geht leicht bergab, ehe wir rechts in einen kleinen, naturbelassenen Pfad einbiegen. Mitten durch wild wachsende Sträucher und Gräser schlängeln wir uns – wie herrlich es doch ist, der Natur so nah zu sein. An der nächsten Gabelung gehen wir links und befinden uns im Gebiet der Landwehr, eines vorgelagerten Verteidigungsrings aus dem 14. Jahrhundert.

Der Wald lichtet sich und der Landwehr-Weg führt uns auf einem Wiesenpfad leicht bergab auf einen asphaltierten Feldweg. Links neben uns ragen die bewaldeten Weserhänge in die Höhe. Der Asphalt geht schließlich in Kies über und an der nächsten Gabelung halten wir uns links. Wir folgen dem Weg für ca. 450 Meter und biegen dann rechts ab. Langsam nähern wir uns dem **Naturschutzgebiet Grundlose-Taubenborn 1**.

Es dauert nicht lange und wir treffen auf eine Kreuzung, an der wir den linken Weg wählen. Hier entdecken wir rechts hinter Bäumen versteckt das erste Gewässer der Grundlosen. Auf den nächsten Wandermetern lernen wir die Schönheit dieses einzigartigen Flecks immer besser kennen. Auf unserem Hauptweg erhaschen wir aufgrund der dichten Bäume kaum Blicke auf die idyllische Seenlandschaft. Doch **kleine Pfade** geben uns ab und an die Möglichkeit, an die Gewässerufer zu gelangen. Die malerische, weite Seenidylle erinnert uns fast an schwedische Seenlandschaften: Eingebettet in die Buchenwälder der Steilhänge glitzert das klare Wasser in den verschiedensten Grün- und Blautönen. Die Hänge des Brunsbergs und des Ziegenbergs spiegeln sich in der Seeoberfläche. Leider entdecken wir keinen kleinen Wasserdrachen oder eine andere der zehn beheimateten Lurcharten – doch wir können gut nachempfinden, wie wohl sich die Tiere hier fühlen müssen.

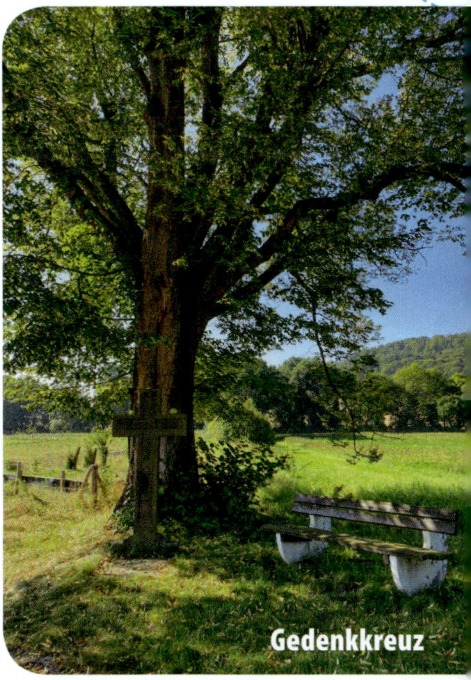
Gedenkkreuz

Nach ausgiebigen Momenten an diesem lauschigen Glücksort folgen wir dem Hauptweg bis zur nächsten Gabelung, an der wir uns links halten. Für ein kurzes Stück gehen wir auf der asphaltierten Waldstraße **Taubenborn,** bevor uns die Wandermarkierung in einen Waldpfad rechts hochführt. Hier ist wieder unsere Kondition gefragt, denn insgesamt wollen auf den nächsten 1,4 Kilometern etwa 120 Höhenmeter überwunden werden. Und so schlängeln wir

Für die Seele

Eine zauberhafte Seenlandschaft in unberührter Natur und beeindruckende Panoramablicke ins Wesertal machen diese Tour zu einem besonderen Wandergenuss.

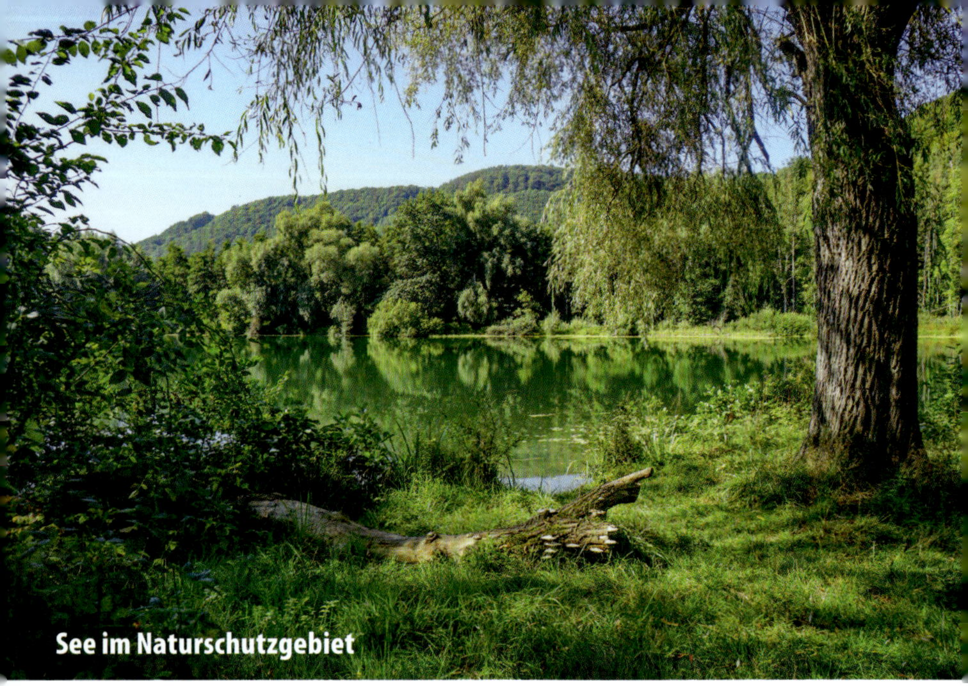

Der **Rodeneckturm** ist ein Überbleibsel aus der Kaiserzeit: Auf etwa 220 Metern Höhe wurde der Turm 1883 am Ziegenberg erbaut und bietet bis heute wohl den schönsten Ausblick auf Höxter und die malerische Weserschleife.

uns auf schmalen Pfaden durch den herrlichen Buchenmischwald. Stetig weist uns die Markierung des Wasserdrachens die Richtung, lässt uns ein Teilstück des sogenannten **Schäfertrifts** laufen und zeigt uns an den folgenden Gabelungen zuverlässig den Weg. Der zunächst letzte steile Anstieg führt uns links haltend zum **Rodeneckturm** ❷.

Es ist ein absolutes Muss, die 49 Stufen der Wendeltreppe zu erklimmen und die fantastische Aussicht auf die ausgedehnte Weserlandschaft und die Wälder des Sollings zu genießen. Beschwingt von diesem Tour-Highlight setzen wir unseren Weg fort und folgen vom Turm aus links unserer bekannten Beschilderung in Richtung Rabenklippen. Wieder leicht bergan, schätzen wir den naturverbundenen Pfad und streifen die zarten Gräser am Wegrand. Nach einer scharfen Linkskehre führt uns der Pfad zum angenehm ebenen **Klippenweg,** dem wir nach rechts folgen. Es naht der nächste Tour-Höhepunkt: Wir erreichen nach 1,5 Kilometern einen weiteren beeindruckenden Aussichtspunkt. Auf der **Rabenklippe** ❸ bietet eine Bank einen grandiosen Blick auf die Godelheimer Seenplatte, die

Weser und das Dreiländereck Nordrhein-Westfalen, Niedersachsen und Hessen. Unter den schattigen Kronen der Laub- und Nadelbäume können wir die weite Sicht auch an warmen Wandertagen ausgiebig auf uns wirken lassen.

Anschließend folgen wir wieder dem angenehmen Klippenweg, bis wir auf eine asphaltierte Forststraße treffen. Hier gehen wir links und halten uns auch an der nächsten Gabelung links. An Feldern mit Windrädern vorbei bleiben wir für etwa 300 Meter auf diesem Weg und biegen dann linker Hand in den etwas versteckten Waldweg ab. Auf weichem Waldboden erreichen wir die **Schutzhütte Brunsberg** (4), die ein beliebter Startplatz für Paraglider und Drachenflieger ist. Wir beobachten kurz, wie die bunten Gleitschirme in den Himmel emporsteigen, und lassen es uns nicht nehmen, noch einmal einen traumhaften Blick hinab ins Wesertal zu werfen. Weiter unserem Weg folgend, gelangen wir an eine Art Wendehammer, an dem wir

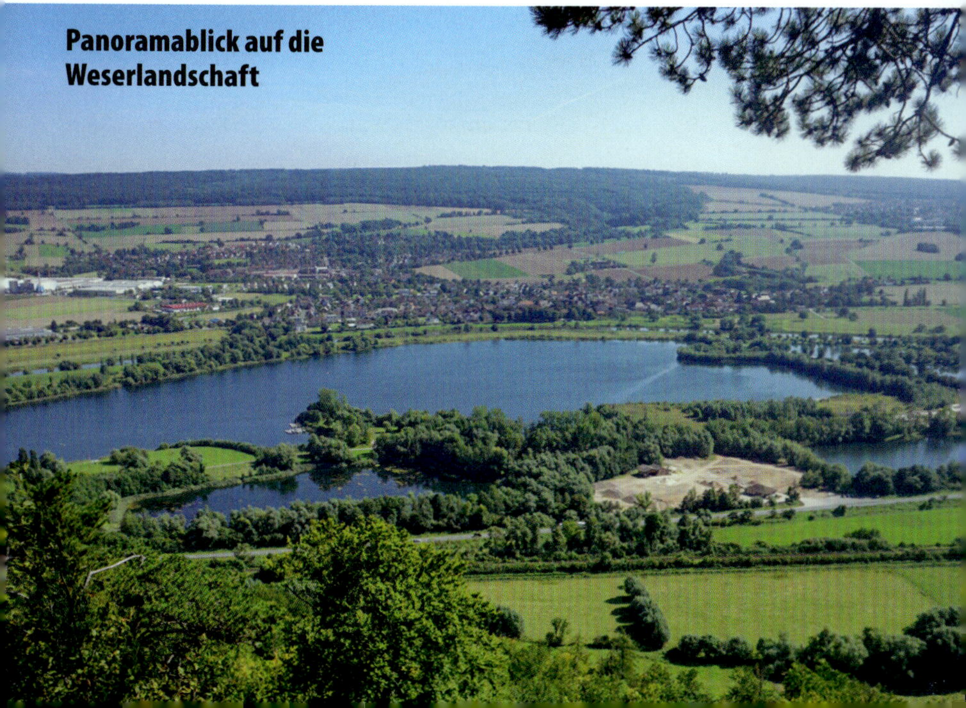
Panoramablick auf die Weserlandschaft

links in Richtung Wald gehen. Wir treffen bald auf die Ruine der alten **Brunsburg 5**, deren Geschichte bis ins Mittelalter reicht.

Vor der Infotafel zur Burg halten wir uns rechts und folgen dem Hohlweg auf laubbedecktem Boden und durch die wild wuchernde Pflanzenwelt. An der nächsten Gabelung führt uns der Weg rechts bergab. Wir treffen auf eine asphaltierte Forststraße, der wir ein paar Schritte folgen, ehe wir rechts den angenehmeren Waldpfad parallel zur Forststraße wählen. Der Pfad führt uns zu einem bereits bekannten Wegpunkt: Wir erinnern uns an den ersten steilen Anstieg unserer Tour. Auf vertrautem Weg gehen wir zwischen den Feldern hinab zum Wanderparkplatz.

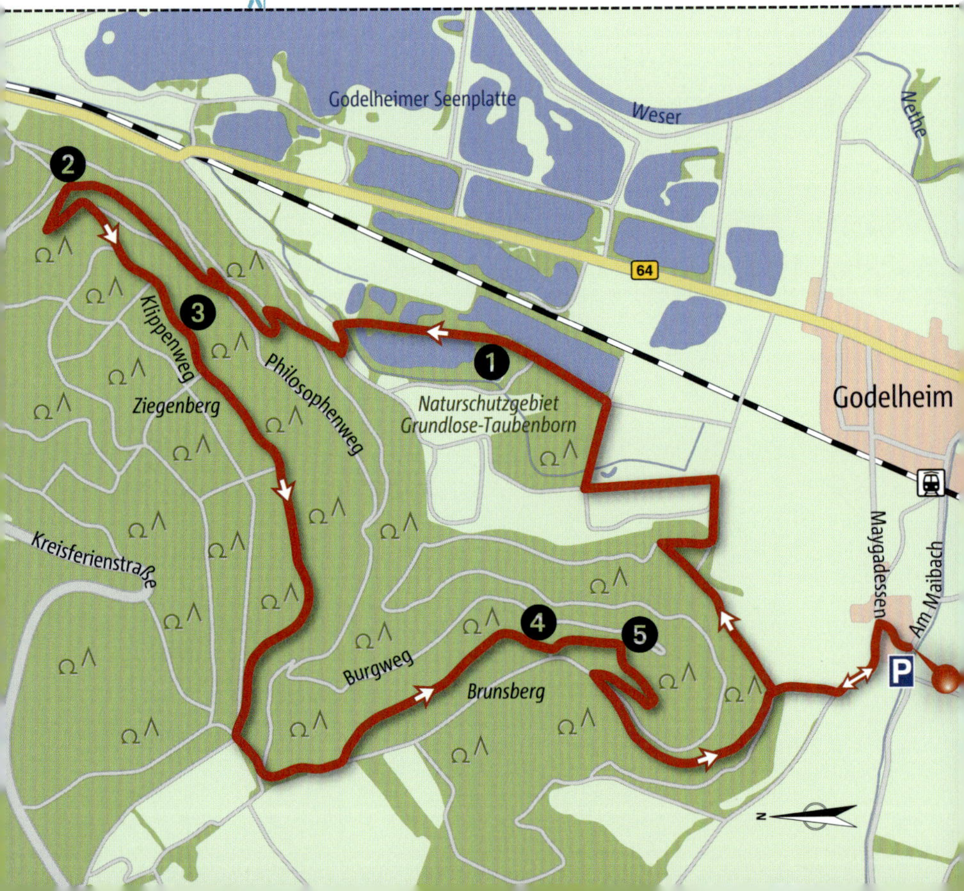

Alles auf einen Blick

WIE & WANN:
Schmale Waldpfade, befestigte Wirtschaftswege, schattiger Höhenweg; beste Wanderzeit von April bis Oktober

HIN & WEG:
Auto: Wanderparkplatz in Godelheim, Maygadessen, 37671 Höxter (GPS: 51.735776, 9.348875)
ÖPNV: Mit der Regionalbahn zur Bahnhaltestelle Godelheim, hier der Straße Am Maibach ca. 600 Meter bis zum Wanderparkplatz folgen

ESSEN & ENTSPANNEN:
Bitte an Rucksackverpflegung denken.

ENTDECKEN & ERLEBEN:
Naturschutzgebiet Grundlose-Taubenborn ❶
Rodeneckturm ❷
Aussichtspunkt Rabenklippe ❸
Schutzhütte Brunsberg ❹
Ruine Brunsburg ❺

Entspannung ✱✱✱✱✱
Genuss ✱✱✱
Romantik ✱✱✱✱✱

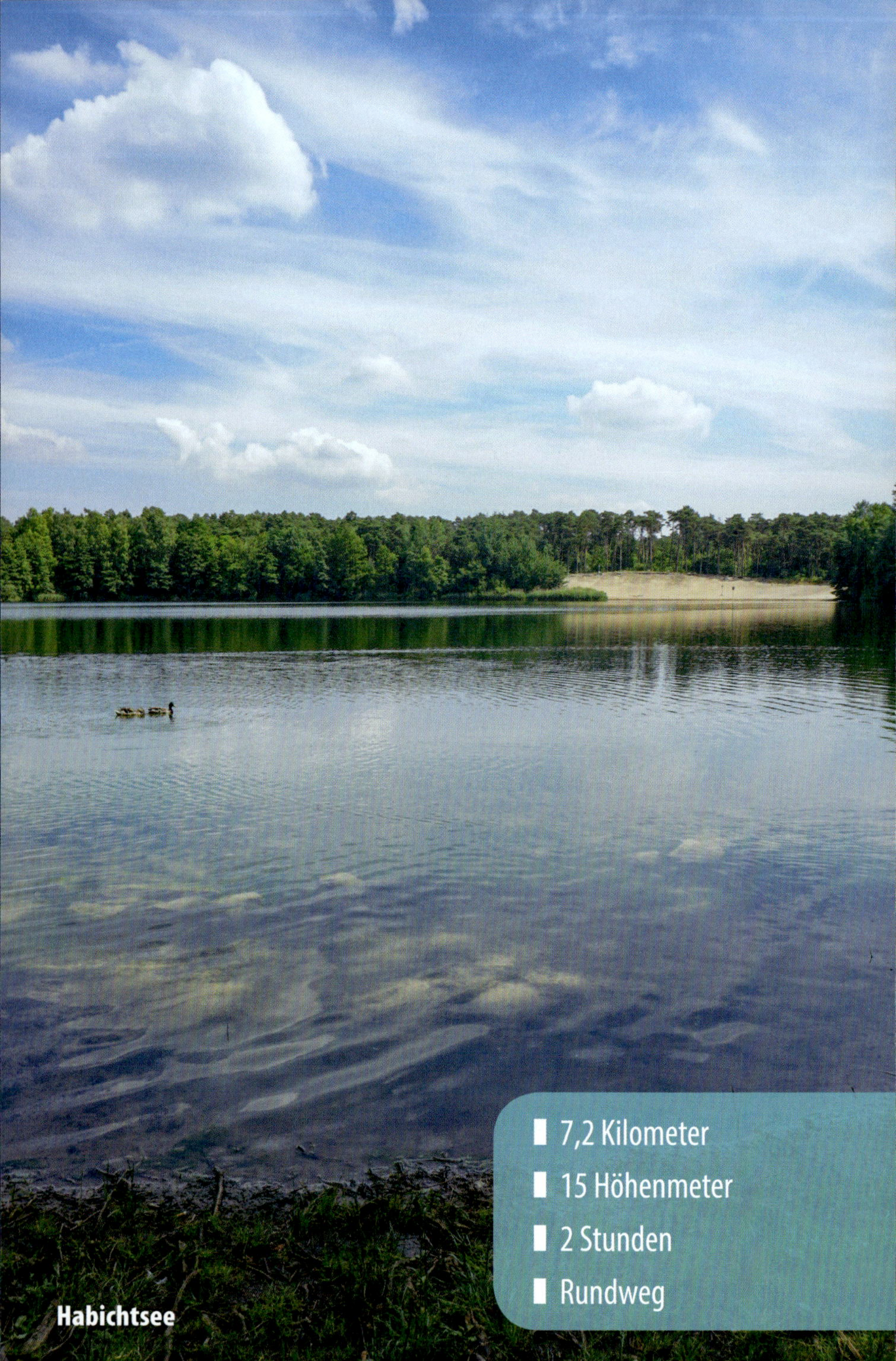

- 7,2 Kilometer
- 15 Höhenmeter
- 2 Stunden
- Rundweg

Habichtsee

Von Ufer zu Ufer

Der Drei-Seen-Weg in Paderborn

Wir starten unsere Tour am Habichtsweg im Paderborner Stadtteil Schloss Neuhaus. Auf die ersten Wasserblicke müssen wir nicht lange warten, denn parallel zum Habichtsweg verläuft der befestigte Uferweg des ca. 6 Hektar großen **Habichtsees** ①. Vom Ufer genießen wir den Blick auf das ruhige Gewässer, das von einem prächtigen Baumbestand und zartem Schilf umgeben ist. Zufrieden zieht eine kleine Entenfamilie ihre Kreise. Beschwingt folgen wir dem Uferweg im Uhrzeigersinn, um das nördliche Ende des Habichtsees zu erreichen, und halten uns am **Waldrand** rechts. Immer wieder erlaubt uns der Weg weite Blicke auf die klare Wasseroberfläche. Bald werden die Bäume dichter und wir freuen uns über den angenehm weichen Waldboden.

Wir entdecken links einen in den Kiefernwald führenden Pfad, der durch eine Schranke und ein Hinweisschild des Truppenübungsplatzes gekennzeichnet ist. Diesem werden wir später folgen, doch zunächst lohnt es sich, geradeaus auf den **Sandstrand des Habichtsees** ② zuzusteuern. Hier genießen wir den See und auch den Ausblick über die für diese Region charakteristische Sennelandschaft mit angrenzendem Kiefernwäldchen – ein herrliches Picknickplätzchen. An heißen Tagen nutzen viele den naturnahen Strand zum Sonnenbaden. Aber Achtung: Baden ist ausdrücklich nicht gestattet.

Vom Strand gehen wir zurück zu dem zuvor entdeckten **Waldpfad**, in den wir jetzt rechts abbiegen. Wir

*Die **Sennelandschaft** umfasst ein ca. 250 Quadratkilometer großes, artenreiches Gebiet im südlichen Ostwestfalen-Lippe. Vor etwa 200.000 Jahren schmolzen hier die Gletscher und die heutige Landschaft mit Wäldern, Heide und Sandböden konnte sich entwickeln.*

*Der 116 Quadratkilometer große **Truppenübungsplatz** wird bereits seit Ende des 19. Jahrhunderts für militärische Zwecke genutzt. Seit 1945 verwalten ihn die britischen Streitkräfte, die den Betrieb auch nach ihrem Abzug im Jahr 2019 aufrechterhalten.*

folgen dem Weg stetig geradeaus und ignorieren die links und rechts abzweigenden Pfade. Hinweisschilder informieren darüber, dass sie aufgrund des angrenzenden Truppenübungsplatzes für Wanderer gesperrt sind.

Während wir entspannt durch den Wald schlendern, erfreuen wir uns an der friedlichen Stille des Waldes und dem fröhlichen Vogelgezwitscher. Wir lassen den Blick linker Hand über eine große Wiesenlichtung schweifen: Umgeben von Bäumen betrachten wir im Frühsommer die sanften Gräser im Wind sowie den blühenden Löwenzahn. Am Ende des Weges stoßen wir auf den grünen Schutzzaun einer **britischen Kaserne** ③ und biegen rechts ab. Parallel zum Zaun treffen wir schließlich auf die Husarenstraße, die wir überqueren. Auf der anderen Straßenseite wartet die Einfahrt des **Campingplatzes Am Waldsee** ④ auf uns. Das Gelände durchqueren wir auf dessen Hauptweg. Während links und rechts des Weges die Campinggäste ihre Freizeit genießen, steuern wir auf das Ufer

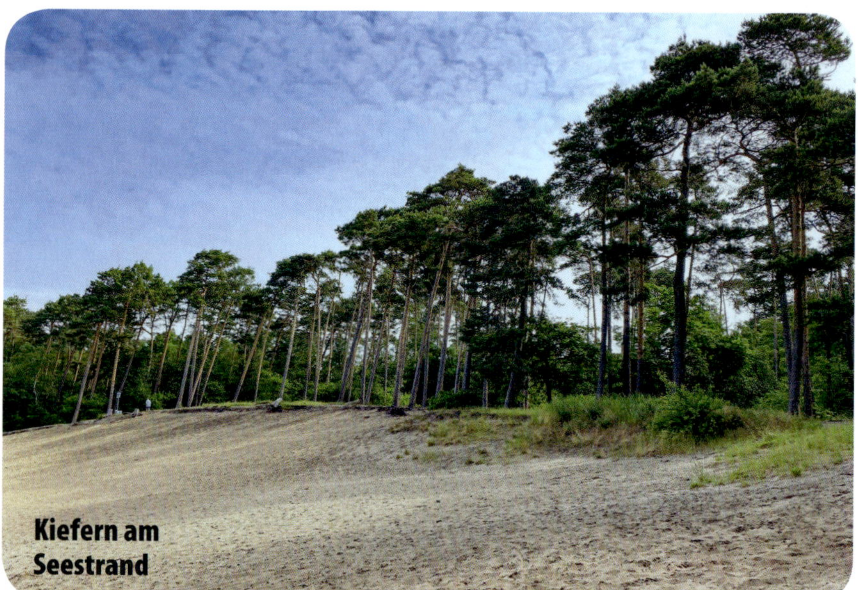

Kiefern am Seestrand

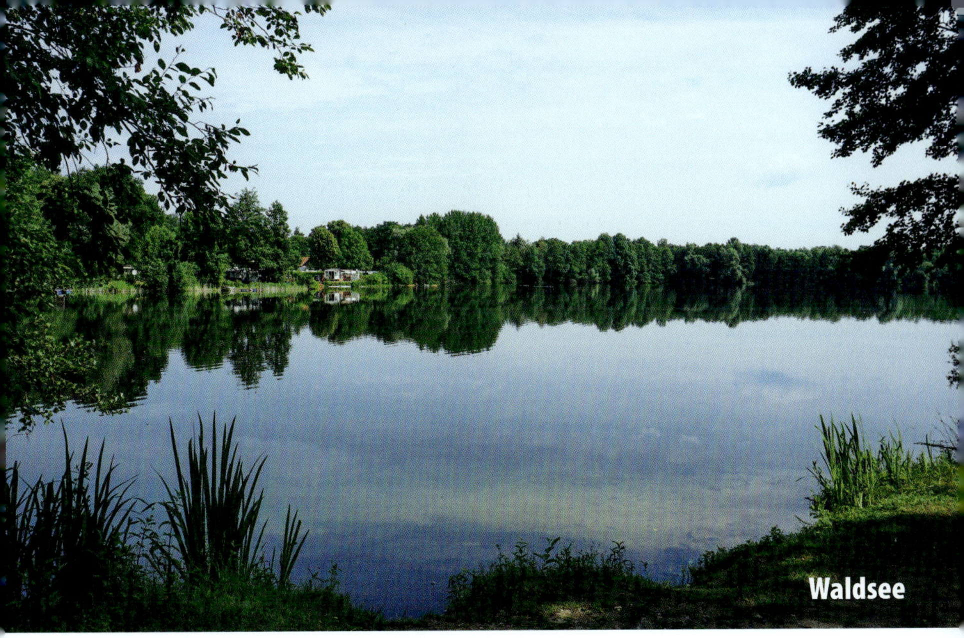

Waldsee

des zweiten Sees zu: Durch Bäume, Gräser und Schilf erhaschen wir erste Blicke auf den 11 Hektar großen **Waldsee** ⑤. Wie die anderen Baggerseen ist er nicht natürlichen Ursprungs, sondern entstand durch den Abbau von Sand. Am Ufer angekommen, halten wir uns rechts. Ein Weilchen begleitet uns noch der Campingplatz, während links immer wieder kleine Uferstellen zum Verweilen am See einladen.

Nachdem wir uns zunächst auf einem schmalen Pfad durch die üppige Pflanzenvegetation geschlängelt haben, folgen wir dem **Seeweg** bald auf befestigtem, schotterartigem Grund und grüßen den einen oder anderen Angler, der sein Glück beim Fischfang versucht. Der Weg führt uns immer nahe am Seeufer etwa

Für die Seele

Der Drei-Seen-Weg macht seinem Namen alle Ehre: Gleich drei idyllische Gewässer warten auf uns und versprechen lauschige Momente an ruhigem Wasser.

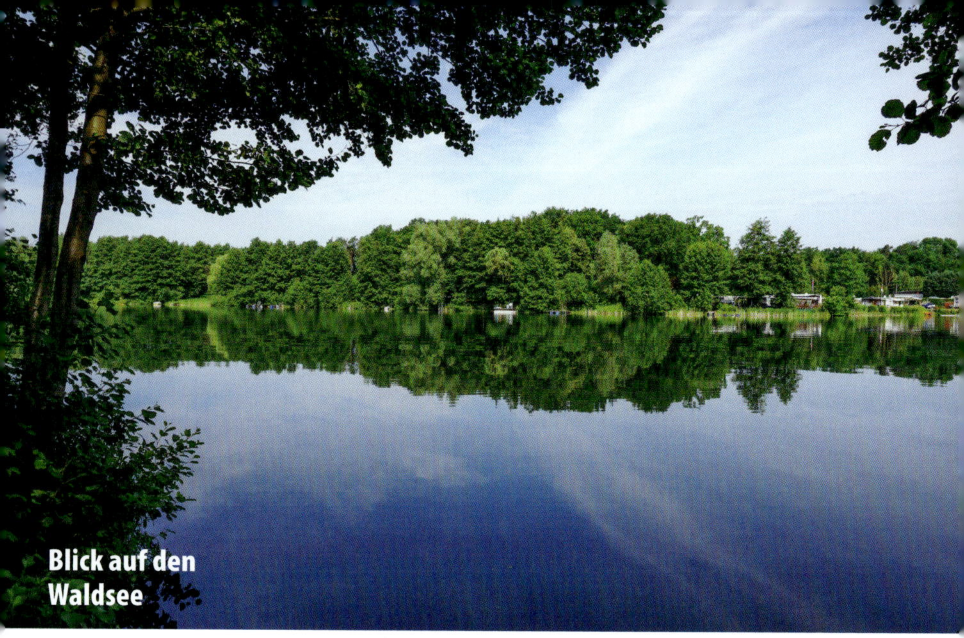
Blick auf den Waldsee

800 Meter geradeaus und lässt uns zwischen Pferdekoppeln hindurchwandern, bis wir am östlichen Ende des Sees ankommen. Wir werfen einen letzten Blick auf die spiegelnde Wasseroberfläche, um uns dann rechts zu halten. Die asphaltierte Zubringerstraße führt uns zur **Hatzfelderstraße.** Nach deren Überquerung bleiben wir geradeaus auf dem vor uns liegenden Kiespfad. Linker Hand kommen wir an einer beschaulichen **Kleingartenanlage** vorbei und auf der rechten Seite erstrecken sich die weiten Koppeln eines Pferdehofes.

Kurz darauf treffen wir auf ein **Steindenkmal** **6**, das dem Grafen von Wolff-Metternich gewidmet ist. Tragischerweise verunglückte Levin Graf Wolff-Metternich 1889 bei der Jagd und starb infolgedessen. Wir lassen das Denkmal hinter uns und stoßen auf den Schatenweg, hinter dem das letzte Gewässer des Drei-Seen-Weges liegt: Die **Talleseen** **7** verstecken sich hinter dichtem Gras- und Schilfgewächs. Unter-, Mittel- und Obersee sind jeweils durch schmale Landstreifen voneinander getrennt. Der breite, als Fahrradweg gekennzeichnete Schatenweg lässt kaum Blicke auf die Seen zu. Wir entscheiden uns daher für den links verlaufenden schmalen Pfad, der uns näher an das Ufer bringt. Hohe Gräser und Laubbäume trennen uns vom Wasser, doch von dem schmalen Pfad aus bekommen wir die drei Talleseen trotzdem zu Gesicht. In den Seen ist übrigens die bedrohte Bachmuschel heimisch, was für eine gute Wasserqualität spricht.

Gegen Ende des letzten Tallesees biegen wir rechts ab, kreuzen den breiten **Fahrradweg** und tauchen geradeaus in einen Waldpfad ein, der mit Nadeln bedeckt ist. Wir schlendern durch das schattige Wäldchen und landen auf dem asphaltierten **Westphalenweg.** Hier halten wir uns links und folgen dem von Feldern gesäumten Weg bis zu einem ruhigen Wohngebiet, das von Einfamilienhäusern geprägt ist. Wir wandern durch die Anliegerstraße und biegen an der folgenden Kreuzung rechts in die **Trakehnerstraße** ab.

Das kurze Stück Straße nehmen wir in Kauf, kreuzen die Hatzfelder Straße und folgen weiter der Trakehnerstraße, die jetzt als Wirtschaftsweg von Feldern gesäumt ist. Stetig geradeaus kreuzen wir zwei Straßen und biegen dann bei einem Hundetrainingsplatz links in den **Marschallteich** ab. Noch begleiten uns Felder,

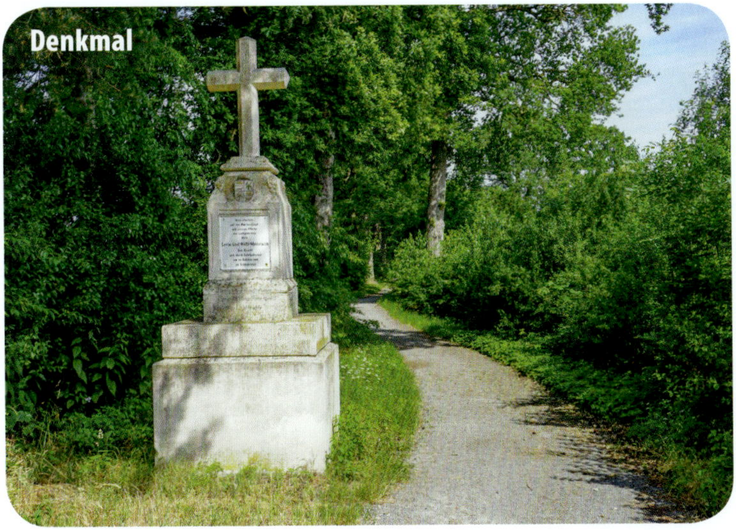
Denkmal

bevor wir kurz darauf bei den ersten Häusern dem Kürassierweg nach rechts folgen. Dieser wird kurz zur Spielstraße und stößt dann auf die Husarenstraße.

Es ist nun nicht mehr weit bis zu unserem Ausgangspunkt: Wir halten uns an der Husarenstraße links, überqueren diese an einem Zebrastreifen und biegen rechts in den befestigten **Waldweg** ab. Wir passieren in dem fast parkähnlichen Gelände rechts einen Spielplatz und nähern uns dem südlichen Ufer des Habichtsees. Wir genießen noch einmal den freien Blick auf das klare Wasser und den gegenüberliegenden Sandstrand, bevor wir zufrieden und gemütlich auf dem Uferweg zurück zum Anfangspunkt unserer Wanderung flanieren.

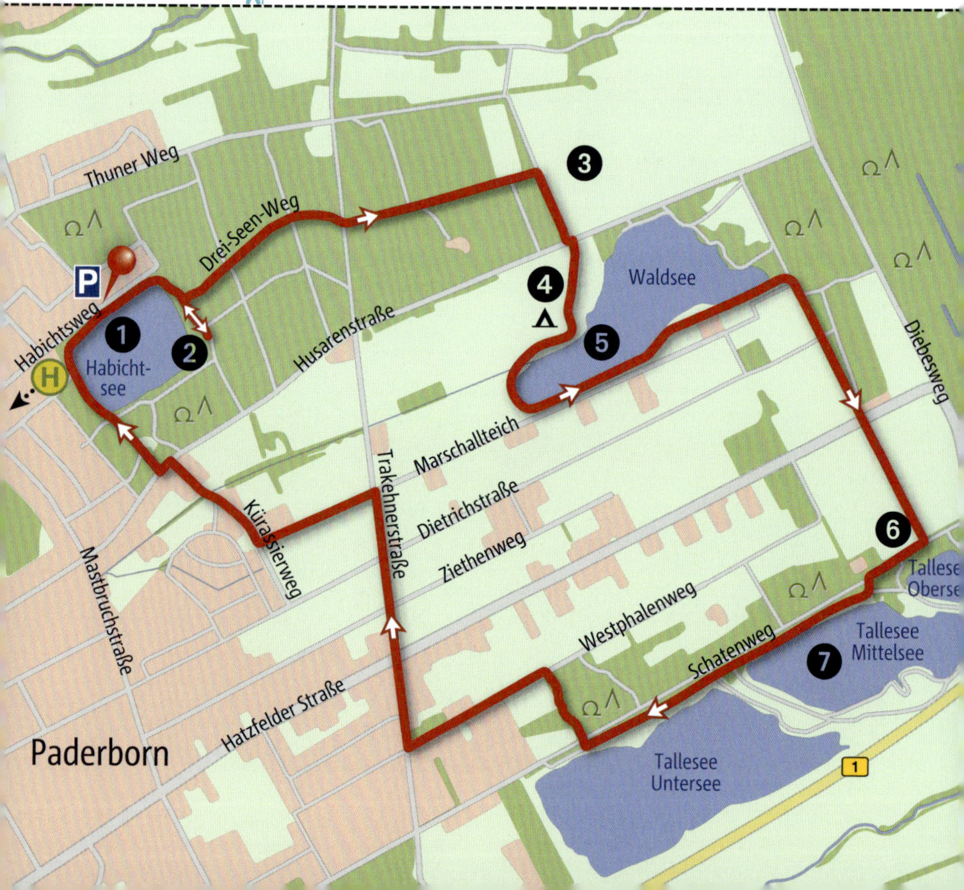

Alles auf einen Blick

WIE & WANN:
Befestigte Uferwege, sandige Waldwege, Wirtschaftswege und kurze asphaltierte Abschnitte durch ruhige Wohngebiete; ganzjährig lohnend, für Momente am Strand aber besonders an sonnigen (Früh-)Sommertagen

HIN & WEG:
Auto: Parkmöglichkeiten am Habichtsweg, Habichtsweg 25, 33104 Paderborn (GPS: 51.764778, 8.729340)
ÖPNV: Bus 11 ab Schloß Neuhaus Bahnhof zur Haltestelle Paderborn-Mastbruch, Habichtsweg, oder Bus 1 vom Bahnhof Sennelager zur Haltestelle Paderborn-Schloß Neuhaus, Bahnkreuzung; jeweils kurzer Fußweg von den Haltestellen zum Habichtsweg

ESSEN & ENTSPANNEN:
Bitte an Rucksackverpflegung denken.

ENTDECKEN & ERLEBEN:
Habichtsee ❶
Strand am Habichtsee ❷
Britische Kaserne ❸
Campingplatz Am Waldsee ❹
Waldsee ❺
Denkmal ❻
Talleseen ❼

Entspannung ✱✱✱✱✱
Genuss ✱✱✱
Romantik ✱✱✱✱

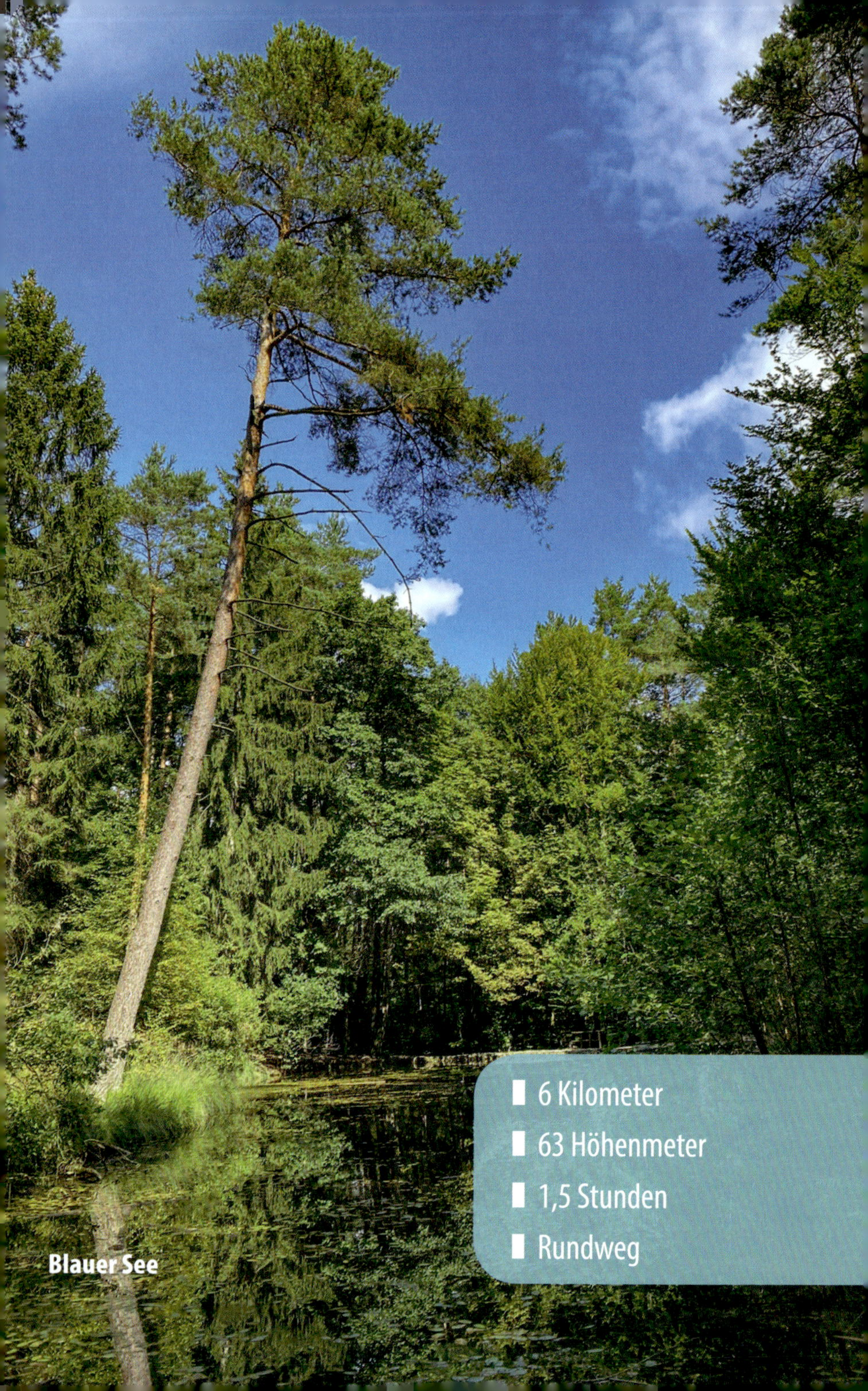

Blauer See

Wir starten unsere Tour auf dem **Wanderparkplatz** gegenüber dem Hotel-Restaurant Forstfrieden, das sich später für eine verdiente Wandermahlzeit anbietet. Der Pivitker Wasserweg, der durch einen blauen Kreis mit weißen Wellen gekennzeichnet ist, führt links in den Wald. Die ersten 300 Meter befinden wir uns auf dem bekannten Hermannsweg, dessen Streckenverlauf uns auf unseren ostwestfälischen Touren häufig begegnet. Auf dem befestigten Forstweg zwischen hoch emporragenden Kiefern spitzen wir die Ohren und hören das fröhliche Klopfen von Spechten. Nach einigen Schritten wird der Wald lichter und wie so oft in unseren heimischen Wäldern haben auch hier der Borkenkäfer und die Trockenheit den Fichtenbäumen zugesetzt. Die gelben Blüten der Goldrute und weitere Stauden lenken uns jedoch von den zum Teil kahlen Fichten ab.

In Pivitsheide nahe Detmold liegt ein wahres Gewässerparadies: Das ***Naturschutzgebiet Donoperteich und Hiddeser Bent*** *ist ein beliebtes Ausflugsziel und Wandergebiet. Unsere Route ist ein mit „Naturvergnügen" ausgezeichneter Qualitätsweg.*

Wir gelangen an eine Weggabelung und folgen dem Pivitker Wasserweg nach rechts. Damit verlassen wir den Hermannsweg und befinden uns stattdessen auf einem naturbelassenen, schmalen Pfad. Rechts und links des Weges streifen wir hohe Gräser, schlängeln uns an Farnen vorbei und genießen den weichen Waldboden. Dass wir uns in einem wasserreichen Gebiet befinden, wird uns bewusst, als wir die eine oder andere feuchte Wegstelle passieren müssen. Die Beschilderung führt uns nach nur knapp 200 Metern wieder nach rechts. Wir nähern uns dem ersten See unserer Tour und hören schon das leise Plätschern des

Wasserromantik

Wanderung am Donoperteich

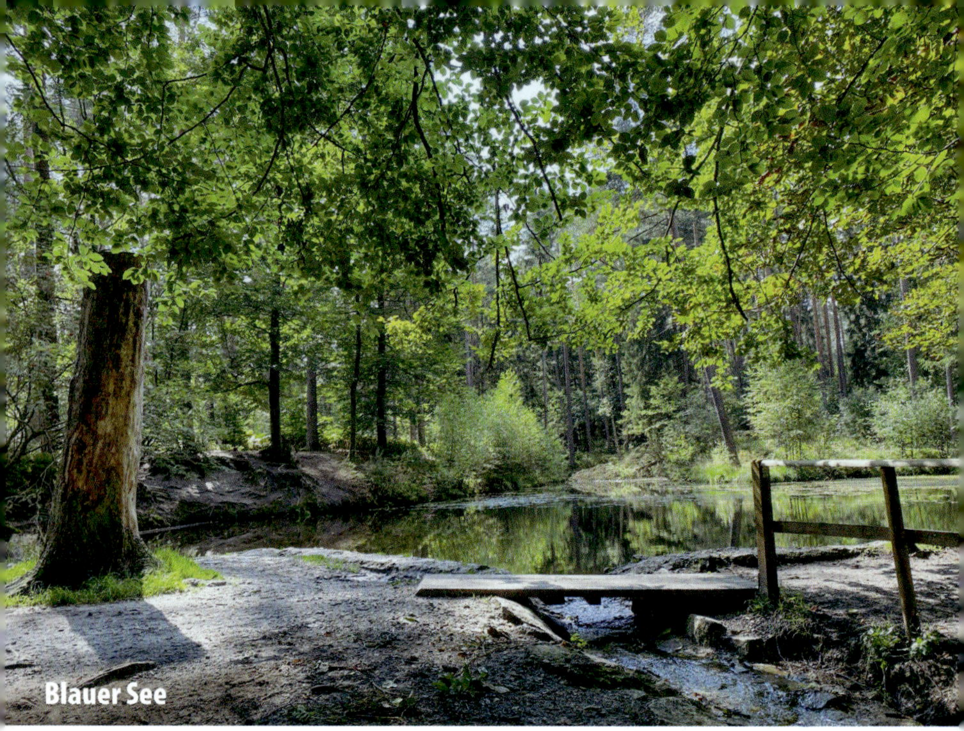

Blauen Bachs, der sich links von uns in einer Waldsenke versteckt. Der Begriff „ostwestfälischer Urwald“ kommt uns in den Sinn auf dem von Baumwurzeln durchsetzten idyllischen Pfad.

Alsbald mündet der Blaue Bach in den **Blauen See** **1**. Auch wenn wir das Wasser des Sees eher als grün-gelblich wahrnehmen, tut das dem Charme des lauschigen Gewässers keinen Abbruch. Eine kleine Bank am Ufer bietet sich für eine erste Rast an: In der ruhigen Wasseroberfläche spiegeln sich die umliegenden Bäume. Wir setzen unseren Weg fort und überqueren eine Holzbohle, die uns über den Blauen Bach geleitet. Nach wenigen Schritten mündet der Pfad auf einen befestigten Forstweg. Hier halten wir uns rechts und steuern auf eine Straße zu. Vor der Straße biegen wir an einem Rastplatz links in einen schmalen Weg ein, der durch Distelpflanzen, Brombeersträucher und Brennnesseln leicht zugewuchert ist. Wir folgen dem Pfad für etwa 150 Meter, ehe wir an der nächsten Gabelung den Weg nach rechts wählen. In einer leichten

Rechtskurve treffen wir auf den **Parkplatz eines Waldfriedhofs.** Wir überqueren die angrenzende Hauptstraße, treffen auf einen weiteren Parkplatz und passieren rechter Hand den Friedhof. Einige Holzstufen führen uns hinab durch den Wald zum **Hasselbachstausee (2).**

Wir spazieren am Ufer entlang. Vor uns taucht eine Holzbrücke auf, die wir laut Markierung des Pivitker Wasserwegs nehmen müssten. Wir entscheiden uns allerdings, vor der Brücke dem Weg nach rechts zu folgen, sodass sich der Hasselbach links von uns befindet. Auf diesem Waldweg können wir zeitweise direkt am seichten Ufer des ruhigen Bachs entlangwandern. Während das Gewässer anfangs noch leicht modrig wirkt, gelangen wir bald zu herrlich klaren Wasserstellen, an denen wir bis auf den sandigen Grund schauen können. Herrlich, wie die glitzernden Sonnenstrahlen sich ihren Weg durch die grünen Baumkronen suchen und auf die Bachoberfläche treffen. Unser Weg führt uns auf einer kleinen Holzbrücke über den Hasselbach und wir befinden uns wieder auf der Route des Pivitker Wasserwegs.

Wir laufen nun etwas oberhalb des Bachs, der rechts in einer Senke liegt. Die nächsten 400 Meter folgen wir dem angenehm flachen Weg und treffen bei einer leichten Anhöhe auf eine Weggabelung mit Beschilderung. Hier folgen wir den Schildern nach rechts über den **Hasselbachsteig (3)** Richtung Donoperteich. Leicht abenteuerlich schlängeln wir uns auf dem teils

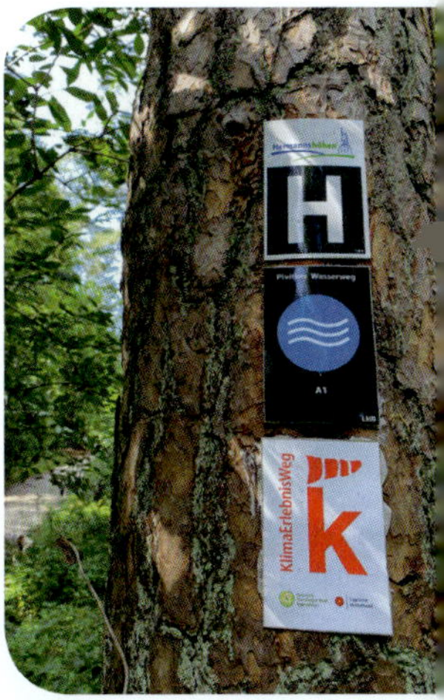

Für die Seele

Eine Naturschönheit reiht sich an die nächste: Auf verträumten Waldpfaden folgen wir zwei Bachläufen, treffen auf vier Seen und ein reizvolles Hochmoor.

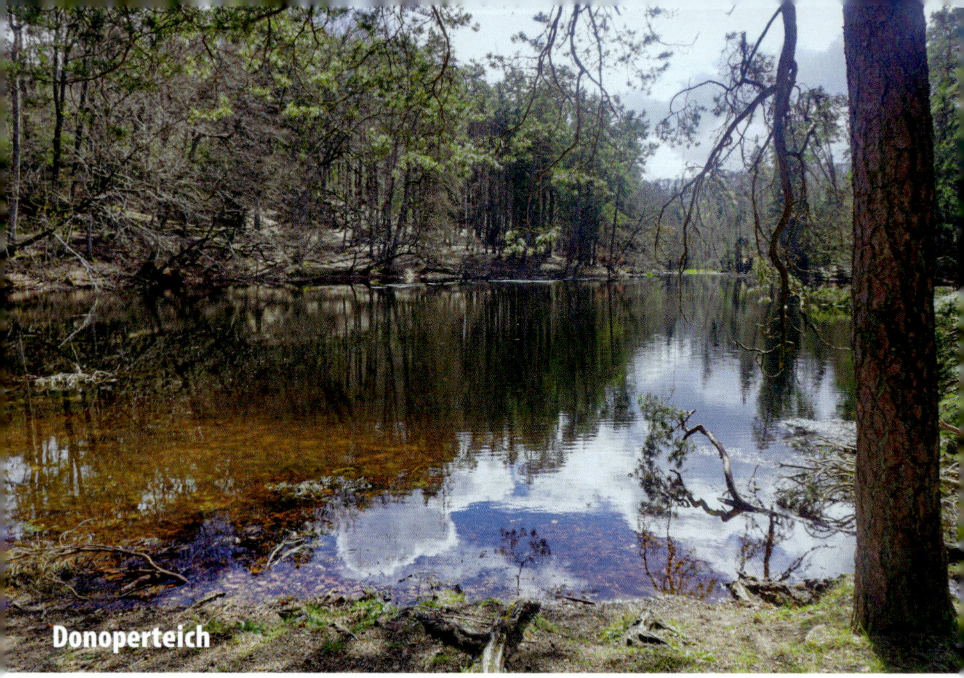
Donoperteich

wurzeligen Steig bergab und gelangen wieder näher an das Ufer des Hasselbachs, der uns jetzt wieder stetig begleitet. Unsere Blicke treffen immer wieder auf den ruhig fließenden, klaren Bach, der von totem Holz und vereinzelten Findlingen durchsetzt ist. Auf sandig-weichem Waldboden führt uns der Pfad zur **Eisernen Quelle** 4, deren Wasser vom hohen Eisengehalt rostigbraun verfärbt ist. Kurz nach der Quelle gelangen wir auf den Hauptweg, der uns zum dritten Teich unserer Tour führt: Herrlich friedlich bettet sich der **Donoperteich** 5 in die umliegende Waldlandschaft ein.

*Der Hasselbach wird schon seit 1641 angestaut und mündet im **Donoperteich**. Namensgeber ist die Familie von Donop, eine der ältesten Adelsfamilie Lippes. Über Jahrhunderte wurde der Teich zur Fischzucht genutzt und beheimatet auch heute noch verschiedenste Fischarten.*

Wir genießen die Sicht auf die malerische Seeoberfläche, die in den verschiedensten Grünschattierungen schimmert. Dann setzen wir unseren Weg fort, indem wir ein paar Schritte zurückgehen und dem Hauptweg in einer Rechtskehre folgen, sodass der Donoperteich rechts von uns liegt. Ein paar Schritte gehen wir nun wieder auf dem **Hermannsweg**, verlassen diesen aber schnell wieder, da uns der Pivitker Wasserweg nach links einen schmalen Pfad hochführt. Mithilfe einiger Treppen meistern wir den kleinen Anstieg und folgen an der nächsten Gabelung der Wegmarkierung nach rechts. Idyllisch wird der schmale Pfad von Gräsern gesäumt und führt uns heimelig mitten durch den Nadelwald. Etwa 700 Meter führt uns der als Panoramaweg bezeichnete Pfad immer geradeaus. Leicht bergab gelangen wir schließlich an eine Wegkreuzung. An dieser halten wir uns links in Richtung „Hiddeser Bent“, denn wir wollen noch einen Abstecher zum letzten Hangmoor im Teutoburger Wald machen.

Wir erreichen das **Hiddeser Bent** 6 nach etwa 200 Metern. Ein kleiner, von einem Holzzaun gesäumter Pfad führt uns rechts vom Hauptweg zu einem schönen Aussichtspunkt. Von hier haben wir freie Sicht auf das weitläufige Hochmoor, das Heimat für viele gefährdete Tiere und Pflanzen ist. Wir gehen links den gleichen Weg zur vorherigen Gabelung zurück. Statt hier dem Waldpfad von eben zu folgen, halten wir uns nun weiter geradeaus auf dem Hauptweg. Alsbald

*Das **Hiddeser Bent** entstand bereits um 7000 v. Chr. Von den einst 89 Hektar Fläche sind heute noch 2,6 Hektar Moorfläche übrig. „Bent“ steht für „torfhaltiges Moor“ und erinnert an den Abbau des Torfs als Brennmaterial.*

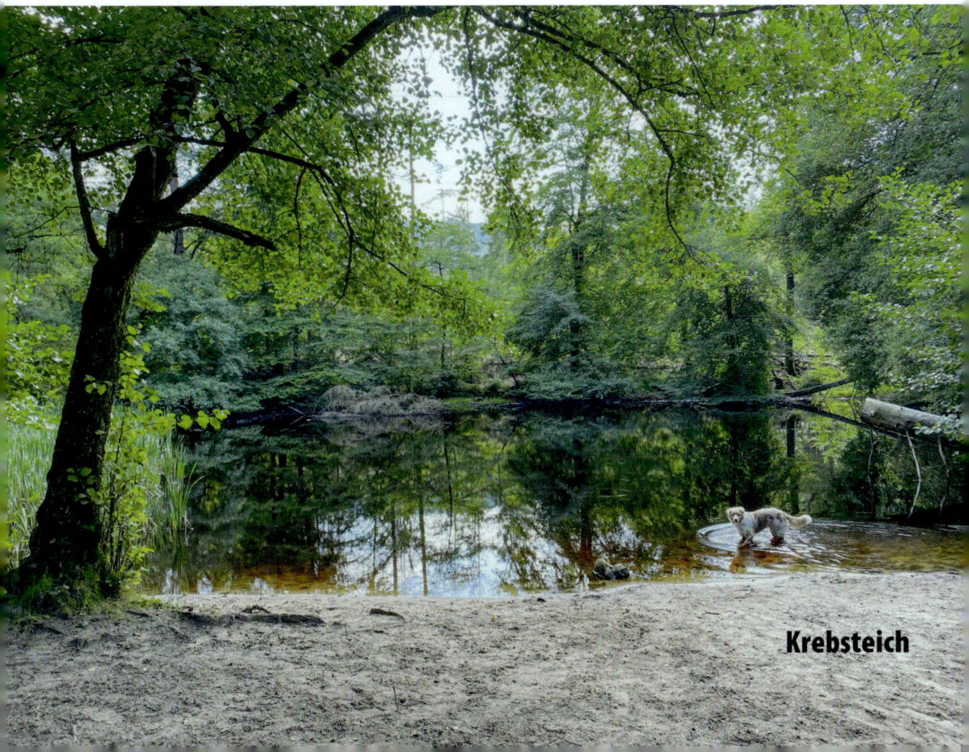

Krebsteich

Erfrischungstour 20

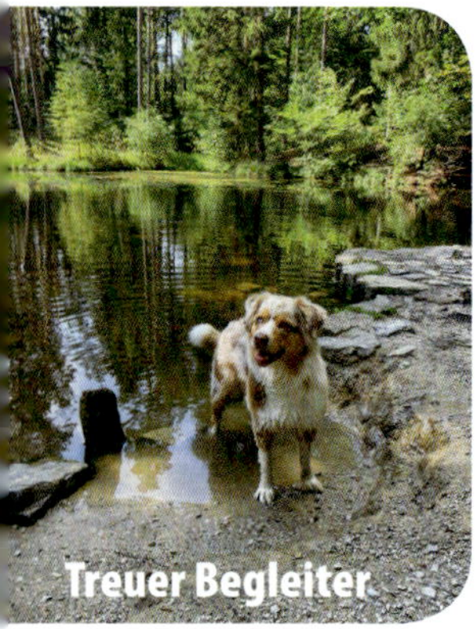

gelangen wir zum vierten und letzten Gewässer des Pivitker Wasserwegs: dem **Krebsteich 7**. Vom vorgelagerten sandigen Boden geht es flach ins Teichwasser, das links von zartem Schilf gesäumt wird.

Vom Teich aus folgen wir dem Hermannsweg, bis wir nach etwa 600 Metern wieder den bekannten Donoperteich erreichen. Wir überqueren den Hasselbach wie schon auf dem Hinweg und halten uns am Nordufer nun geradeaus, um zum Wanderparkplatz des Donoperteichs zu gelangen. Von hier führt uns parallel zur Hauptstraße ein Fußweg zum bereits bekannten **Hotel-Restaurant Forstfrieden 8**. An den Wochenenden bietet sich das Restaurant als kulinarischer Abschluss unserer entspannten Wanderung an.

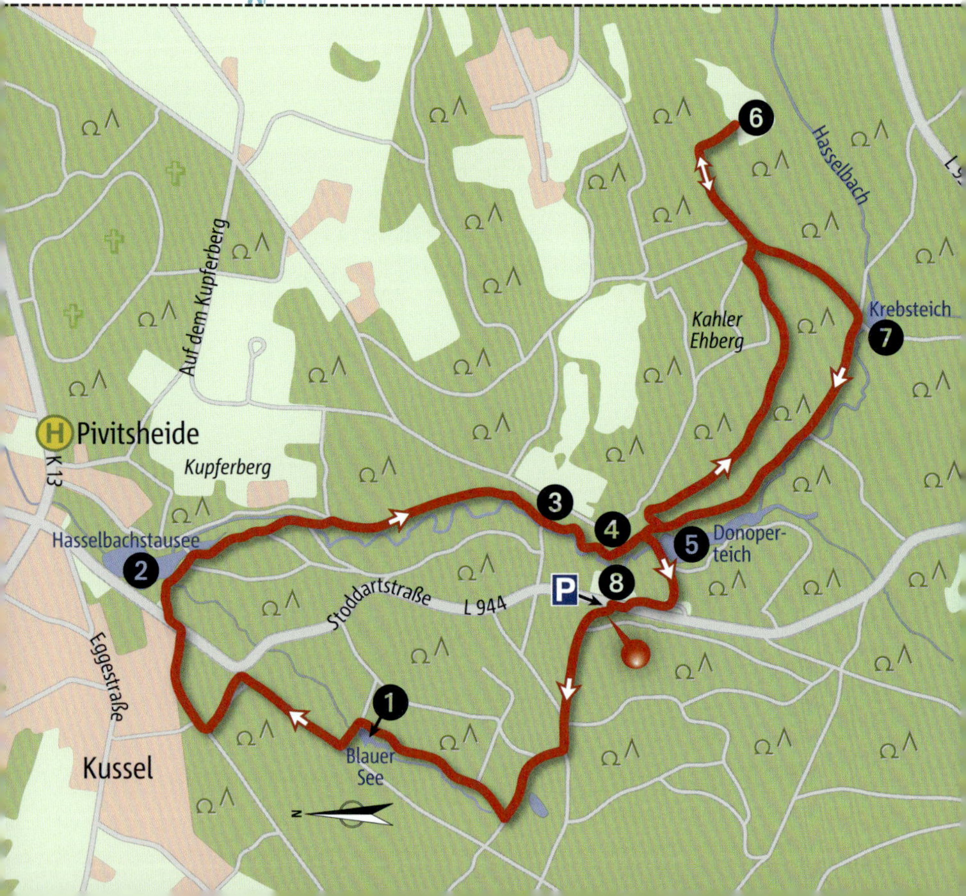

Alles auf einen Blick

WIE & WANN:
Waldpfade an Bächen und Seen, befestigte Forstwege, nur wenige Schritte an der Straße; beste Wanderzeit von März bis Oktober

HIN & WEG:
Auto: Wanderparkplatz am Hotel-Restaurant Forstfrieden, Stoddartstraße 336, 32760 Detmold (GPS: 51.928573, 8.803706)
ÖPNV: Bus 701 oder 706 von Detmold jeweils zur Haltestelle Detmold-Heidenoldendorf, Schwarzenbrink, zu Fuß zum Hasselbachstausee und hier in die Tour einsteigen

ESSEN & ENTSPANNEN:
Hotel-Restaurant Forstfrieden ❽ Stoddartstraße 336, 32760 Detmold, Tel. (0 52 31) 3 03 20 88, www.forstfrieden.de

ENTDECKEN & ERLEBEN:
Blauer See ❶
Hasselbachstausee ❷
Hasselbachsteig ❸
Eiserne Quelle ❹
Donoperteich ❺
Hiddeser Bent ❻
Krebsteich ❼

Entspannung ✱✱✱✱✱
Genuss ✱✱✱✱
Romantik ✱✱✱✱✱

Die GPS-Daten zu jeder Tour gibt es auf
www.droste-verlag.de

Konzeption: Droste Verlag, Düsseldorf
Satz: Vollnhals Fotosatz, Neustadt a. d. Donau
Einbandgestaltung: Britta Rungwerth, Düsseldorf, unter Verwendung von Bildern von © Fotolia.com: Andrey Kuzmin, undrey, dabost, niroworld; © stock.adobe.com: sonyachny
Fotos: Stephanie Ditt
Textlektorat: Anja Elser Lektorat, Bamberg
Karten: Thorsten David, Bochum
Druck und Bindung: LUC GmbH, Greven

MIX
Papier aus verantwortungsvollen Quellen
FSC® C011279
www.fsc.org

ISBN 978-3-7700-2390-5
www.droste-verlag.de